CONSTITUTIONS RÉPUBLICAINES DU GLOBE

FRANCE, — ÉTATS-UNIS (amendée), — DELAWARE (état),
SAINT-DOMINGUE (révisée), — ITALIE, — VENISE,
GÊNES, — Sᵗ-MARIN, — ALLEMAGNE (conf.),
BAVIÈRE (état), — SUISSE (conféd.),
VAUD (canton),

Réunies par J.-P. Balbo.

(Texte officiel.)

Quirites, en reipublicæ jura, scelegite.
Cic. PHILIP. 3.

PARIS,

BÉNARD ET COMPᵉ ÉDITEURS,
PASSAGE DU CAIRE, 2.
Et chez Henri FÉRET, Libraire, place du Palais-National, 25.

1848.

CONSTITUTIONS

RÉPUBLICAINES

DU GLOBE

FRANCE, — ÉTATS-UNIS (amendée), — DELAWARE (état),
SAINT-DOMINGUE (révisée), — ITALIE, — VENISE,
GÊNES, — St-MARIN, — ALLEMAGNE (conf.),
BAVIÈRE (état), — SUISSE (conféd.),
VAUD (canton),

Réunies par J.-P. Balbo.

———

(Texte officiel.)

———

Quirites, en reipublicæ jura, scelegite.
Cic. PHILIP. 3a.

PARIS,

BÉNARD ET COMPe, ÉDITEURS,

PASSAGE DU CAIRE, 2.

—

1848.

PRÉFACE.

La République, c'est le gouvernement donné à la France le lendemain de la fameuse journée du 24 février 1848, vingt-quatre heures après la fuite d'un roi parjure et détrôné.

Ce mot, parti deux fois en cinquante ans des rives de la Seine, alla répandre l'alarme et la joie dans l'Europe et presque dans le monde entier. Les peuples, depuis longtemps trompés et opprimés, voient dans la République leur salut, leur délivrance, leur liberté; les rois despotes leur humiliation, leur anéantissement, leur mort. Ceux-ci tremblent, ceux-là s'agitent, et les trois couleurs les guident aux barricades et aux palais des rois. Leurs colonnes marchent intrépides et se reconnaissent aux cris de : Liberté, Réformes. Cette Liberté, ces Réformes exigent la création d'une loi, d'une constitution qui les consacre, qui les assure, et aussitôt les peuples recueillent toutes leurs forces et demandent à grands cris l'égalité politique et une assemblée nationale.

Telles sont les impressions que laissent dans l'âme de l'observateur les épisodes qui accompagnent toujours les mouvements révolutionnaires d'un grand peuple, d'une grande nation.

Mais peu à peu l'agitation, les troubles, les cris diminuent, le calme se rétablit. Alors les préoccupations antérieures reviennent, mais plus sérieuses. Le commerce, qui était hier encore prospère et progressif, s'arrête; et la confiance et l'argent, qui le poussaient, ont disparu. De là, grand embarras pour le nouveau gouvernement, grand embarras pour les finances, grand embarras pour le peuple; et on peut dire ici que c'est le vainqueur qui paie les frais de la guerre.

La disette subite de l'argent cause l'inertie des fabriques, des usines, des ateliers, buffet de l'ouvrier, et le menace d'une disette plus terrible encore, de la faim!

Voilà les débuts inévitables d'un nouveau gouvernement, issu d'une grande révolution, d'une nouvelle existence politique.

Après s'être endormi pendant dix-huit ans dans la paix et dans l'état prospère du commerce, on ne peut se rendre compte d'une situation si différente; et les dangers, les craintes, les inconvénients naissent de toutes parts et grossissent à mesure qu'on voit éloigné le retour à l'état normal. On détestait hier le régime déchu, on le regrette aujourd'hui; on préférait la guerre à la honte, à la corruption, à la dégradation de l'honneur national, c'est à dire on préférait l'intérêt politique à l'intérêt matériel, et aujourd'hui on fait entrevoir le contraire ; et de tout ce qui s'est passé de grand, d'héroïque, d'immortel, il en résulte que tout le monde y a perdu : le roi parjure sa couronne, la nation sa tranquillité, et le commerce et les banques prostituées, leur coupable et illégale prospérité.

Si tout cela n'est pas de la peur, c'est au moins de l'inconséquence ; et, pour ne pas retomber dans cet inconvénient fatal, il faut que chaque citoyen, électeur ou candidat, en somme la France entière, cherche avec beaucoup de persévérance le moyen d'y obvier en dotant la République d'une constitution, d'un gouvernement tels, que toute crainte d'instabilité, d'insuffisance, ne puisse trouver place dans l'opinion même de la minorité de la nation ; enfin que tout le monde puisse dire avec assurance : La Révolution du 24 février a été la dernière pour la France !

On peut arriver à ce résultat en s'appliquant à consulter les institutions républicaines et libérales soit de la France, soit des autres pays ; à les comparer dans les parties les plus intéressantes, à y chercher de nouvelles dispositions, et à reconnaître par cela même le génie et les institutions des autres peuples libres ou qui furent libres.

Les différentes formes de gouvernement se rencontrent dans ces mêmes constitutions : ainsi, la constitution française de 1791 consacrait une monarchie entourée d'institutions républicaines.

La constitution de 1793, qui n'a jamais été mise en vigueur, consacrait une république démocratique dans l'acception la plus énergique de ce mot.

La constitution directoriale de l'an III consacrait un retour à des idées démocratiques plus applicables.

La constitution consulaire de l'an VIII consacrait plutôt une nouvelle forme qu'une nouvelle expression de la pensée démocratique : la pente vers l'empire pouvait déjà y être rencontrée et aperçue.

La constitution des États-Unis d'Amérique est celle qui paraît devoir le mieux s'appliquer au gouvernement d'un grand État. Le pouvoir exécutif y est concentré dans les mains d'un président quinquennal. Le pouvoir législatif y est exercé par une chambre de représentants et un sénat qui se pondèrent et se contrôlent l'un l'autre comme dans les États constitutionnels. L'élection du président se fait au second degré, celle des représentants au premier ; l'élection du sénat se fait par la législature de chaque État.

La constitution d'Haïti (St-Domingue) admet une dérogation importante au principe démocratique par l'établissement d'un président à vie, et par la faculté pour ce président de désigner même son successeur, dont toutefois la nomination est subordonnée à la ratification du sénat.

La république italienne a beaucoup d'analogie avec celle des États-Unis ; son président est décennal : il exerce seul le pouvoir exécutif par le moyen de ses ministres ; il nomme le vice-président, qui doit le remplacer en cas de besoin. Le pouvoir législatif y est exercé par un corps législatif éligible au premier degré et renouvelé par tiers tous les deux ans.

Le pacte fédéral de la Suisse consacre une confédération démocratique.

Celui de l'Allemagne consacre une confédération monarchique.

Le pouvoir exécutif de ces deux confédérations réside dans une diète composée de députés issus d'une élection à deux degrés.

Les États des deux confédérations et de celle des États-Unis sont régis par des constitutions particulières.

Les constitutions de Venise, de Gênes et de Saint-Marin consacraient une république aristocratique et oligarchique.

Mais ces comparaisons sont encore insuffisantes si elles ne sont accompagnées de réflexions tirées des faits antérieurs qui seuls peuvent et doivent indiquer et conseiller les bases de la nouvelle constitution à donner à la France.

L'intérêt des rois pour les rois et les familles royales, témoin l'intervention de la France en Portugal, conjointement à l'Espagne et à l'Angleterre, en 1847, en faveur d'une reine parjure, mais attachée par des liens de famille aux chefs des trois puissances constitutionnelles ; leur indifférence pour le progrès intérieur et pour le bien-être du peuple, le gaspillage des deniers publics et privés ; la corruption, les concussions, les prévarications des ministres et autres fonctionnaires publics dépositaires du pouvoir ; le favoritisme et la courtisanerie éhontée, scandaleuse et criminelle dans le civil et dans le militaire ; le recours au silence des lois pour arriver à la confiscation des droits constitutionnels ; la nullité de leurs promesses, la sincérité douteuse de leurs réponses, tout cela doit éclairer et préparer les législateurs à se mettre en garde contre le retour d'actions et de maximes aussi détestables que criminelles. L'expérience d'un passé politique si déplorable doit commander à tous les bons citoyens amis de la tranquillité, de la prospérité et de la paix du monde, de faire tous leurs efforts afin que la confiance revienne et prenne sa source dans une constitution bonne et exemplaire.

Conquérir les peuples par la force des armes, c'est de la tyrannie ; les conquérir par de bonnes institutions, c'est de la fraternité.

Des peuples moins avancés que la France, se trouvant dans le même cas qu'elle, lui sauront gré et de l'exemple de patriotisme et de courage déployé dans la dernière révolution, et de la sagesse, de la prudence et de la prévoyance dont la nation la plus civilisée du monde aura fait preuve dans le travail le plus difficile pour un peuple.

Peuples libres, je vous offre ici les codes de la république : choisissez.

Malheur à vous si votre dernière victoire devait se tourner contre vous-mêmes ! alors se vérifiera la parole d'Horace : *Incidit in Syllam qui vult vitare Carybdim.*

I. P. BALBO.

CONSTITUTION FRANÇAISE

Du 3-14 septembre 1791.

DÉCLARATION DES DROITS DE L'HOMME ET DU CITOYEN.

Les représentants du peuple français, constitués en Assemblée nationale, considérant que l'ignorance, l'oubli ou le mépris des droits de l'homme sont les seules causes des malheurs publics et de la corruption des gouvernemens, ont résolu d'exposer, dans une déclaration solennelle, les droits naturels, inaliénables et sacrés de l'homme, afin que cette déclaration, constamment présente à tous les membres du corps social, leur rappelle sans cesse leurs droits et leurs devoirs; afin que les actes du Pouvoir législatif et ceux du Pouvoir exécutif, pouvant être à chaque instant comparés avec le but de toute institution politique, en soient plus respectés; afin que les réclamations des citoyens, fondées désormais sur des principes simples et incontestables, tournent toujours au maintien de la constitution et au bonheur de tous.

En conséquence, l'Assemblée nationale reconnaît et déclare, en présence et tous les auspices de l'Être Suprême, les droits suivants de l'homme et du citoyen.

ART. 1er. Les hommes naissent et demeurent libres et égaux en droits. Les distinctions sociales ne peuvent être fondées que sur l'utilité commune.

2. Le but de toute association politique est la conservation des droits naturels et imprescriptibles de l'homme.

Ces droits sont la liberté, la propriété, là sûreté et la résistance à l'oppression.

3. Le principe de toute souveraineté réside essentiellement dans la nation. Nul corps, nul individu ne peut exercer d'autorité qui n'en émane expressément.

4. La liberté consiste à pouvoir faire tout ce qui ne nuit pas à autrui : ainsi l'exercice des droits naturels de chaque homme n'a de bornes que celles qui assurent aux autres membres de la société la jouissance de ces mêmes droits. Ces bornes ne peuvent être déterminées que par la loi.

5. La loi n'a le droit de défendre que les actions nuisibles à la société. Tout ce qui n'est pas défendu par la loi ne peut être empêché, et nul ne peut être contraint à faire ce qu'elle n'ordonne pas.

6. La loi est l'expression de la volonté générale. Tous les citoyens ont droit de concourir personnellement, ou par leurs représentans, à sa formation. Elle doit être la même pour tous, soit qu'elle protége, soit qu'elle punisse. Tous les citoyens étant égaux à ses yeux, sont également admissibles à toutes dignités, places et emplois publics, selon leur capacité, et sans autre distinction que celle de leurs vertus et de leurs talens.

7. Nul homme ne peut être accusé, arrêté, ni détenu, que dans les cas déterminés par la loi, et selon les formes qu'elle a prescrites. Ceux qui sollicitent, expédient, exécutent, ou font exécuter des ordres arbitraires, doivent être punis ; mais tout citoyen, appelé ou saisi en vertu de la loi, doit obéir à l'instant : il se rend coupable par la résistance.

8. La loi ne doit établir que des peines strictement et évidemment nécessaires ; et nul ne peut être puni qu'en vertu d'une loi établie et promulguée antérieurement au délit, et légalement appliquée.

9. Tout homme étant présumé innocent jusqu'à ce qu'il ait été déclaré coupable, s'il est jugé indispensable de l'arrêter, toute rigueur qui ne serait pas nécessaire pour s'assurer de sa personne, doit être sévèrement réprimée par la loi.

10. Nul ne doit être inquiété pour ses opinions, même religieuses, pourvu que leur manifestation ne trouble pas l'ordre public établi par la loi.

11. La libre communication des pensées et des opinions est un des droits les plus précieux de l'homme; tout citoyen peut donc parler, écrire, imprimer librement, sauf à répondre de l'abus de cette liberté dans les cas déterminés par la loi.

12. La garantie des droits de l'homme et du citoyen nécessite une force publique; cette force est donc instituée pour l'avantage de tous, et non pour l'utilité particulière de ceux auxquels elle est confiée.

13. Pour l'entretien de la force publique, et pour les dépenses d'administration, une contribution commune est indispensable: elle doit être également répartie entre tous les citoyens, en raison de leurs facultés.

14. Tous les citoyens ont le droit de constater, par eux-mêmes ou par leurs représentants, la nécessité de la contribution publique, de la consentir librement, d'en suivre l'emploi, et d'en déterminer la quotité, l'assiette, le recouvrement et la durée.

15. La société a le droit de demander compte à tout agent public de son administration.

16. Toute société dans laquelle la garantie des droits n'est pas assurée, ni la séparation des pouvoirs déterminée, n'a point de constitution.

17. La propriété étant un droit inviolable et sacré, nul ne peut en être privé, si ce n'est lorsque la nécessité publique, légalement constatée, l'exige évidemment, et sous la condition d'une juste et préalable indemnité.

CONSTITUTION FRANÇAISE.

L'Assemblée nationale, voulant établir la constitution française sur les principes qu'elle vient de reconnaître et de déclarer, abolit, irrévocablement les institutions qui blessaient la liberté et l'égalité des droits.

Il n'y a plus ni noblesse, ni pairie, ni distinctions héréditaires, ni distinction d'ordres, ni régime féodal, ni jus-
tices patrimoniales, ni aucun des titres, dénominations et
prérogatives qui en dérivaient, ni aucun ordre de chevalerie, ni aucune des corporations ou décorations pour lesquelles on exigeait des preuves de noblesse, ou qui suppo-
saient des distinctions de naissance, ni aucune autre supériorité que celle des fonctionnaires publics dans l'exercice
de leurs fonctions.

Il n'y a plus ni vénalité, ni hérédité d'aucun office
public.

Il n'y a plus, pour aucune partie de la nation, ni pour
aucun individu, aucun privilége ni exception au droit
commun de tous les Français.

Il n'y a plus ni jurandes, ni corporations de professions,
arts et métiers.

La loi ne reconnaît plus ni vœux religieux, ni aucun
autre engagement qui serait contraire aux droits naturels
ou à la constitution.

TITRE PREMIER.

DISPOSITIONS FONDAMENTALES GARANTIES PAR LA CONSTITUTION.

La constitution garantit, comme droits naturels et
civils ;

1° Que tous les citoyens sont admissibles aux places et
emplois, sans autre distinction que celle des vertus et des
talents ;

2° Que toutes les contributions seront réparties entre
tous les citoyens également en proportion de leurs facultés ;

3° Que les mêmes délits seront punis des mêmes peines,
sans aucune distinction des personnes.

La constitution garantit pareillement, comme droits naturels et civils :

La liberté à tout homme d'aller, de rester, de partir,
sans pouvoir être arrêté, ni détenu que selon les formes
déterminées par la constitution ;

La liberté à tout homme de parler, d'écrire, d'imprimer et publier ses pensées, sans que les écrits puissent être soumis à aucune censure ni inspection avant leur publication ; et d'exercer le culte religieux auquel il est attaché ;

La liberté aux citoyens de s'assembler paisiblement et sans armes, en satisfaisant aux lois de police ;

La liberté d'adresser aux autorités constituées des pétitions signées individuellement.

Le pouvoir législatif ne pourra faire aucunes lois qui portent atteinte et mettent obstacle à l'exercice des droits naturels et civils consignés dans le présent titre, et garantis par la constitution ; mais, comme la liberté ne consiste qu'à pouvoir faire tout ce qui ne nuit ni aux droits d'autrui ni à la sûreté publique, la loi peut établir des peines contre les actes qui, attaquant ou la sûreté publique ou les droits d'autrui, seraient nuisibles à la société.

La constitution garantit l'inviolabilité des propriétés ou la juste et préalable indemnité de celles dont la nécessité publique, légalement constatée, exigerait le sacrifice.

Les biens destinés aux dépenses du culte et à tous services d'utilité publique, appartiennent à la nation, et sont dans tous les temps à sa disposition.

La constitution garantit les aliénations qui ont été ou qui seront faites suivant les formes établies par la loi.

Les citoyens ont le droit d'élire ou choisir les ministres de leurs cultes.

Il sera créé un établissement, général de *secours publics*, pour élever les enfants abandonnés, soulager les pauvres infirmes, et fournir du travail aux pauvres valides qui n'auraient pas pu s'en procurer.

Il sera créé et organisé une *instruction publique*, commune à tous les citoyens, gratuite à l'égard des parties d'enseignement indispensables pour tous les hommes, et dont les établissements seront distribués graduellement dans un rapport combiné avec la division du royaume.

Il sera établi des fêtes nationales pour conserver le souvenir de la Révolution française, entretenir la fraternité entre les citoyens et les attacher à la constitution, à la patrie et aux lois.

Il sera fait un code de lois civiles communes à tout le royaume.

TITRE II.

DE LA DIVISION DU ROYAUME ET DE L'ÉTAT DES CITOYENS.

1. Le royaume est un et indivisible ; son territoire est divisé en quatre-vingt-trois départements, chaque département en districts, chaque district en cantons.

2. Sont citoyens français :

Ceux qui sont nés en France d'un père français ;

Ceux qui, nés en France d'un père étranger, ont fixé leur résidence dans le royaume ;

Ceux qui, nés en pays étranger d'un père français, sont venus s'établir en France et ont prêté le serment civique ;

Enfin ceux qui, nés en pays étranger, et descendant, à quelque degré que ce soit, d'un Français ou d'une Française expatriés pour cause de religion, viennent demeurer en France et prêtent le serment civique.

3. Ceux qui, nés hors du royaume, de parents étrangers, résidant en France, deviennent citoyens français après cinq ans de domicile continu dans le royaume, s'ils y ont en outre acquis des immeubles ou épousé une Française, ou formé un établissement d'agriculture ou de commerce, et s'ils ont prêté le serment civique.

4. Le pouvoir législatif pourra, par des considérations importantes, donner à un étranger un acte de naturalisation, sans autres conditions que de fixer son domicile en France et d'y prêter le serment civique.

5. Le serment civique est : *Je jure d'être fidèle à la nation, à la loi et au roi, et de maintenir de tout mon pouvoir la constitution du royaume, décrétée par l'Assemblée nationale constituante aux années* 1789, 1790 *et* 1791.

6. La qualité de citoyen français se perd :

1° Par la naturalisation en pays étranger ;

2° Par la condamnation aux peines qui emportent la dégradation civique, tant que le condamné n'est pas réhabilité ;

3° Par un jugement de contumace, tant que le jugement n'est pas anéanti ;

4° Par l'affiliation à tout ordre de chevalerie étranger ou à toute corporation étrangère qui supposerait, soit des preuves de noblesse, soit des distinctions de naissance, ou qui exigerait des vœux religieux.

7. La loi ne considère le mariage que comme contrat civil.

Le pouvoir législatif établira pour tous les habitants, sans distinction, le mode par lequel les naissances, mariages et décès seront constatés ; et il désignera les officiers publics qui en recevront et conserveront les actes.

8. Les citoyens français, considérés sous le rapport des relations locales, qui naissent de leur réunion dans les villes et dans certains arrondissements du territoire des campagnes, forment les *communes*.

9. Les citoyens qui composent chaque commune ont le droit d'élire à temps, suivant les formes déterminées par la loi, ceux d'entre eux qui, sous le titre d'*officiers municipaux*, sont chargés de gérer les affaires particulières de la commune.

Il pourra être délégué aux officiers municipaux quelques fonctions relatives à l'intérêt général de l'État.

10. Les règles que les officiers municipaux seront tenus de suivre dans l'exercice, tant des fonctions municipales que de celles qui leur auront été déléguées pour l'intérêt général, seront fixées par les lois.

TITRE III.

DES POUVOIRS PUBLICS.

1. La souveraineté est une, indivisible, inaliénable et imprescriptible. Elle appartient à la nation ; aucune section du peuple ni aucun individu ne peut s'en attribuer l'exercice.

2. La nation, de qui seule émanent tous les pouvoirs, ne peut les exercer que par délégation.

La constitution française est représentative : les représentants sont le corps législatif et le roi.

3. Le pouvoir législatif est délégué à une assemblée nationale composée de représentants temporaires, librement élus par le peuple, pour être exercé par elle, avec la sanction du roi, de la manière qui sera déterminée ci-après.

4. Le gouvernement est monarchique : le pouvoir exécutif est délégué au roi, pour être exercé sous son autorité, par des ministres et autres agents responsables, de la manière qui sera déterminée ci-après.

5. Le pouvoir judiciaire est délégué à des juges élus à temps par le peuple.

CHAPITRE Ier.

DE L'ASSEMBLÉE LÉGISLATIVE.

1. L'Assemblée nationale, formant le corps législatif, est permanente et n'est composée que d'une chambre.

2. Elle sera formée tous les deux ans par de nouvelles élections.

Chaque période de deux années formera une législature.

3. Les dispositions de l'article précédent n'auront pas lieu à l'égard du prochain corps législatif, dont les pouvoirs cesseront le dernier jour d'avril 1793.

4. Le renouvellement du corps législatif se fera de plein droit.

Le corps législatif ne pourra être dissous par le roi.

SECTION Ire.

Nombre des Représentants. Bases de la représentation.

1. Le nombre des représentants au corps législatif est de sept cent quarante-cinq, à raison de quatre-vingt-trois départements dont le royaume est composé ; et indépendamment de ceux qui pourraient être accordés aux colonies.

2. Les représentants seront distribués entre les quatre-vingt-trois départements, selon les trois proportions du territoire, de la population et de la contribution directe.

3. Des sept cent quarante-cinq représentants, deux cent quarante-sept sont attachés au territoire.

Chaque département en nommera trois, à l'exception du département de Paris, qui n'en nommera qu'un.

4. Deux cent quarante-neuf représentants sont attribués à la population.

La masse totale de la population active du royaume est divisée en deux cent quarante-neuf parts, et chaque département nomme autant de députés qu'il a de parts de population.

5. Deux cent quarante-neuf représentants sont attachés à la contribution directe.

La somme totale de la contribution directe du royaume est de même divisée en deux cent quarante-neuf parts, et chaque département nomme autant de députés qu'il paie de parts de contribution.

SECTION II.

Assemblées primaires. Nomination des Électeurs.

1. Pour former l'Assemblée nationale législative, les citoyens actifs se réuniront tous les deux ans en assemblées primaires dans les villes et dans les cantons.

Les assemblées primaires se formeront de plein droit le second dimanche de mars, si elles n'ont pas été convoquées plus tôt par les fonctionnaires publics déterminés par la loi.

2. Pour être citoyen actif, il faut :

Etre né ou devenu Français ;

Etre âgé de vingt-cinq ans accomplis ;

Etre domicilié dans la ville ou dans le canton depuis le temps déterminé par la loi ;

Payer, dans un lieu quelconque du royaume, une contribution directe au moins égale à la valeur de trois journées de travail, et en représenter la quittance ;

N'être pas dans un état de domesticité, c'est-à-dire, de serviteur à gages ;

Être inscrit dans la municipalité de son domicile, au rôle des gardes nationales ;

Avoir prêté le serment civique.

3. Tous les six ans le Corps législatif fixera le *minimum* et le *maximum* de la valeur de la journée de travail; et les administrateurs des départements en feront la détermination locale pour chaque district.

4. Nul ne pourra exercer les droits de citoyen actif dans plus d'un endroit, ni se faire représenter par un autre.

5. Sont exclus de l'exercice des droits de citoyen actif:

Ceux qui sont en état d'accusation;

Ceux qui, après avoir été constitués en état de faillite ou d'insolvabilité, prouvé par pièces authentiques, ne rapportent pas un acquit général de leurs créanciers.

6. Les assemblées primaires nommeront des électeurs en proportion du nombre des citoyens actifs domiciliés dans la ville ou le canton.

Il sera nommé un électeur à raison de cent citoyens actifs présents, ou non, à l'assemblée.

Il en sera nommé deux depuis cent cinquante-un jusqu'à deux cent cinquante, et ainsi de suite.

7. Nul ne pourra être nommé électeur, s'il ne réunit aux conditions nécessaires pour être citoyen actif, savoir :

Dans les villes au-dessus de six mille âmes, celle d'être propriétaire ou usufruitier d'un bien évalué sur les rôles de contribution à un revenu égal à la valeur locale de deux cents journées de travail, ou d'être locataire d'une habitation évaluée sur les mêmes rôles, à un revenu égal à la valeur de cent cinquante journées de travail;

Dans les villes au-dessous de six mille âmes, celle d'être propriétaire ou usufruitier d'un bien évalué sur les rôles de contribution à un revenu égal à la valeur locale de cent cinquante journées de travail, ou d'être locataire d'une habitation évaluée sur les mêmes rôles à un revenu égal à la valeur de cent journées de travail;

Et dans les campagnes, celle d'un propriétaire ou usufruitier d'un bien évalué sur les rôles de contribution à un revenu égal à la valeur locale de cent cinquante journées de travail, ou métayer de biens évalués sur les mêmes rôles à la valeur de quatre cents journées de travail.

A l'égard de ceux qui seront en même temps propriétaires ou usufruitiers d'une part, et locataires, fermiers ou métayers de l'autre, leurs facultés à ces divers titres seront cumulées jusqu'au taux nécessaire pour établir leur éligibilité.

SECTION III.

Assemblées électorales. Nomination des Représentants.

Art. 1er. Les électeurs nommés en chaque département se réuniront pour élire le nombre des représentants dont la nomination sera attribuée à leur département, et un nombre de suppléants égal au tiers de celui des représentants.

Les assemblées électorales se formeront de plein droit le dernier dimanche de mars, si elles n'ont pas été convoquées plus tôt par les fonctionnaires publics déterminés par la loi.

2. Les représentants et les suppléants seront élus à la pluralité absolue des suffrages, et ne pourront être choisis que parmi les citoyens actifs du département.

3. Tous les citoyens actifs, quel que soit leur état, profession ou contribution, pourront être élus représentants de la nation.

4. Seront néanmoins obligés d'opter, les ministres et les autres agents du pouvoir exécutif, révocables à volonté, les commissaires de la trésorerie nationale, les percepteurs et receveurs des contributions directes, les préposés à la perception et aux régies des contributions indirectes et des domaines nationaux, et ceux qui, sous quelque dénomination que ce soit, sont attachés à des emplois de la maison militaire et civile du roi.

Seront également tenus d'opter, les administrateurs, sous-administrateurs, officiers municipaux et commandants des gardes nationales.

5. L'exercice des fonctions judiciaires sera incompatible avec celles de représentant de la nation, pendant toute la durée de la législature.

Les juges seront remplacés par leurs suppléants, et le roi pourvoira par des brevets de commission au remplacement de ses commissaires auprès des tribunaux.

6. Les membres du Corps législatif pourront être réélus

à la législature suivante, et ne pourront l'être ensuite qu'après l'intervalle d'une législature.

7. Les représentants nommés dans les départements, ne seront pas représentants d'un département particulier, mais de la nation entière, et il ne pourra leur être donné aucun mandat.

SECTION IV.

Tenue et régime des Assemblées primaires et électorales

Art. 1er. Les fonctions des assemblées primaires et électorales se bornent à élire ; elles se sépareront aussitôt après les élections faites, et ne pourront se former de nouveau que lorsqu'ellet seront convoquées, si ce n'est au cas de l'art. 1er de la section 2, et de l'article 1er de la section 3 ci-dessus.

2. Nul citoyen actif ne peut entrer ni donner son suffrage dans une assemblée, s'il est armé.

3. La force armée ne pourra être introduite dans l'intérieur sans le vœu exprès de l'assemblée, si ce n'est qu'on y commît des violences, auquel cas l'ordre du président suffira pour appeler la force publique.

4. Tous les deux ans il sera dressé, dans chaque district, des listes, par cantons, des citoyens actifs, et la liste de chaque canton y sera publiée et affichée deux mois avant l'époque de l'assemblée primaire.

Les réclamations qui pourront avoir lieu, soit pour contester la qualité des citoyens employés sur la liste, soit de la part de ceux qui se prétendront omis injustement, seront portées aux tribunaux pour y être jugées sommairement.

La liste servira de règle pour l'admission des citoyens dans la prochaine assemblée primaire, en tout ce qui n'aura pas été rectifié par des jugements rendus avant la tenue de l'assemblée.

5. Les assemblées électorales ont le droit de vérifier la qualité et les pouvoirs de ceux qui s'y présenteront, et leurs décisions seront exécutées provisoirement, sauf le jugement du corps législatif lors de la vérification des pouvoirs des députés.

6. Dans aucun cas et sous aucun prétexte, le roi, ni aucun des agents nommés par lui, ne pourront prendre connaissance des questions relatives à la régularité des convocations, à la tenue des assemblées, à la forme des élections, ni aux droits politiques des citoyens, sans préjudice des fonctions des commissaires du roi, dans les cas déterminés par la loi, où les questions relatives aux droits politiques des citoyens doivent être portées devant les tribunaux.

SECTION V.

Réunion des Représentants en Assemblée nationale législative.

Art. 1er. Les représentants se réuniront le premier lundi du mois de mai, au lieu des séances de la dernière législature.

2. Ils se formeront provisoirement en assemblée sous la présidence du doyen d'âge, pour vérifier les pouvoirs des représentants présents.

3. Dès qu'ils seront en nombre de trois cent soixante-treize membres vérifiés, ils se constitueront sous le titre d'*Assemblée nationale législative :* elle nommera un président, un vice-président et des secrétaires, et commencera l'exercice de ses fonctions.

4. Pendant tout le cours du mois de mai, si le nombre des représentants présents est au-dessous de trois cent soixante-treize, l'assemblée ne pourra faire aucun acte législatif.

Elle pourra prendre un arrêté pour enjoindre aux membres absents de se rendre à leurs fonctions dans le délai de quinzaine au plus tard, à peine de 3,000 livres d'amende, s'ils ne proposent pas une excuse qui soit jugée légitime par l'assemblée.

5. Au dernier jour de mai, quel que soit le nombre des membres présents, ils se constitueront en assemblée nationale législative.

6. Les représentants prononceront tous ensemble, au nom du peuple français, le serment de *vivre libres ou mourir.*

Ils prêteront ensuite individuellement le serment de

maintenir de tout leur pouvoir la constitution du royaume, décrétée par l'Assemblée nationale constituante, aux années 1789, 1790 1791; de ne rien proposer ni consentir, dans le cours de la législature, qui puisse y porter atteinte, et d'être en tout fidèles à la nation, à la loi et au roi.

7. Les représentants de la nation sont inviolables : ils ne pourront être recherchés, accusés ni jugés en aucun temps pour ce qu'ils auront dit, écrit ou fait dans l'exercice de leurs fonctions de représentants.

8. Ils pourront, pour fait criminel, être saisis en flagrant délit, ou en vertu d'un mandat d'arrêt; mais il en sera donné avis, sans délai, au corps législatif; et la poursuite ne pourra être continuée qu'après que le corps législatif aura décidé qu'il y a lieu à accusation.

CHAPITRE II.

DE LA ROYAUTÉ, DE LA RÉGENCE ET DES MINISTRES.

SECTION Ire.

De la Royauté et du Roi.

Art. 1er. La royauté est indivisible et déléguée, par ordre de primogéniture, à l'exclusion perpétuelle des femmes et de leur descendance.

(Rien n'est préjugé sur l'effet des renonciations, dans la race actuellement régnante).

2. La personne du roi est inviolable et sacrée; son seul titre est *Roi des Français*.

3. Il n'y a point en France d'autorité supérieure à celle de la loi. Le roi ne règne que par elle, et ce n'est qu'au nom de la loi qu'il peut exiger l'obéissance.

4. Le Roi, à son avènement au trône, ou dès qu'il aura atteint sa majorité, prêtera à la nation, en présence du corps législatif, le serment *d'être fidèle à la nation et à la loi, d'employer tout le pouvoir qui lui est délégué, à maintenir la constitution décrétée par l'Assemblée nationale constituante, aux années 1789, 1790 et 1791, et à faire exécuter les lois.*

Si le corps législatif n'est pas assemblé, le Roi fera publier une proclamation, dans laquelle seront exprimés ce serment et la promesse de le réitérer aussitôt que le corps législatif sera réuni.

5. Si, un mois après l'invitation du corps législatif, le Roi n'a pas prêté ce serment, ou si, après l'avoir prêté, il le rétracte, il sera censé avoir abdiqué la royauté.

6. Si le Roi se met à la tête d'une armée et en dirige les forces contre la nation, ou s'il ne s'oppose pas par un acte formel à une telle entreprise qui s'exécuterait en son nom, il sera censé avoir abdiqué la royauté.

7. Si le Roi, étant sorti du royaume, n'y rentrait pas après l'invitation qui lui en serait faite par le corps législatif, et dans le délai qui sera fixé par la proclamation, lequel ne pourra être moindre de deux mois, il sera censé avoir abdiqué la royauté.

Le délai commencera à courir du jour où la proclamation du corps législatif aura été publiée dans le lieu de ses séances, et les ministres seront tenus, sous leur responsabilité, de faire tous les actes du pouvoir exécutif, dont l'exercice sera suspendu dans la main du Roi absent.

8. Après l'abdication expresse ou légale, le Roi sera dans la classe des citoyens, et pourra être accusé et jugé comme eux pour les actes postérieurs à son abdication.

9. Les biens particuliers que le Roi possède à son avènement au trône sont réunis irrévocablement au domaine de la nation ; il a la disposition de ceux qu'il acquiert à titre singulier ; s'il n'en a pas disposé, ils sont pareillement réunis à la fin du règne.

10. La nation pourvoit à la splendeur du trône par une liste civile, dont le corps législatif déterminera la somme, à chaque changement de règne, pour toute la durée du règne.

10. Le Roi nommera un administrateur de la liste civile, qui exercera les actions judiciaires du Roi, et contre lequel toutes les actions à la charge du Roi seront dirigées et les jugements prononcés. Les condamnations obtenues par les créanciers de la liste civile seront exécutoires contre l'administrateur personnellement, et sur ses propres biens.

12. Le Roi aura, indépendamment de la garde d'honneur qui lui sera fournie par les citoyens des gardes nationales du lieu de sa résidence, une garde payée sur les fonds de la liste civile : elle ne pourra excéder le nombre de douze cents hommes à pied, et six cents hommes à cheval.

Les grades et les règles d'avancement y seront les mêmes que dans les troupes de ligne, mais ceux qui composeront la garde du Roi rouleront pour tous les grades exclusivement sur eux-mêmes, et ne pourront en obtenir aucun dans l'armée de ligne.

Le Roi ne pourra choisir les hommes de sa garde que parmi ceux qui sont actuellement en activité de service dans les troupes de ligne, ou parmi les citoyens qui ont fait depuis un an le service de gardes nationales, pourvu qu'ils soient résidents dans le royaume, et qu'ils aient prêté le serment civique.

La garde du Roi ne pourra être commandée ni réquise pour aucun autre service public.

SECTION II.

De la Régence.

Art. 1ᵉʳ. Le Roi est mineur jusqu'à l'âge de dix-huit ans accomplis ; et pendant sa minorité, il y a un régent du royaume.

2. La régence appartient au parent du roi le plus proche en degré, suivant l'ordre de l'hérédité au trône, et âgé de vingt-cinq ans accomplis, pourvu qu'il soit Français et régnicole, qu'il ne soit pas l'héritier présomptif d'une autre couronne, et qu'il ait précédemment prêté le serment civique.

Les femmes sont exclues de la régence.

3. Si un Roi mineur n'avait aucun parent réunissant les qualités ci-dessus exprimées, le régent du royaume sera élu ainsi qu'il va être dit aux articles suivants.

4. Le corps législatif ne pourra élire le régent.

5. Les électeurs de chaque district se réuniront au chef-lieu du district, d'après une proclamation qui sera faite dans la première semaine du nouveau règne par le corps

législatif, s'il est réuni ; et s'il était séparé , le ministre de la justice sera tenu de faire cette proclamation dans la même semaine.

6. Les électeurs nommeront en chaque district, au scrutin individuel et à la pluralité absolue des suffrages, un citoyen éligible et domicilié dans le district, auquel ils donneront par le procès-verbal de l'élection un mandat spécial borné à la seule fonction d'élire le citoyen qu'il jugera en son âme et conscience le plus digne d'être régent du royaume.

7. Les citoyens mandataires, nommés dans les districts, seront tenus de se rassembler dans la ville où le corps législatif tiendra sa séance le quarantième jour au plus tard, à partir de celui de l'avénement du Roi mineur au trône , et ils y formeront l'assemblée électorale , qui procédera à la nomination du régent.

8. L'élection du régent sera faite au scrutin individuel et à la pluralité absolue des suffrages.

9. L'assemblée électorale ne pourra s'occuper que de l'élection, et se séparera aussitôt que l'élection sera terminée ; tout autre acte qu'elle entreprendrait de faire est déclaré inconstitutionnel et de nul effet.

10. L'Assemblée électorale fera présenter, par son président, le procès-verbal de l'élection au corps législatif, qui , après avoir vérifié la régularité de l'élection , la fera publier dans tout le royaume par une proclamation.

11. Le régent exerce jusqu'à la majorité du Roi toutes les fonctions de la royauté, et n'est pas personnellement responsable des actes de son administration.

12. Le régent ne peut commencer l'exercice de ses fonctions qu'après avoir prêté à la nation, en présence du corps législatif, le serment d'être *fidèle à la nation, à la loi et au Roi, d'employer tout le pouvoir délégué au Roi, et dont l'exercice lui est confié pendant la minorité du Roi, à maintenir la constitution décrétée par l'Assemblée nationale constituante, aux années 1789, 1790 et 1791, et à faire exécuter les lois.*

Si le corps législatif n'est pas assemblé, le régent fera publier une proclamation, dans laquelle seront exprimés ce serment et la promesse de le réitérer aussitôt que le corps législatif sera réuni.

13. Tant que le régent n'est pas entré en exercice de ses fonctions, la sanction des lois demeure suspendue ; les ministres continuent de faire, sous leur responsabilité, tous les actes du pouvoir exécutif.

14. Aussitôt que le régent aura prêté le serment, le corps législatif déterminera son traitement, lequel ne pourra être changé pendant la durée de la régence.

15. Si, à raison de la minorité d'âge du parent appelé à la régence, elle a été dévolue à un parent plus éloigné, ou déférée par élection, le régent qui sera entré en exercice continuera ses fonctions jusqu'à la majorité du roi.

16. La régence du royaume ne confère aucun droit sur la personne du roi mineur.

17. La garde du roi mineur sera confiée à sa mère ; et s'il n'a pas de mère, ou si elle est remariée au temps de l'avénement de son fils au trône, ou si elle se remarie pendant la minorité, la garde sera déférée par le corps législatif.

Ne peuvent être élus pour la garde du roi mineur, ni le régent et ses descendants, ni les femmes.

18. En cas de démence du roi, notoirement reconnue, légalement constatée, et déclarée par le corps législatif après trois délibérations successivement prises de mois en mois, il y a lieu à la régence tant que la démence dure.

SECTION III.

De la famille du roi.

Art. 1er. L'héritier présomptif portera le nom de *Prince royal*.

Il ne peut sortir du royaume sans un décret du corps législatif et le consentement du roi.

S'il en est sorti, et si, étant parvenu à l'âge de dix-huit ans, il ne rentre pas en France après avoir été requis par une proclamation du corps législatif, il est censé avoir abdiqué le droit de succession au trône.

2. Si l'héritier présomptif est mineur, le parent majeur,

premier appelé à la régence, est tenu de résider dans le royaume.

Dans le cas où il en serait sorti, et n'y rentrerait pas sur la réquisition du corps législatif, il sera censé avoir abdiqué son droit à la régence.

3. La mère du roi mineur ayant sa garde, ou le gardien élu, s'ils sortent du royaume, sont déchus de la garde.

Si la mère de l'héritier présomptif mineur sortait du royaume, elle ne pourrait, même après son retour, avoir la garde de son fils mineur devenu roi, que par un décret du corps législatif.

4. Il sera fait une loi pour régler l'éducation du roi mineur et celle de l'héritier présomptif mineur.

5. Les membres de la famille du roi, appelés à la succession éventuelle au trône, jouissent des droits de citoyens actifs, mais ne sont éligibles à aucune des places, emplois ou fonctions qui sont à la nomination du peuple.

A l'exception des départements du ministère, ils sont susceptibles des places et emplois à la nomination du roi; néanmoins ils ne pourront commander en chef aucune armée de terre ou de mer, ni remplir les fonctions d'ambassadeur, qu'avec le consentement du corps législatif, accordé sur la proposition du roi.

6. Les membres de la famille du roi, appelés à la succession éventuelle au trône, ajouteront la dénomination de *Princes français*, au nom qui leur aura été donné dans l'acte civil constatant leur naissance, et ce nom ne pourra être ni patronimique, ni formé d'aucune des qualifications abolies par la présente constitution.

La dénomination de *prince* ne pourra être donnée à aucun autre individu, et n'emportera aucun privilége ni aucune exception au droit commun de tous les Français.

7. Les actes par lesquels seront légalement constatés les naissances, mariages et décès des princes français, seront présentés au corps législatif, qui en ordonnera le dépôt dans ses archives.

8. Il ne sera accordé aux membres de la famille du roi aucun apanage réel.

Les fils puînés du roi recevront, à l'âge de vingt-cinq ans accomplis, ou lors de leur mariage, une rente apanagère, laquelle sera fixée par le corps législatif, et finira à l'extinction de leur postérité masculine.

SECTION IV.

Des ministres.

Art. 1er. Au roi seul appartient le choix et la révocation des ministres.

2. Les membres de l'Assemblée nationale actuelle et des législatures suivantes, les membres du tribunal de cassation, et ceux qui serviront dans le haut-juré, ne pourront être promus au ministère, ne recevoir aucunes places, dons, pensions, traitements ou commissions du pouvoir exécutif ou de ses agents, pendant la durée de leurs fonctions, ni pendant deux ans après en avoir cessé l'exercice.

Il en sera de même de ceux qui seront seulement inscrits sur la liste du haut-juré, pendant tout le temps que durera leur inscription.

3. Nul ne peut entrer en exercice d'aucun emploi, soit dans les bureaux du ministère, soit dans ceux des régies ou administrations des revenus publics, ni en général d'aucun emploi à la nomination du pouvoir exécutif, sans prêter le serment civique, ou sans justifier qu'il l'a prêté.

4. Aucun ordre du roi ne peut être exécuté, s'il n'est signé par lui et contre-signé par le ministre ou l'ordonnateur du département.

5. Les ministres sont responsables de tous les délits par eux commis contre la sûreté nationale et la constitution;

De tout attentat à la propriété et à la liberté individuelle;

De toute dissipation des deniers destinés aux dépenses de leur département.

6. En aucun cas, l'ordre du roi, verbal ou par écrit, ne peut soustraire un ministre à la responsabilité.

7. Les ministres sont tenus de présenter chaque année au corps législatif, à l'ouverture de la session, l'aperçu des dépenses à faire dans leur département, de rendre compte de l'emploi des sommes qui y étaient destinées, et d'indiquer les abus qui auraient pu s'introduire dans les différentes parties du gouvernement.

8. Aucun ministre en place, ou hors de place, ne peut être poursuivi en matière criminelle pour fait de son administration, sans un décret du corps législatif.

CHAPITRE III.

DE L'EXERCICE DU POUVOIR LÉGISLATIF.

SECTION PREMIÈRE.

Pouvoirs et fonctions de l'Assemblée nationale législative.

Art. 1er. La constitution délègue exclusivement au corps législatif les pouvoirs et fonctions ci-après :

1° De proposer et décréter les lois : le roi peut seulement inviter le corps législatif à prendre un objet en considération ;

2° De fixer les dépenses publiques ;

3° D'établir les contributions publiques ; d'en déterminer la nature, la quotité, la durée et le mode de perception ;

4° De faire la répartition de la contribution directe entre les départements du royaume, de surveiller l'emploi de tous les revenus publics, et de s'en faire rendre compte ;

5° De décréter la création ou la suppression des offices publics ;

6° De déterminer le titre, le poids, l'empreinte et la dénomination des monnaies ;

7° De permettre ou de défendre l'introduction des troupes étrangères sur le territoire français, et des forces navales étrangères dans les ports du royaume ;

8° De statuer annuellement, après la proposition du roi, sur le nombre d'hommes et de vaisseaux dont les armées de terre et de mer seront composées ; sur la solde et le nombre d'individus de chaque grade ; sur les règles d'admission et d'avancement, les formes de l'enrôlement et du dégagement, la formation des équipages de mer ; sur l'admission des troupes ou des forces navales étrangères au service de France, et sur le traitement des troupes en cas de licenciement ;

9° De statuer sur l'administration, et d'abandonner l'aliénation des domaines nationaux ;

10° De poursuivre devant la haute cour nationale la responsabilité des ministres et des agents principaux du pouvoir exécutif ;

D'accuser ou de poursuivre devant la même cour, ceux qui seront prévenus d'attentat et de complot contre la sûreté générale de l'État, ou contre la constitution ;

11° D'établir des lois d'après lesquelles les marques d'honneur ou décorations purement personnelles seront accordées à ceux qui ont rendu des services à l'État ;

12° Le corps législatif a seul le droit de décerner les honneurs publics à la mémoire des grands hommes.

2. La guerre ne peut être décidée que par un décret du corps législatif, rendu sur la proposition formelle et nécessaire du roi, et sanctionnée par lui.

Dans le cas d'hostilités imminentes ou commencées, d'un allié à soutenir, ou d'un droit à conserver par la force des armes, le roi en donnera, sans aucun délai, la notification au corps législatif, et en fera connaître les motifs. Si le corps législatif est en vacances, le roi le convoquera aussitôt.

Si le corps législatif décide que la guerre ne doive pas être faite, le roi prendra sur-le-champ des mesures pour faire cesser ou prévenir toutes hostilités, les ministres demeurant responsables des délais.

Si le corps législatif trouve que les hostilités commencées soient une agression coupable de la part des ministres ou de quelque autre agent du pouvoir exécutif, l'auteur de l'agression sera poursuivi criminellement.

Pendant tout le cours de la guerre, le corps législatif peut requérir le roi de négocier la paix ; et le roi est tenu de déférer à cette réquisition.

A l'instant où la guerre cessera, le corps législatif fixera le délai dans lequel les troupes, élevées au dessus du pied de paix, seront congédiées, et l'armée réduite à son état ordinaire.

3. Il appartient au corps législatif de ratifier les traités de paix, d'alliance et de commerce, et aucun traité n'aura d'effet que par cette ratification.

4. Le corps législatif a le droit de déterminer le lieu de ses séances, de les continuer autant qu'il le jugera néces-

saire, et de s'ajourner. Au commencement de chaque régne, s'il n'est pas réuni, il sera tenu de se rassembler sans délai.

Il a le droit de police dans le lieu de ses séances, et dans l'enceinte extérieure qu'il aura déterminée.

Il a le droit de discipline sur ses membres ; mais il ne peut prononcer de punition plus forte que la censure, les arrêts pour huit jours, ou la prison pour trois jours.

Il a le droit de disposer, pour sa sûreté et pour le maintien du respect qui lui est dû, des forces qui, de son consentement, seront établies dans la ville où il tiendra ses séances.

5. Le pouvoir exécutif ne peut faire passer ou séjourner aucun corps de troupes de ligne, dans la distance de trente mille toises du corps législatif, si ce n'est sur sa réquisition ou avec son autorisation.

SECTION II.

Tenue des Séances et Forme de délibérer.

1. Les délibérations du corps législatif seront publiques, et les procès-verbaux de ses séances seront imprimés.

2. Le corps législatif pourra cependant, en toute occasion, se former en *comité général.*

Cinquante membres auront le droit de l'exiger.

Pendant la durée du comité général, les assistants se retireront, le fauteuil du président sera vacant, l'ordre sera maintenu par le vice-président.

3. Aucun acte législatif ne pourra être délibéré et décrété que dans la forme suivante :

4. Il sera fait trois lectures du projet de décret, à trois intervalles, dont chacun ne pourra être moindre de huit jours.

5. La discussion sera ouverte après chaque lecture, et néanmoins, après la première ou seconde lecture, le corps législatif pourra déclarer qu'il y a lieu à l'ajournement, ou qu'il n'y a pas lieu de délibérer : dans ce dernier cas, le projet de décret pourra être représenté dans la même session.

Tout projet de décret sera imprimé et distribué avant que la seconde lecture puisse en être faite.

6. Après la troisième lecture, le président sera tenu de mettre en délibération, et le corps législatif décidera s'il se trouve en état de rendre un décret définitif, ou s'il veut renvoyer la décision à un autre temps, pour recueillir de plus amples éclaircissements.

7. Le corps législatif ne peut délibérer, si la séance n'est composée de deux cents membres au moins, et aucun décret ne sera formé que par la pluralité absolue des suffrages.

8. Tout projet de loi qui, soumis à la discussion, aura été rejeté après la troisième lecture, ne pourra être représenté dans la même session.

9. Le préambule de tout décret définitif énoncera, 1° les dates des séances auxquelles les trois lectures du projet auront été faites; 2° le décret par lequel il aura été arrêté, après la troisième lecture, de décider définitivement.

10. Le roi refusera sa sanction au décret dont le préambule n'attestera pas l'observation des formes ci-dessus : si quelqu'un de ses décrets était sanctionné, les ministres ne pourront le sceller ni le promulguer, et leur responsabilité à cet égard durera six années.

11. Sont exceptés des dispositions ci-dessus : les décrets reconnus et déclarés urgents par une délibération préalable du corps législatif; mais ils peuvent être modifiés ou révoqués dans le cours de la même session.

Le décret par lequel la matière aura été déclarée urgente en énoncera les motifs, et il sera fait mention de ce décret préalable dans le préambule du décret définitif.

SECTION III.

De la Sanction royale.

1. Les décrets du corps législatif sont présentés au roi, qui peut leur refuser son consentement.

2. Dans le cas où le roi refuse son consentement, ce refus n'est que suspensif.

Lorsque les deux législatures qui suivront celle qui aura présenté le décret, auront successivement représenté le décret dans les mêmes termes, le roi sera censé avoir donné la sanction.

3. Le consentement du roi est exprimé sur chaque décret par cette formule signée du roi : *Le roi consent et fera exécuter.*

Le refus suspensif est exprimé par celle-ci : *Le roi examenera.*

4. Le roi est tenu d'exprimer son consentement ou son refus sur chaque décret, dans les deux mois de la présentation.

5. Tout décret auquel le roi a refusé son consentement, ne peut lui être représenté par la même législature.

6. Les décrets sanctionnés par le roi, et ceux qui lui auront été présentés par trois législatures consécutives, ont force de loi et portent le nom et l'intitulé de *lois.*

7. Seront néanmoins exécutés comme lois, sans être sujets à la sanction, les actes du corps législatif concernant sa constitution en assemblée délibérante ;

Sa police intérieure, et celle qu'il pourra exercer dans l'enceinte extérieure qu'il aura déterminée ;

La vérification des pouvoirs de ses membres présents ;

Les injonctions aux membres absents ;

La convocation des assemblées primaires en retard ;

L'exercice de la police constitutionnelle sur les administrateurs et sur les officiers municipaux ;

Les questions soit d'éligibilité, soit de validité des élections,

Ne sont pareillement sujets à la sanction, les actes relatifs à la responsabilité des ministres, ni les décrets portant qu'il y a lieu à accusation.

8. Les décrets du corps législatif concernant l'établissement, la prorogation et la perception des contributions publiques porteront le nom et l'intitulé des lois. Ils seront promulgués et exécutés sans être sujets à la sanction, si ce n'est pour les dispositions qui établiraient des peines autres que des amendes et contraintes pécuniaires.

Ces décrets ne pourront être rendus qu'après l'observation des formalités prescrites par les articles articles , 5, 4

6 , 7, 8 et 9 de la section II du présent chapitre, et le corps législatif ne pourra y insérer aucunes dispositions étrangères à leur objet.

SECTION IV.

(*Relations du corps législatif avec le Roi.*)

ART. 1ᵉʳ. Lorsque le corps législatif est définitivement constitué, il envoie au Roi une députation pour l'en instruire. Le Roi peut chaque année faire l'ouverture de la session, et proposer les objets qu'il croit devoir être pris en considération pendant le cours de cette session, sans néanmoins que cette formalité puisse être considérée comme nécessaire à l'activité du corps législatif.

2. Lorsque le corps législatif veut s'ajourner au-delà de quinze jours, il est tenu d'en prévenir le Roi par une députation, au moins huit jours d'avance.

3. Huitaine au moins avant la fin de chaque session, le corps législatif envoie au Roi une députation pour lui annoncer le jour où il se propose de terminer ses séances. Le Roi peut venir faire la clôture de la session.

4. Si le Roi trouve important au bien de l'État que la session soit continuée, ou que l'ajournement n'ait pas lieu, ou qu'il n'ait lieu que pour un temps moins long, il peut à cet effet envoyer un message, sur lequel le corps législatif est tenu de délibérer.

5. Le Roi convoquera le corps législatif, dans l'intervalle de ses sessions, toutes les fois que l'intérêt de l'État lui paraîtra l'exiger, ainsi que dans le cas qui auront été prévus et déterminés par le corps législatif avant de s'ajourner.

6. Toutes les fois que le Roi se rendra au lieu des séances du corps législatif, il sera reçu et reconduit par une députation : il ne pourra être accompagné dans l'intérieur de la salle que par le prince royal et par les ministres.

7. Dans aucun cas, le président ne pourra faire partie d'une députation.

8. Le corps législatif cessera d'être corps délibérant, tant que le Roi sera présent.

9. Les actes de la correspondance du Roi avec le corps législatif seront toujours contresignés par un ministre.

10. Les ministres du Roi auront entrée dans l'Assemblée nationale législative : ils y auront une place marquée.

Ils seront entendus, toutes les fois qu'ils le demanderont, sur les objets relatifs à leur administration, ou lorsqu'ils seront requis de donner des éclaircissements.

Ils seront également entendus sur les objets étrangers à leur administration, quand l'Assemblée nationale leur accordera la parole.

CHAPITRE IV.

DE L'EXERCICE DU POUVOIR EXÉCUTIF.

Art. 1er. Le pouvoir exécutif suprême réside exclusivement dans la main du roi.

Le roi est le chef suprême de l'administration générale du royaume : le soin de veiller au maintien de l'ordre et de la tranquillité publique lui est confié.

Le roi est le chef suprême de l'armée de terre et de l'armée navale.

Au roi est délégué le soin de veiller à la sûreté extérieure du royaume, d'en maintenir les droits et les possessions.

2. Le roi nomme les ambassadeurs et les autres agents des négociations politiques.

Il confère le commandement des armées et des flottes, et les grades de maréchal de France et d'amiral.

Il nomme les deux tiers des contre-amirauux, la moitié des lieutenants-généraux, maréchaux-de-camp, capitaines de vaisseaux, et colonels de la gendarmerie nationale.

Il nomme le tiers des colonels et des lieutenants-colonels, et le sixième des lieutenants de vaisseaux.

Le tout en se conformant aux lois sur l'avancement.

Il nomme dans l'administration civile de la marine, les ordonnateurs, les contrôleurs, les trésoriers des arsenaux, les chefs des travaux, sous-chefs des bâtiments civils, la moitié des chefs d'administration et des sous-chefs de construction.

Il nomme les commissaires auprès des tribunaux.

Il nomme les préposés en chef aux régies des contributions indirectes et à l'administration des domaines nationaux.

Il surveille la fabrication des monnaies, et nomme les officiers chargés d'exercer cette surveillance dans la commission générale et dans les hôtels des monnaies.

L'effigie du roi est empreinte sur toutes les monnaies du royaume.

3. Le roi fait délivrer les lettres-patentes, brevets et commissions aux fonctionnaires publics et autres qui doivent en recevoir.

4. Le roi fait dresser la liste des pensions et gratifications, pour être présentée au corps législatif à chacune de ses sessions, et décrétée s'il y a lieu.

SECTION Ire.

De la promulgation des lois.

Art. 1er. Le pouvoir exécutif est chargé de faire sceller les lois du sceau de l'Etat, et de les faire promulguer.

Il est chargé également de faire promulguer et exécuter les actes du corps législatif qui n'ont pas besoin de la sanction du roi.

2. Il sera fait deux expéditions originales de chaque loi, toutes deux signées du roi, contre-signées par le ministre de la justice, et scellées du sceau de l'Etat.

L'une restera déposée aux archives du sceau, et l'autre sera remise aux archives du Corps législatif.

3. La promulgation sera ainsi conçue :

« N. (*le nom du roi*) par la grâce de Dieu, et par la loi « constitutionnelle de l'État, roi des Français, à tous pré« sents et à venir salut. L'Assemblée nationale a décrété, « et nous voulons et ordonnons ce qui suit : »

(*La copie littérale du décret sera insérée sans aucun changement.*)

« Mandons et ordonnons à tous les corps administratifs « et tribunaux, que les présentes ils fassent consigner dans « leurs registres, lire, publier et afficher dans leurs dépar-

« tements et ressorts respectifs, et exécuter comme loi du
« royaume. En foi de quoi nous avons signé ces présentes,
« auxquelles nous avons fait apposer le sceau de l'Etat. »

4. Si le roi est mineur, les lois, proclamations et autres
actes émanés de l'autorité royale pendant la régence, seront conçus ainsi qu'il suit :

« N. (*le nom du régent*) régent du royaume, au nom de
« N. (*le nom du roi*) par la grâce de Dieu, et par la loi con-
« stitutionnelle de l'Etat, roi des Français, etc., etc., etc. »

5. Le pouvoir exécutif est tenu d'envoyer les lois aux
corps administratifs et aux tribunaux, de faire certifier cet
envoi, et d'en justifier au Corps législatif.

6. Le pouvoir exécutif ne peut faire aucune loi, même
provisoire, mais seulement des proclamations conformes
aux lois, pour en ordonner ou en rappeler l'exécution.

SECTION II.

De l'administration intérieure.

Art. 1er. Il y a dans chaque département une administration supérieure, et dans chaque district une administration subordonnée.

2. Les administrateurs n'ont aucun caractère de représentation.

Ils sont des agents élus à temps par le peuple, pour
exercer, sous la surveillance et l'autorité du roi, les fonctions administratives.

3. Ils ne peuvent ni s'immiscer dans l'exercice du pouvoir législatif, ou suspendre l'exécution des lois, ni rien
entreprendre sur l'ordre judiciaire, ni sur les dispositions
ou opérations militaires.

4. Les administrateurs sont essentiellement chargés de
épartir les contributions directes, et de surveiller les deniers provenant de toutes les contributions et revenus publics dans leur territoire.

Il appartient au pouvoir législatif de déterminer les règles et le mode de leurs fonctions, tant sur les objets ci-
dessus exprimés, que sur toutes les autres parties de l'administration intérieure.

5. Le roi a le droit d'annuler les actes des administrateurs de département, contraires aux lois ou aux ordres qu'il leur aura adressés.

Il peut, dans le cas d'une désobéissance persévérante, ou s'ils compromettent par leurs actes la sûreté ou la tranquillité publique, les suspendre de leurs fonctions.

6. Les administrateurs de département ont de même le droit d'annuler les actes des sous-administrateurs de district, contraires aux lois ou aux arrêtés des administrateurs de département, ou aux ordres que ces derniers leur auront donnés ou transmis.

Ils peuvent également, dans le cas d'une désobéissance persévérante des sous-administrateurs, ou si ces derniers compromettent par leurs actes la sûreté ou la tranquillité publique, les suspendre de leurs fonctions, à la charge d'en instruire le roi, qui pourra lever ou confirmer la suspension.

7. Le roi peut, lorsque les administrateurs de département n'auront pas usé du pouvoir qui leur est délégué dans l'article ci-dessus, annuler directement les actes des sous-administrateurs, et les suspendre dans les mêmes cas.

8. Toutes les fois que le roi aura prononcé ou confirmé la suspension des administrateurs ou sous-administrateurs, il en instruira le Corps législatif.

Celui-ci pourra ou lever la suspension, ou la confirmer, ou même dissoudre l'administration coupable, et, s'il y a lieu, renvoyer tous les administrateurs ou quelques-uns d'eux aux tribunaux criminels, ou porter contre eux le décret d'accusation.

SECTION III.

Des relations extérieures.

Art. 1er. Le roi seul peut entretenir des relations politiques au dehors, conduire les négociations faire des préparatifs de guerre proportionnés à ceux des Etats voisins, distribuer les forces de terre et de mer ainsi qu'il le jugera convenable, et en régler la direction en cas de guerre.

2. Toute déclaration de guerre sera faite en ces termes : *De la part du roi des Français, au nom de la nation*

3. Il appartient au roi d'arrêter et de signer avec toutes les puissances étrangères, tous les traités de paix, d'alliance et de commerce, et autres conventions qu'il jugera nécessaires au bien de l'Etat, sauf la ratification du Corps législatif.

CHAPITRE V

Du pouvoir judiciaire.

Art. 1er. Le pouvoir judiciaire ne peut, en aucun cas, être exercé par le Corps législatif ni par le roi.

2. La justice sera rendue gratuitement par des juges élus à temps par le peuple, et institués par lettres-patentes du roi, qui ne pourra les refuser.

Ils ne pourront être, ni destitués que pour forfaiture dûment jugée, ni suspendus que par une accusation admise.

L'accusateur public sera nommé par le peuple.

8. Les tribunaux ne peuvent ni s'immiscer dans l'exercice du pouvoir législatif, ou suspendre l'exécution des lois; ni entreprendre sur les fonctions administratives, ou citer devant eux les administrateurs pour raison de leurs fonctions.

4. Les citoyens ne peuvent être distraits des juges que la loi leur assigne par aucune commission ni par d'autres attributions et évocations que celles qui sont déterminées par les lois.

5. Le droit des citoyens, de terminer définitivement leurs contestations par la voie de l'arbitrage, ne peut recevoir aucune atteinte par les actes du pouvoir législatif.

6. Les tribunaux ordinaires ne peuvent recevoir aucune action au civil, sans qu'il leur soit justifié que les parties ont comparu, ou que le demandeur a cité sa partie adverse devant des médiateurs pour parvenir à une conciliation.

7. Il y aura un ou plusieurs juges de paix dans les cantons et dans les villes. Le nombre en sera déterminé par le pouvoir législatif.

8. Il appartient au pouvoir législatif de régler le nombre

et les arrondissements des tribunaux, et le nombre des juges dont chaque tribunal sera composé.

9. En matière criminelle, nul citoyen ne peut être jugé que sur une accusation reçue par des jurés, ou décrétée par le corps législatif dans les cas où il lui appartient de poursuivre l'accusation.

Après l'accusation admise, le fait sera reconnu et déclaré par des jurés.

L'accusé aura la faculté d'en récuser jusqu'à vingt sans donner de motifs.

Les jurés qui déclareront le fait ne pourront être au-dessous du nombre de douze.

L'application de la loi sera faite par des juges.

L'instruction sera publique, et l'on ne pourra refuser aux accusés le secours d'un conseil.

Tout homme acquitté par un jury légal ne peut plus être repris ni accusé à raison du même fait.

10. Nul homme ne peut être saisi que pour être conduit devant l'officier de police ; et nul ne peut être mis en arrestation ou détenu qu'en vertu d'un mandat des officiers de police, d'une ordonnance de prise de corps d'un tribunal, d'un décret d'accusation du corps législatif dans le cas où il lui appartient de le prononcer, ou d'un jugement de condamnation à prison ou détention criminelle.

11. Tout homme saisi et conduit devant l'officier de police sera examiné sur-le-champ ou au plus tard dans les vingt-quatre heures.

S'il résulte de l'examen qu'il n'y a aucun sujet d'inculpation contre lui, il sera remis aussitôt en liberté ; ou, s'il y a lieu de l'envoyer à la maison d'arrêt, il y sera conduit dans le plus bref délai, qui, en aucun cas, ne pourra excéder trois jours.

12. Nul homme arrêté ne peut être retenu s'il donne caution suffisante, dans tous les cas où la loi permet de rester libre sous cautionnement.

13. Nul homme, dans le cas où sa détention est autorisée par la loi, ne peut être conduit et détenu que dans les lieux légalement et publiquement désignés pour servir de maison d'arrêt, de maison de justice ou de prison.

14. Nul gardien ou geôlier ne peut recevoir ni retenir aucun homme qu'en vertu d'un mandat, ordonnance de prise de corps, décret d'accusation, ou jugement, mentionnés dans l'art. 10 ci-dessus, et sans que la transcription en ait été faite sur son registre.

15. Tout gardien ou geôlier est tenu, sans qu'aucun ordre puisse l'en dispenser, de représenter la personne du détenu à l'officier civil ayant la police de la maison de détention, toutes les fois qu'il en sera requis par lui.

La représentation de la personne du détenu ne pourra de même être refusée à ses parents et amis, porteurs de l'ordre de l'officier civil, qui sera toujours tenu de l'accorder, à moins que le gardien ou geôlier ne représente une ordonnance du juge, transcrite sur son registre, pour tenir l'arrêté au secret.

16. Tout homme, quelle que soit sa place ou son emploi, autre que ceux à qui la loi donne le droit d'arrestation, qui donnera, signera, exécutera ou fera exécuter l'ordre d'arrêter un citoyen, ou quiconque, même dans les cas d'arrestation autorisée par la loi, conduira, recevra ou retiendra un citoyen dans un lieu de détention non publiquement et légalement désigné ; et tout gardien ou geôlier qui contreviendra aux dispositions des articles 14 et 15 ci-dessus, seront coupables du crime de détention arbitraire.

17. Nul homme ne peut être recherché ni poursuivi pour raison des écrits qu'il aura fait imprimer ou publier sur quelque matière que ce soit, si ce n'est qu'il ait provoqué à dessein la désobéissance à la loi, l'avilissement des pouvoirs constitués, la résistance à leurs actes, ou quelques unes des actions déclarées crimes ou délits par la loi.

La censure sur les actes des pouvoirs constitués est permise ; mais les calomnies volontaires contre la probité des fonctionnaires publics et la droiture de leurs intentions dans l'exercice de leurs fonctions, pourront être poursuivies par ceux qui en sont l'objet.

Les calomnies ou injures contre quelques personnes que ce soit, relatives aux actions de leur vie privée, seront punies sur leur poursuite.

18. Nul ne peut être jugé, soit par la voie civile, soit

par la voie criminelle, pour fait d'écrit imprimés ou publiés, sans qu'il ait été reconnu et déclaré par un juré, 1° s'il y a délit dans l'écrit dénoncé ; 2° si la personne poursuivie en est coupable.

19. Il y aura pour tout le royaume un seul tribunal de cassation, établi auprès du corps législatif. Il aura pour fonctions de prononcer :

Sur les demandes en cassation contre les jugements rendus en dernier ressort par les tribunaux ;

Sur les demandes en renvoi d'un tribunal à un autre, pour cause de suspicion légitime ;

Sur les règlements de juges et les prises à partie contre un tribunal entier.

20. En matière de cassation, le tribunal de cassation ne pourra jamais connaître du fond des affaires ; mais après avoir cassé le jugement qui aura été rendu sur une procédure dans laquelle les formes auront été violées, ou qui contiendra une contravention expresse à la loi, il renverra le fond du procès au tribunal qui doit en connaître.

21. Lorsqu'après deux cassations, le jugement du troisième tribunal sera attaqué par les mêmes moyens que les deux premiers, la question ne pourra plus être agitée au tribunal de cassation sans avoir été soumise au corps législatif, qui portera un décret déclaratoire de la loi auquel le tribunal de cassation sera tenu de se conformer.

22. Chaque année, le tribunal de cassation sera tenu d'envoyer à la barre du corps législatif une députation de huit de ses membres, qui lui présenteront l'état des jugements rendus, à côté de chacun desquels seront la notice abrégée de l'affaire et le texte de la loi qui aura déterminé la décision.

23. Une haute cour nationale, formée de membres du tribunal de cassation et de hauts jurés, connaîtra des délits des ministres et agents principaux du pouvoir exécutif, et des crimes qui attaqueront la sûreté générale de l'État, lorsque le corps législatif aura rendu un décret d'accusation.

Elle ne se rassemblera que sur la proclamation du corps législatif, et à une distance de trente mille toises au moins du lieu où la législature tiendra ses séances.

24. Les expéditions exécutoires des jugements des tribunaux seront conçues ainsi qu'il suit :

N. (*le nom du roi*), par la grâce de Dieu, et par la loi constitutionnelle de l'État, roi des Français, à tous présents et à venir, salut. Le tribunal de.... a rendu le jugement suivant :

(*Ici sera copié le jugement, dans lequel il sera fait mention du nom des juges.*)

Mandons et ordonnons à tous huissiers sur ce requis, de mettre ledit jugement à exécution ; à nos commissaires auprès des tribunaux d'y tenir la main ; et à tous commandants et officiers de la force publique de prêter main-forte lorsqu'ils en seront légalement requis. En foi de quoi le présent jugement a été signé par le président du tribunal et par le greffier.

25. Les fonctions des commissaires du roi auprès des tribunaux seront de requérir l'observation des lois dans les jugements à rendre et de faire exécuter les jugements rendus.

Ils ne seront point accusateurs publics, mais ils seront entendus sur toutes les accusations, et requerront pendant le cours de l'instruction pour la régularité des formes, et avant le jugement pour l'application de la loi.

26. Les commissaires du roi auprès des tribunaux dénonceront au directeur du juré, soit d'office, soit d'après les ordres qui leur seront donnés par le roi :

Les attentats contre la liberté individuelle des citoyens, contre la libre circulation des subsistances et autres objets de commerce, et contre la perception des contributions ;

Les délits par lesquels l'exécution des ordres donnés par le roi dans l'exercice des fonctions qui lui sont déléguées, serait troublée ou empêchée ;

Les attentats contre le droit des gens ;

Et les rébellions à l'exécution des jugements, et de tous les actes exécutoires émanés des pouvoirs constitués.

27. Le ministre de la justice dénoncera au tribunal de cassation, par la voie du commissaire du roi, et sans préjudice du droit des parties intéressées, les actes par lesquels les juges auraient excédé les bornes de leur pouvoir.

Le tribunal les annulera; et s'ils donnent lieu à la forfaiture, le fait sera dénoncé au corps législatif, qui rendra
le décret d'accusation, s'il y a lieu, et renverra les prévenus devant la haute cour nationale.

TITRE IV.

DE LA FORCE PUBLIQUE.

ART. 1er. La force publique est instituée pour défendre
l'Etat contre les ennemis du dehors, et assurer au dedans le
maintien de l'ordre et l'exécution des lois.

2. Elle est composée :

De l'armée de terre et de mer;

De la troupe spécialement destinée au service intérieur ;

Et subsidiairement des citoyens actifs, et de leurs enfants
en état de porter les armes, inscrits sur le rôle de la garde
nationale.

3. Les gardes nationales ne forment ni un corps militaire, ni une institution dans l'Etat; ce sont les citoyens eux-
mêmes appelés au service de la force publique.

4. Les citoyens ne pourront jamais se former ni agir
comme gardes nationales, qu'en vertu d'une réquisition ou
d'une autorisation légale.

5. Ils sont soumis, en cette qualité, à une organisation
déterminée par la loi.

Ils ne peuvent avoir, dans tout le royaume, qu'une même discipline et un même uniforme.

Les distinctions de grade et la subordination, ne subsistent que relativement au service et pendant sa durée.

6. Les officiers sont élus à temps, et ne peuvent être élus
qu'après un intervalle de service comme soldats.

Nul ne commandera la garde nationale de plus d'un
district.

7. Toutes les parties de la force publique, employées
pour la sûreté de l'Etat contre les ennemis du dehors, agi-
ront sous les ordres du roi.

8. Aucun corps ou détachement de troupes de ligne ne
peut agir dans l'intérieur du royaume sans une réquisition
légale.

9. Aucun agent de la force publique ne peut entrer dans la maison d'un citoyen, si ce n'est pour l'exécution des mandements de police et de justice, ou dans les cas formiellement prévus par la loi.

10. La réquisition de la force publique dans l'intérieur du royaume, appartient aux officiers civils, suivant les règles déterminées par le pouvoir législatif.

11. Si des troubles agitent tout un département, le roi donnera, sous la responsabilité de ses ministres, les ordres nécessaires pour l'exécution des lois et le rétablissement de l'ordre ; mais à la charge d'en informer le corps législatif, s'il est assemblé, et de le convoquer, s'il est en vacances.

12. La force publique est essentiellement obéissante ; nul corps armé ne peut délibérer.

13. L'armée de terre et de mer, et la troupe destinée à la sûreté intérieure, sont soumises à des lois particulières, soit pour le maintien de la discipline, soit pour la forme des jugements et la mesure des peines en matière de délits militaires.

TITRE V.

DES CONTRIBUTIONS PUBLIQUES.

ART. 1er. Les contributions publiques seront délibérées et fixées chaque année par le corps législatif, et ne pourront subsister au-delà du dernier jour de la session suivante, si elles n'ont pas été expressément renouvelées.

2. Sous aucun prétexte, les fonds nécessaires à l'acquittement de la dette nationale et au paiement de la liste civile, ne pourront être ni refusés ni suspendus.

Le traitement des ministres du culte catholique pensionnés, conservés, élus ou nommés en vertu des décrets de l'assemblée nationale constituante, fait partie de la dette nationale.

Le corps législatif ne pourra, en aucun cas, charger la nation du paiement des dettes d'aucun individu.

3. Les comptes détaillés de la dépense des appartements ministériels, signés et certifiés par les ministres ou ordonnateurs généraux, seront rendus publics par la voie de

l'impression, au commencement des sessions de chaque législature.

Il en sera de même des états de recette des diverses contributions, et de tous les revenus publics.

Les états de ces dépenses et recettes, seront distingués suivant leur nature, et exprimeront les sommes touchées et dépensées, année par année, dans chaque district.

Les dépenses particulières à chaque département, et relatives aux tribunaux, aux corps administratifs et autres établissements, seront également rendues publiques.

4. Les administrateurs de département et sous-administrateurs ne pourront, ni établir aucune contribution publique, ni faire aucune répartition au-delà du temps et des sommes fixés par le corps législatif, ni délibérer ou permettre, sans y être autorisés par lui, aucun emprunt local à la charge des citoyens du département.

5. Le pouvoir exécutif dirige, surveille la perception et le versement des contributions, et donne tous les ordres nécessaires à cet effet.

TITRE VI.

DES RAPPORT DE LA NATION FRANÇAISE AVEC LES NATIONS ÉTRANGÈRES.

La nation française renonce à entreprendre aucune guerre dans la vue de faire des conquêtes, et n'emploiera jamais ses forces contre la liberté d'aucun peuple.

La constitution n'admet point de droit d'aubaine.

Les étrangers établis ou non en France succèdent à leurs parents étrangers ou français.

Ils peuvent contracter, acquérir et recevoir des biens situés en France, et en disposer, de même que tout citoyen français, par tous les moyens autorisés par les lois.

Les étrangers qui se trouvent en France sont soumis aux mêmes lois criminelles et de police que les citoyens français, sauf les conditions arrêtées avec les puissances étrangères ; leur personne, leurs biens, leur industrie, leur culte, sont également protégés par la loi.

TITRE VII.

DE LA RÉVISION DES DÉCRETS CONSTITUTIONNELS.

ART. 1er. L'Assemblée nationale constituante déclaré que la nation a le droit imprescriptible de changer sa constitution ; et néanmoins, considérant qu'il est plus conforme à l'intérêt national d'user seulement , par les moyens pris dans la constitution même , du droit d'en réformer les articles dont l'expérience aurait fait sentir les inconvénients, décrète qu'il y sera procédé par une assemblée de révision, en la forme suivante :

2. Lorsque trois législatures consécutives auront émis un vœu uniforme pour le changement de quelque article constitutionnel, il y aura lieu à la révision demandée.

3. La prochaine législature et la suivante ne pourront proposer la réforme d'aucun article constitutionnel.

4. Des trois législatures qui pourront par la suite proposer quelques changements, les deux premières ne s'occuperont de cet objet que dans les deux derniers mois de leur dernière session , et la troisième à la fin de la première session annuelle , ou au commencement de la seconde.

Leurs délibérations sur cette matière seront soumises aux mêmes formes que les actes législatifs ; mais les décrets par lesquels elles auront émis leur vœu ne seront pas sujets à la sanction du roi.

5. La quatrième législature , augmentée de deux cent quarante-neuf membres élus en chaque département, par doublement du nombre ordinaire qu'il fournit pour sa population, formera l'assemblée de révision.

Ces deux cent quarante-neuf membres seront élus après que la nomination des représentants au corps législatif aura été terminée, et il en sera fait un procès-verbal séparé.

L'assemblée de révision ne sera composée que d'une chambre.

6. Les membres de la troisième législature qui aura demandé le changement ne pourront être élus à l'assemblée de révision.

7. Les membres de l'assemblée de révision, après avoir prononcé tous ensemble le serment de *vivre libres ou*

mourir, prêteront individuellement celui de *se borner à statuer sur les objets qui leur auront été soumis par le vœu uniforme des trois législatures précédentes : de maintenir au surplus, de tout leur pouvoir, la constitution du royaume, décrétée par l'Assemblée nationale constituante aux années 1789, 1790 et 1791, et d'être en tout fidèles à la nation, à la loi et au roi.*

8. L'assemblée de révision sera tenue de s'occuper ensuite, et sans délai, des objets qui auront été soumis à son examen : aussitôt que son travail sera terminé, les deux cent quarante-neuf membres nommés en augmentation se retireront sans pouvoir prendre part, en aucun cas, aux actes législatifs.

———

Les colonies et possessions françaises dans l'Asie, l'Afrique et l'Amérique, quoiqu'elles fassent partie de l'empire français, ne sont pas comprises dans la présente constitution.

———

Aucun des pouvoirs institués par la constitution n'a le droit de la changer dans son ensemble ni dans ses parties, sauf les réformes qui pourront y être faites par la voie de la révision, conformément aux dispositions du titre VII ci-dessus.

L'Assemblée nationale constituante en remet le dépôt à la fidélité du corps législatif, du roi et des juges, à la vigilance des pères de famille, aux épouses et aux mères, à l'affection des jeunes citoyens, au courage de tous les Français.

Les décrets rendus par l'Assemblée nationale constituante, qui ne sont pas compris dans l'acte de constitution, seront exécutés comme loi ; et les lois antérieures auxquelles elle n'a pas dérogé seront également observées, tant que les uns ou les autres n'auront pas été révoqués ou modifiés par le pouvoir législatif.

ACTE CONSTITUTIONNEL

Du 24 Juin 1793.

DÉCLARATION DES DROITS DE L'HOMME ET DU CITOYEN.

Le peuple français, convaincu que l'oubli et le mépris des droits naturels de l'homme sont les seules causes des malheurs du monde, a résolu d'exposer dans une déclaration solennelle ses droits sacrés et inaliénables, afin que tous les citoyens, pouvant comparer sans cesse les actes du gouvernement avec le but de toute institution sociale, ne se laissent jamais opprimer et avilir par la tyrannie, afin que le peuple ait toujours devant les yeux les bases de sa liberté et de son bonheur, le magistrat la règle de ses devoirs, le législateur l'objet de sa mission.

En conséquence, il proclame, en présence de l'Être Suprême, la déclaration suivante des droits de l'homme et du citoyen :

ART. 1er. Le but de la société est le bonheur commun.

Le Gouvernement est institué pour garantir à l'homme la jouissance de ses droits naturels et imprescriptibles.

2. Ces droits sont l'égalité, la liberté, la sûreté, la propriété.

3. Tous les hommes sont égaux par la nature et devant la loi.

4. La loi est l'expression libre et solennelle de la volonté générale : elle est la même pour tous, soit qu'elle protége, soit qu'elle punisse : elle ne peut ordonner que ce qui est juste et utile à la société ; elle ne peut défendre que ce qui lui est nuisible.

5. Tous les citoyens sont également admissibles aux emplois publics. Les peuples libres ne connaissent d'autres motifs de préférence dans leurs élections que les vertus et les talents.

6. La liberté est le pouvoir qui appartient à l'homme de faire tout ce qui ne nuit pas aux droits d'autrui : elle a pour principe, la nature ; pour règle, la justice ; pour sauvegarde, la loi ; sa limite morale est dans cette maxime : *Ne fais pas à un autre ce que tu ne veux pas qu'il te soit fait.*

7. Le droit de manifester sa pensée et ses opinions, soit par la voie de la presse, soit de toute autre manière, le droit de s'assembler paisiblement, le libre exercice des cultes, ne peuvent être interdits.

La nécessité d'énoncer ses droits suppose ou la présence ou le souvenir récent du despotisme.

8. La sûreté consiste dans la protection accordée par la société à chacun de ses membres pour la conservation de sa personne, de ses droits et de ses propriétés.

9. La loi doit protéger la liberté publique et individuelle contre l'oppression de ceux qui gouvernent.

10. Nul ne doit être accusé, arrêté, ni détenu, que dans les cas déterminés par la loi et selon les formes qu'elle a prescrites. Tout citoyen appelé ou saisi par l'autorité de la loi doit obéir à l'instant ; il se rend coupable par la résistance.

11. Tout acte exercé contre un homme hors des cas et sans les formes que la loi détermine, est arbitraire et tyrannique ; celui contre lequel on voudrait l'exécuter par la violence a le droit de le repousser par la force.

12. Ceux qui solliciteraient, expédieraient, signeraient, exécuteraient ou feraient exécuter des actes arbitraires, sont coupables et doivent être punis.

13. Tout homme étant présumé innocent jusqu'à ce qu'il ait été déclaré coupable, s'il est jugé indispensable de l'arrêter, toute rigueur qui ne serait pas nécessaire pour s'assurer de sa personne doit être sévèrement réprimée par la loi.

14. Nul ne doit être jugé et puni qu'après avoir été entendu ou légalement appelé, et qu'en vertu d'une loi promulguée antérieurement au délit. La loi qui punirait des

délits commis avant qu'elle existât, serait une tyrannie ;
l'effet rétroactif donné à la loi serait un crime.

15. La loi ne doit décerner que des peines strictement et
évidemment nécessaires ; les peines doivent être proportionnées au délit et utiles à la société.

16. Le droit de propriété est celui qui appartient à tout
citoyen, de jouir et de disposer à son gré de ses biens et de
ses revenus, du fruit de son travail et de son industrie.

17. Nul genre de travail, de culture, de commerce, ne
peut être interdit à l'industrie des citoyens.

18. Tout homme peut engager ses services, son temps ;
mais il ne peut se vendre ni être vendu ; sa personne n'est
pas une propriété aliénable. La loi ne connaît point de domesticité ; il ne peut exister qu'un engagement de soins et
de reconnaissance, entre l'homme qui travaille et celui qui
l'emploie.

19. Nul ne peut être privé de la moindre portion de sa
propriété, sans son consentement, si ce n'est lorsque la nécessité publique légalement constatée l'exige, et sous la
condition d'une juste et préalable indemnité.

20. Nulle contribution ne peut être établie que pour l'utilité générale. Tous les citoyens ont le droit de concourir à
l'établissement des contributions, d'en surveiller l'emploi,
et de s'en faire rendre compte.

21. Les secours publics sont une dette sacrée. La société
doit la subsistance aux citoyens malheureux, soit en leur
procurant du travail, soit en assurant les moyens d'exister
à ceux qui sont hors d'état de travailler.

22. L'instruction est le besoin de tous. La société doit
favoriser de tout son pouvoir les progrès de la raison publique, et mettre l'instruction à la portée de tous les citoyens.

23. La garantie sociale consiste dans l'action de tous pour
assurer à chacun la jouissance et la conservation de ses
droits : cette garantie repose sur la souveraineté nationale.

24. Elle ne peut exister, si les limites des fonctions publiques ne sont pas clairement déterminées par la loi, et si
la responsabilité de tous les fonctionnaires n'est pas assurée.

25. La souveraineté réside dans le peuple ; elle est une et indivisible, imprescriptible et inaliénable.

26. Aucune portion du peuple ne peut exercer la puissance du peuple entier ; mais chaque section du souverain assemblée doit jouir du droit d'exprimer sa volonté avec une entière liberté.

27. Que tout individu qui usurperait la souveraineté, soit à l'instant mis à mort par les hommes libres.

28. Un peuple a toujours le droit de revoir, de réformer et de changer sa constitution. Une génération ne peut assujétir à ses lois les générations futures.

29. Chaque citoyen a un droit égal de concourir à la formation de la loi et à la nomination de ses mandataires ou de ses agents.

30. Les fonctions publiques sont essentiellement temporaires ; elles ne peuvent être considérées comme des distinctions ni comme des récompenses, mais comme des devoirs.

31. Les délits des mandataires du peuple et de ses agents ne doivent jamais être impunis. Nul n'a le droit de se prétendre plus inviolable que les autres citoyens.

32. Le droit de présenter des pétitions aux dépositaires de l'autorité publique ne peut, en aucun cas, être interdit, suspendu ni limité.

33. La résistance à l'oppression est la conséquence des autres droits de l'homme.

34. Il y a oppression contre le corps social lorsqu'un seul de ses membres est opprimé ; il y a oppression contre chaque membre lorsque le corps social est opprimé.

35. Quand le gouvernement viole les droits du peuple, l'insurrection est pour le peuple, et pour chaque portion du peuple, le plus sacré et le plus indispensable des devoirs.

ACTE CONSTITUTIONNEL.

De la République.

Art. 1ᵉʳ. La république française est une et indivisible.

De la distribution du peuple.

2. Le peuple français est distribué, pour l'exercice de sa souveraineté, en assemblées primaires de cantons.

3. Il est distribué, pour l'administration ou pour la justice, en départements, districts et municipalités.

De l'état des citoyens.

4. Tout homme né et domicilié en France, âgé de vingt-un ans accomplis ;

Tout étranger âgé de vingt-un ans accomplis, qui, domicilié en France depuis une année,

Y vit de son travail,

Ou acquiert une propriété,

Ou épouse une Française,

Ou adopte un enfant,

Ou nourrit un vieillard ;

Tout étranger enfin, qui sera jugé par le corps législatif avoir bien mérité de l'humanité,

Est admis à l'exercice des droits de citoyen français.

5. L'exercice des droits de citoyen se perd,

Par la naturalisation en pays étranger ;

Par l'acceptation des fonctions ou faveurs émanées d'un gouvernement non populaire ;

Par la condamnation à des peines infamantes ou afflictives, jusqu'à réhabilitation.

6. L'exercice des droits de citoyen est suspendu,

Par l'état d'accusation ;

Par un jugement de contumace, tant que le jugement n'est pas anéanti.

De la souveraineté du peuple.

7. Le peuple souverain est l'universalité des citoyens français.

8. Il nomme immédiatement ses députés.

9. Il délègue à des électeurs le choix des administrateurs, des arbitres publics, des juges criminels et de cassation.

10. Il délibère sur les lois.

Des Assemblées primaires.

11. Les assemblées primaires se composent des citoyens domiciliés depuis six mois dans chaque canton.

12. Elles sont composées de deux cents citoyens au moins, de six cents au plus, appelés à voter.

13. Elles sont constituées par la nomination d'un président, de secrétaires, de scrutateurs.

14. Leur police leur appartient.

15. Nul n'y peut paraître en armes.

16. Les élections se font au scrutin ou à haute voix, au choix de chaque votant.

17. Une assemblée primaire ne peut, en aucun cas, prescrire un mode uniforme de voter.

18. Les scrutateurs constatent le vote des citoyens qui, ne sachant pas écrire, préfèrent voter au scrutin.

19. Les suffrages sur les lois sont donnés par *oui* et par *non.*

20. Le vœu de l'assemblée primaire est proclamé ainsi : *Les citoyens réunis en assemblée primaire de... au nombre de.., votants, votent pour ou votent contre, à la majorité de...*

De la Représentation nationale.

21. La population est la seule base de la représentation nationale.

22. Il y a un député en raison de quarante mille individus.

23. Chaque réunion d'assemblées primaires, résultant d'une population de trente-neuf mille à quarante-un mille âmes, nomme immédiatement un député.

24. La nomination se fait à la majorité absolue des suffrages.

25. Chaque assemblée fait le dépouillement des suffrages, et envoie un commissaire pour le recensement général, au lieu désigné comme le plus central.

26. Si le premier recensement ne donne point de majorité absolue, il est procédé à un second appel, et on vote entre les deux citoyens qui ont réuni le plus de voix.

27. En cas d'égalité de voix, le plus âgé a la préférence,

soit pour être ballotté, soit pour être élu. En cas d'égalité d'âge, le sort décide.

28. Tout Français exerçant les droits de citoyen est éligible dans l'étendue de la République.

29. Chaque député appartient à la nation entière.

30. En cas de non acceptation, démission, déchéance ou mort d'un député, il est pourvu à son remplacement par les assemblées primaires qui l'ont nommé.

31. Un député qui a donné sa démission ne peut quitter son poste qu'après l'admission de son successeur.

32. Le peuple français s'assemble tous les ans, le 1er mai, pour des élections.

33. Il y procède, quel que soit le nombre des citoyens ayant droit d'y voter.

34. Les assemblées primaires se forment extraordinairement, sur la demande du cinquième des citoyens qui ont droit d'y voter.

35. La convocation se fait, en ce cas, par la municipalité du lieu ordinaire du rassemblement.

36. Ces assemblées extraordinaires ne délibèrent qu'autant que la moitié, plus un, des citoyens qui ont droit d'y voter, sont présents.

Des Assemblées électorales.

37. Les citoyens, réunis en assemblées primaires, nomment un électeur à raison de deux cents citoyens, présents ou non; deux, depuis trois cent un jusqu'à quatre cents; trois, depuis cinq cent un jusqu'à six cents.

38. La tenue des assemblées électorales et le mode des élections sont les mêmes que dans les assemblées primaires.

Du Corps législatif.

39. Le Corps législatif est un, indivisible et permanent.

40. Sa session est d'un an.

41. Il se réunit le 1er juillet.

42. L'Assemblée nationale ne peut se constituer si elle n'est composée au moins de la moitié des députés, plus un.

43. Les députés ne peuvent être recherchés, accusés ni

jugés en aucun temps, pour les opinions qu'ils ont énon-
cées dans le sein du corps législatif.

44. Ils peuvent, pour fait criminel, être saisis en flagrant délit : mais le mandat d'arrêt ni le mandat d'amener
ne peuvent être décernés contre eux qu'avec l'autorisation
du corps législatif.

Tenue des Séances du Corps législatif.

45. Les séances de l'Assemblée nationale sont publiques.

46. Les procès-verbaux de ses séances seront imprimés.

47. Elle ne peut délibérer si elle n'est composée de
deux cents membres au moins.

48. Elle ne peut refuser la parole à ses membres, dans
l'ordre où ils l'ont réclamée.

49. Elle délibère à la majorité des présents.

50. Cinquante membres ont le droit d'exiger l'appel
nominal.

51. Elle a le droit de censure sur la conduite de ses
membres dans son sein.

52. La police lui appartient dans le lieu de ses séances,
et dans l'enceinte extérieure qu'elle a déterminée.

Des Fonctions du Corps législatif.

53. Le corps législatif propose des lois, et rend des décrets.

54. Sont compris sous le nom général de *loi* les actes
du corps législatif, concernant :

La législation civile et criminelle;

L'administration générale des revenus et des dépenses
ordinaires de la république;

Les domaines nationaux;

Le titre, le poids, l'empreinte et la dénomination des
monnaies;

La nature, le montant et la perception des contributions;

La déclaration de guerre;

Toute nouvelle distribution générale du territoire français;

L'instruction publique ;

Les honneurs publics à la mémoire des grands hommes ;

55. Sont désignés sous le nom particulier de *décrèt* les actes du corps législatif concernant :

L'établissement annuel des forces de terre et de mer ;

La permission ou la défense du passage des troupes étrangères sur le territoire français ;

L'introduction des forces navales étrangères dans les ports de la République ;

Les mesures de sûreté et de tranquillité générale ;

La distribution annuelle et momentanée des secours et travaux publics ;

Les ordres pour la fabrication des monnaies de toute espèce ;

Les dépenses imprévues et extraordinaires ;

Les mesures locales et particulières à une administration, à une commune, à un genre de travaux publics ;

La défense du territoire ;

La ratification des traités ;

La nomination et la destitution des commandants en chef des armées ;

La poursuite de la responsabilité des membres du conseil, des fonctionnaires publics ;

L'accusation des prévenus de complots contre la sûreté générale de la République ;

Tout changement dans la distribution partielle du territoire français ;

Les récompenses nationales.

De la Formation de la Loi.

56. Les projets de loi sont précédés d'un rapport.

57. La discussion ne peut s'ouvrir, et la loi ne peut être provisoirement arrêtée que quinze jours après le rapport.

58. Le projet est imprimé et envoyé à toutes les communes de la République sous ce titre : *Loi proposée.*

59. Quarante jours après l'envoi de la loi proposée, si dans la moitié des départements, plus un, le dixième des assemblées primaires de chacun d'eux, régulièrement formées, n'a pas réclamé, le projet est accepté et devient *loi.*

60. S'il y a réclamation, le corps législatif convoque les assemblées primaires.

De l'Intitulé des Lois et des Décrets.

61. Les lois, les décrets, les jugements et tous les actes publics sont intitulés : *Au nom du peuple français, l'an... de la République française.*

Du Conseil exécutif.

62. Il y a un conseil exécutif, composé de vingt-quatre membres.

63. L'assemblée électorale de chaque département nomme un candidat. Le corps législatif choisit sur la liste générale les membres du conseil.

64. Il est renouvelé par moitié à chaque législature, dans le dernier mois de sa session.

65. Le conseil est chargé de la direction et de la surveillance de l'administration générale; il ne peut agir qu'en exécution des lois et des décrets du corps législatif.

66. Il nomme, hors de son sein, les agents en chef de l'administration générale de la République.

67. Le corps législatif détermine le nombre et les fonctions de ces agents.

68. Ces agents ne forment point un conseil; ils sont séparés, sans rapports immédiats entre eux : ils n'exercent aucune autorité personnelle.

69. Le conseil nomme, hors de son sein, les agents extérieurs de la République.

70. Il négocie les traités.

71. Les membres du conseil, en cas de prévarication, sont accusés par le corps législatif.

72. Le conseil est responsable de l'exécution des lois et des abus qu'il ne dénonce pas.

73. Il révoque et remplace les agens à sa nomination.

74. Il est tenu de les dénoncer, s'il y a lieu, devant les autorités judiciaires.

Des Relations du Conseil exécutif avec le Corps législatif.

75. Le conseil exécutif réside auprès du corps législatif; il a l'entrée et une place séparée dans le lieu de ses séances.

76. Il est entendu toutes les fois qu'il a un compte à rendre.

77. Le corps législatif l'appelle dans son sein, en tout ou en partie, lorsqu'il le juge convenable.

Des Corps administratifs et municipaux.

78. Il y a, dans chaque commune de la république, une administration municipale;

Dans chaque district, une administration intermédiaire;

Dans chaque département, une administration centrale.

79. Les officiers municipaux sont élus par les assemblées de commune.

80. Les administrateurs sont nommés par les assemblées électorales de département et de district.

81. Les municipalités et les administrations sont renouvelées tous les ans par moitié.

82. Les administrations et officiers municipaux n'ont aucun caractère de représentation.

Ils ne peuvent, en aucun cas, modifier les actes du corps législatif, ni en suspendre l'exécution.

83. Le corps législatif détermine les fonctions des officiers municipaux et des administrateurs, les règles de leur subordination, et les peines qu'ils pourront encourir.

84. Les séances des municipalités et des administrations sont publiques.

De la Justice civile.

85. Le code des lois civiles et criminelles est uniforme pour toute la république.

86. Il ne peut être porté aucune atteinte au droit qu'ont les citoyens de faire prononcer sur leurs différends par des arbitres de leurs choix.

87. La décision de ces arbitres est définitive, si les citoyens ne se sont pas réservé le droit de réclamer.

88. Il y a des juges de paix élus par les citoyens des arrondissements déterminés par la loi.

89. Ils concilient et jugent sans frais.

90. Leur nombre et leur compétence sont réglés par le corps législatif.

91. Il y a des arbitres publics élus par les assemblées électorales.

92. Leur nombre et leurs arrondissements sont fixés par le corps législatif.

93. Ils connaissent des contestations qui n'ont pas été terminées définitivement par les arbitres privés ou par les juges de paix.

94. Ils délibèrent en public.

Ils opinent à haute voix.

Ils statuent en dernier ressort, sur défenses verbales, ou sur simple mémoire, sans procédures et sans frais.

Ils motivent leurs décisions.

95. Les juges de paix et les arbitres publics sont élus tous les ans.

De la Justice criminelle.

96. En matière criminelle, nul citoyen ne peut être jugé que sur une accusation reçue par les jurés ou décrétée par le corps législatif.

Les accusés ont des conseils choisis par eux, ou nommés d'office.

L'instruction est publique.

Le fait et l'intention sont déclarés par un juré de jugement.

La peine est appliquée par un tribunal criminel.

97. Les juges criminels sont élus tous les ans par les assemblées électorales.

Du Tribunal de cassation.

98. Il y a pour toute république un tribunal de cassation.

99. Ce tribunal ne connaît point du fond des affaires.

Il prononce sur la violation des formes, et sur les contraventions expresses à la loi.

100. Les membres de ce tribunal sont nommés tous les ans par les assemblées électorales.

Des Contributions publiques.

101. Nul citoyen n'est dispensé de l'honorable obligation de contribuer aux charges publiques.

De la Trésorerie nationale.

102. La trésorerie nationale est le point central des recettes et dépenses de la république.

103. Elle est administrée par des agents comptables, nommés par le conseil exécutif.

104. Ces agents sont surveillés par des commissaires nommés par le corps législatif, pris hors de son sein, et responsables des abus qu'ils ne dénoncent pas.

De la Comptabilité.

105. Les comptes des agents de la trésorerie nationale et des administrateurs des deniers publics sont rendus annuellement à des commissaires responsables, nommés par le conseil exécutif.

106. Ces vérificateurs sont surveillés par des commissaires à la nomination du corps législatif, pris hors de son sein, et responsables des abus et des erreurs qu'ils ne dénoncent pas.

Le corps législatif arrête les comptes.

Des Forces de la République.

107. La force générale de la république est composée du peuple entier.

108. La république entretient à sa solde, même en temps de paix, une force armée de terre et de mer.

109. Tous les Français sont soldats; ils sont tous exercés au maniement des armes.

110. Il n'y a point de généralissime.

111. La différence des grades, leurs marques distinctives et la subordination ne subsistent que relativement au service et pendant sa durée.

112. La force publique employée pour maintenir l'ordre et la paix dans l'intérieur, n'agit que sur la réquisition par écrit des autorités constituées.

113. La force publique employée contre les ennemis du dehors agit sous les ordres du conseil exécutif.

114. Nul corps armé ne peut délibérer.

Des Conventions Nationales.

115. Si dans la moitié des départements, plus un, le

dixième des assemblées primaires de chacun d'eux, régulièrement formées, demande la révision de l'acte constitutionnel, ou le changement de quelques-uns de ses articles, le corps législatif est tenu de convoquer toutes les assemblées primaires de la république, pour savoir s'il y a lieu à une convention nationale.

116. La convention nationale est formée de la même manière que les législatures, et en réunit les pouvoirs.

117. Elle ne s'occupe, relativement à la constitution, que des objets qui ont motivé sa convocation.

Des rapports de la République française avec les Nations étrangères.

118. Le peuple français est l'ami et l'allié naturel des peuples libres.

119. Il ne s'immisce point dans le gouvernement des autres nations; il ne souffre pas que les autres nations s'immiscent dans le sien.

120. Il donne asile aux étrangers bannis de leur patrie pour la cause de la liberté;

Il le refuse aux tyrans.

121. Il ne fait point la paix avec un ennemi qui occupe son territoire.

De la Garantie des Droits.

122. La constitution garantit à tous les Français l'égalité, la liberté, la sûreté, la propriété, la dette publique, le libre exercice des cultes, une instruction commune, des secours publics, la liberté indéfinie de la presse, le droit de se réunir en sociétés populaires, la jouissance de tous les droits de l'homme.

123. La république française honore la loyauté, le courage, la vieillesse, la piété filiale, le malheur. Elle remet le dépôt de sa constitution sous la garde de toutes les vertus.

124. La déclaration des droits et l'acte constitutionnel sont gravés sur des tables au sein du corps législatif et dans les places publiques.

CONSTITUTION
DE LA RÉPUBLIQUE FRANÇAISE

DU 5 FRUCTIDOR AN III (22 AOUT 1795).

DÉCLARATION DES DROITS ET DES DEVOIRS
DE L'HOMME ET DU CITOYEN.

Le peuple français proclame, en présence de l'Être suprême, la déclaration suivante des droits et des devoirs de l'homme et du citoyen.

DROITS.

ART. 1er Les droits de l'homme en société sont la liberté, l'égalité, la sûreté, la propriété.

2. La liberté consiste à pouvoir faire ce qui ne nuit pas aux droits d'autrui.

3. L'égalité consiste en ce que la loi est la même pour tous, soit qu'elle protége, soit qu'elle punisse,

L'égalité n'admet aucune distinction de naissance, aucune hérédité de pouvoir.

4. La sûreté résulte du concours de tous pour assurer les droits de chacun.

5. La propriété est le droit de jouir et de disposer de ses biens, de ses revenus, du fruit de son travail et de son industrie.

6. La loi est la volonté générale exprimée par la majorité ou des citoyens ou de leurs représentants.

7. Ce qui n'est pas défendu par la loi, ne peut être empêché.

Nul ne peut être contraint à faire ce qu'elle n'ordonne pas.

8. Nul ne peut être appelé en justice, accusé, arrêté ni détenu, que dans les cas déterminés par la loi, et selon les formes qu'elle a prescrites.

9. Ceux qui sollicitent, expédient, signent, exécutent ou font exécuter des actes arbitraires, sont coupables et doivent être punis.

10. Toute rigueur qui ne serait pas nécessaire pour s'assurer de la personne d'un prévenu, doit être sévèrement réprimée par la loi.

11. Nul ne peut être jugé qu'après avoir été entendu ou légalement appelé.

12. La loi ne doit décerner que des peines strictement nécessaires et proportionnées au délit.

13. Tout traitement qui aggrave la peine déterminée par la loi, est un crime.

14. Aucune loi, ni criminelle, ni civile, ne peut avoir d'effet rétroactif.

15. Tout homme peut engager son temps et ses services; mais il ne peut se vendre ni être vendu; sa personne n'est pas une propriété aliénable.

16. Toute contribution est établie pour l'utilité générale; elle doit être répartie entre les contribuables, en raison de leurs facultés.

17. La souveraineté réside essentiellement dans l'universalité des citoyens.

18. Nul individu, nulle réunion partielle de citoyens ne peut s'attribuer la souveraineté.

19. Nul ne peut, sans une délégation légale, exercer aucune autorité, ni remplir aucune fonction publique.

20. Chaque citoyen a un droit égal de concourir immédiatement ou médiatement, à la formation de la loi, à la nomination des représentants du peuple et des fonctionnaires publics.

21. Les fonctions publiques ne peuvent devenir la propriété de ceux qui les exercent.

22. La garantie sociale ne peut exister si la division des pouvoirs n'est pas établie, si leurs limites ne sont pas fixées, et si la responsabilité des fonctionnaires publics n'est pas assurée.

DEVOIRS.

1. La déclaration des droits contient les obligations des législateurs; le maintien de la société demande que ceux

qui la composent connaissent et remplissent également leurs devoirs.

2. Tous les devoirs de l'homme et du citoyen dérivent de ces deux principes gravés par la nature dans tous les cœurs.

Ne faites pas à autrui ce que vous ne voudriez pas qu'on vous fît.

Faites constamment aux autres le bien que vous voudriez en recevoir.

3. Les obligations de chacun envers la société consistent à la défendre, à la servir, à vivre soumis aux lois, et à respecter ceux qui en sont les organes.

4. Nul n'est bon citoyen s'il n'est bon fils, bon père bon frère, bon ami, bon époux.

5. Nul n'est homme de bien s'il n'est franchement et religieusement observateur des lois.

6. Celui qui viole ouvertement les lois, se déclare en état de guerre avec la société.

7. Celui qui, sans enfreindre ouvertement les lois, les élude par ruse ou par adresse, blesse les intérêts de tous ; il se rend indigne de leur bienveillance et de leur estime.

8. C'est sur le maintien des propriétés que reposent la culture des terres, toutes les productions, tout moyen de travail et tout l'ordre social.

9. Tout citoyen doit ses services à la patrie et au maintien de la liberté, de l'égalité et de la propriété, toutes les fois que la loi l'appelle à les défendre.

CONSTITUTION.

ART. 1er. La République est une et indivisible.

2. L'universalité des citoyens français est le souverain.

TITRE Ier.

DIVISION DU TERRITOIRE.

3. La France est divisée en. . . . départements.

Ces départements sont l'Ain, l'Aisne, l'Allier, les Basses-Alpes, les Hautes-Alpes, les Alpes-Maritimes, l'Ardèche, les Ardennes, l'Ariége, l'Aube, l'Aude, l'Aveyron, les Bouches-du-Rhône, le Calvados, le Cantal, la Charente, la

Charente-Inférieure, le Cher, la Corrèze, la Côte-d'Or, les Côtes-du-Nord, la Creuse, la Dordogne, le Doubs, la Drôme, l'Eure, Eure-et-Loir, le Finistère, le Gard, la Haute-Garonne, le Gers, la Gironde, le Golo, l'Hérault, l'Ille-et-Vilaine, l'Indre, Indre-et-Loire, l'Isère, le Jura, les Landes, le Liamone, Loir-et-Cher, la Loire, la Haute-Loire, la Loire-Inférieure, le Loiret, le Lot, Lot-et-Garonne, la Lozère, Maine-et-Loire, la Manche, la Marne, la Haute-Marne, la Mayenne, la Meurthe, la Meuse, le Mont-Blanc, le Mont-Terrible, le Morbihan, la Moselle, la Nièvre, le Nord, l'Oise, l'Orne, le Pas-de-Calais, le Puy-de-Dôme, les Basses-Pyrénées, les Hautes-Pyrénées, les Pyrénées-Orientales, le Bas-Rhin, le Haut-Rhin, le Rhône, la Haute-Saône, Saône-et-Loire, la Sarthe, la Seine, la Seine-Inférieure, Seine-et-Marne, Seine-et-Oise, les Deux-Sèvres, la Somme, le Tarn, le Var, Vaucluse, la Vendée, la Vienne, la Haute-Vienne, les Vosges, l'Yonne.....

4. Les limites des départements peuvent être changées ou rectifiées par le Corps législatif; mais, en ce cas, la surface d'un département ne peut excéder cent myriamètres carrés (quatre cents lieues carrées moyennes) (1).

5. Chaque département est distribué en cantons, chaque canton en communes.

Les cantons conservent leurs circonscriptions actuelles.

Leurs limites pourront néanmoins être changées ou rectifiées par le Corps législatif; mais, en ce cas, il ne pourra y avoir plus d'un myriamètre (deux lieues moyennes de deux mille cinq cent soixante-six toises chacune) de la commune la plus éloignée au chef-lieu du canton.

6. Les colonies françaises sont parties intégrantes de la république, et sont soumises à la même loi constitutionnelle.

7. Elles sont divisées en départements, ainsi qu'il suit :

L'île de Saint-Domingue, dont le Corps législatif déterminera la division en quatre départements au moins et en six au plus;

La Guadeloupe, Marie-Galande, la Désirade, les Saintes, et la partie française de Saint-Martin;

La Martinique;

La Guiane française et Cayenne;

(1) La lieue moyenne linéaire est de 2,560 toises.

Sainte-Lucie et Tabago;

L'Ile-de-France, les Seychelles, Rodrigue, et les établissements de Madagascar;

L'Ile de la Réunion;

Les Indes orientales : Pondichéry, Chandernagor, Mahé, Karical et autres établissements.

TITRE II.

ÉTAT POLITIQUE DES CITOYENS.

8. Tout homme né et résidant en France, qui, âgé de vingt-un ans accomplis, s'est fait inscrire sur le registre civique de son canton, qui a demeuré depuis, pendant une année, sur le territoire de la république, et qui paie une contribution directe, foncière ou personnelle, est citoyen français.

9. Sont citoyens, sans aucune condition de contribution, les Français qui auront fait une ou plusieurs campagnes pour l'établissement de la république.

10. L'étranger devient citoyen français, lorsqu'après avoir atteint l'âge de vingt-un ans accomplis, et avoir déclaré l'intention de se fixer en France, il y a résidé pendant sept années consécutives, pourvu qu'il y paie une contribution directe, et qu'en outre il y possède une propriété foncière ou un établissement d'agriculture ou de commerce, ou qu'il ait épousé une Française.

11. Les citoyens français peuvent seuls voter dans les assemblées primaires, et être appelés aux fonctions établies par la constitution.

12. L'exercice des droits de citoyen se perd :

1° Par la naturalisation en pays étranger;

2° Par l'affiliation à toute corporation étrangère qui supposerait des distinctions de naissance, ou qui exigerait des vœux de religion;

3° Par l'acceptation de fonctions ou de pensions offertes par un gouvernement étranger;

4° Par la condamnation à des peines afflictives ou infamantes, jusqu'à réhabilitation.

13. L'exercice des droits de citoyen est suspendu :

1° Par l'interdiction judiciaire pour cause de fureur, de démence ou d'imbécilité;

2° Par l'état de débiteur failli , ou d'héritier immédiat , détenteur, à titre gratuit, de tout ou partie de la succession d'un failli ;

3° Par l'état de domestique à gages, attaché au service de la personne ou du ménage ;

4° Par l'état d'accusation ;

5° Par un jugement de contumace, tant que le jugement n'est pas anéanti.

14. L'exercice des droits de citoyen n'est perdu ni suspendu que dans les cas exprimés dans les deux articles précédents.

15. Tout citoyen qui aura résidé sept années consécutives hors du territoire de la République, sans mission ou autorisation donnée au nom de la nation, est réputé étranger ;

ne redevient citoyen français qu'après avoir satisfait aux conditions prescrites par l'article 10.

16. Les jeunes gens ne peuvent être inscrits sur le registre civique s'ils ne prouvent qu'ils savent lire et écrire, et exercer une profession mécanique.

Les opérations manuelles de l'agriculture appartiennent aux professions mécaniques.

Cet article n'aura d'exécution qu'à compter de l'an douzième de la République.

TITRE III.

ASSEMBLÉES PRIMAIRES.

17. Les assemblées primaires se composent des citoyens domiciliés dans le même canton.

Le domicile requis pour voter dans ces assemblées s'acquiert par la seule résidence pendant une année, et il ne se perd que par un an d'absence.

18. Nul ne peut se faire remplacer dans les assemblées primaires, ni voter pour le même objet dans plus d'une de ces assemblées.

19. Il y a au moins une assemblée primaire par canton.

Lorsqu'il y en a plusieurs, chacune est composée de quatre cent cinquante citoyens au moins, de neuf cents au plus

Ces nombres s'entendent des citoyens présents ou absents ayant droit d'y voter.

20. Les assemblées primaires se constituent provisoirement sous la présidence du plus ancien d'âge : le plus jeune remplit provisoirement les fonctions de secrétaire.

21. Elles sont définitivement constituées par la nomination, au scrutin, d'un président, d'un secrétaire et de trois scrutateurs.

22. S'il s'élève des difficultés sur les qualités requises pour voter, l'assemblée statue provisoirement, sauf le recours au tribunal civil du département.

23. En tout autre cas, le Corps législatif prononce seul sur la validité des opérations des assemblées primaires.

24. Nul ne peut paraître en armes dans les assemblées primaires.

25. Leur police leur appartient.

26. Les assemblées primaires se réunissent :

1° Pour accepter ou rejeter les changements à l'acte constitutionnel, proposés par les assemblées de révision ;

2° Pour faire les élections qui leur appartiennent suivant l'acte constitutionnel.

27. Elles s'assemblent de plein droit le 1er germinal de chaque année, et procèdent, selon qu'il y a lieu, à la nomination :

1° Des membres de l'Assemblée électorale ;

2° Du juge de paix et de ses assesseurs ;

3° Du président de l'administration municipale du canton, ou des officiers municipaux dans les communes au-dessus de cinq mille habitants.

28. Immédiatement après ces élections, il se tient, dans les communes au-dessous de cinq mille habitants, des assemblées communales qui élisent les agents de chaque commune et leurs adjoints.

29. Ce qui se fait dans une assemblée primaire ou communale au-delà de l'objet de sa convocation, et contre les formes déterminées par la constitution, est nul.

30. Les assemblées, soit primaires, soit communales, ne font aucune autre élection que celles qui leur sont attribuées par l'acte constitutionnel.

31. Toutes les élections se font au scrutin secret.

32. Tout citoyen qui est légalement convaincu d'avoir vendu ou acheté un suffrage est exclu des assemblées pri-

maires et communales, et de toute fonction publique, pendant vingt ans ; en cas de récidive, il l'est pour toujours.

TITRE IV.

ASSEMBLÉES ÉLECTORALES.

33. Chaque assemblée primaire nomme un électeur à raison de deux cents citoyens, présents ou absents, ayant droit de voter dans ladite assemblée. Jusqu'au nombre de trois cents citoyens inclusivement, il n'est nommé qu'un électeur.

Il en est nommé deux depuis trois cent un jusqu'à cinq cents ;

Trois depuis cinq cent un jusqu'à sept cent ;

Quatre depuis sept cent un jusqu'à neuf cent.

34. Les membres des assemblées électorales sont nommés chaque année, et ne peuvent être réélus qu'après un intervalle de deux ans.

35. Nul ne pourra être nommé électeur s'il n'a vingt-cinq ans accomplis, et s'il ne réunit aux qualités nécessaires pour exercer les droits de citoyen français, l'une des conditions suivantes, savoir :

Dans les communes au-dsssus de six mille habitants, celle d'être propriétaire ou usufruitier d'un bien évalué à un revenu égal à la valeur locale de deux cents journées de travail, ou d'être locataire, soit d'une habitation évaluée à un revenu égal à la valeur de cent cinquante journées de travail, soit d'un bien rural évalué à deux cents journées de travail ;

Dans les communes au-dessous de six mille habitants, celle d'être propriétaire ou usufruitier d'un bien évalué à un revenu égal à la valeur locale de cent cinquante journées de travail, ou d'être locataire, soit d'une habitation évaluée à un revenu égal à la valeur de cent journées de travail, soit d'un bien rural évalué à cent journées de travail ;

Et, dans les campagnes, celle d'être propriétaire ou usufruitier d'un bien évalué à un revenu égal à la valeur locale de cent cinquante journées de travail, ou d'être fermier ou métayer de biens évalués à la valeur de deux cents journées de travail.

A l'égard de ceux qui seront en même temps propriétaires ou usufruitiers d'une part, et locataires, fermiers ou métayers, de l'autre, leurs facultés à ces divers titres seront cumulées jusqu'au taux nécessaire pour établir leur éligibilité.

36. L'assemblée électorale de chaque département se réunit le 20 germinal de chaque année, et termine en une seule session de dix jours au plus, et sans pouvoir s'ajourner, toutes les élections qui se trouvent à faire ; après quoi elle est dissoute de plein droit.

37. Les assemblées électorales ne peuvent s'occuper d'aucun objet étranger aux élections dont elles sont chargées ; elles ne peuvent envoyer ni recevoir aucune adresse, aucune pétition, aucune députation.

38. Les assemblées électorales ne peuvent correspondre entre elles.

39. Aucun citoyen ayant été membre d'une assemblée électorale ne peut prendre le titre d'électeur, ni se réunir, en cette qualité, à ceux qui ont été avec lui membres de cette même assemblée.

La contravention au présent article est un attentat à la sûreté générale.

40. Les articles 18, 20, 21, 23, 24, 25, 29, 30, 31 et 32 du titre précédent, sur les assemblées primaires, sont communs aux assemblées électorales.

41. Les assemblées électorales élisent, selon qu'il y a lieu :

1° Les membres du corps législatif, savoir : les membres du conseil des Cinq Cents ;

2° Les membres du tribunal de cassation ;

3° Les haut-jurés ;

4° Les administrateurs de département ;

5° Les président, accusateur public et greffier du tribunal criminel ;

6° Les juges des tribunaux civils.

42. Lorsqu'un citoyen est élu par les assemblées électorales pour remplacer un fonctionnaire mort, démissionnaire ou destitué, ce citoyen n'est élu que pour le temps qui restait au fonctionnaire remplacé.

43. Le commissaire du directoire exécutif près l'administration de chaque département est tenu, sous peine de destitution, d'informer le directoire de l'ouverture et de la clôture des assemblées électorales : ce commissaire n'en peut arrêter ni suspendre les opérations, ni entrer dans le lieu des séances ; mais il a droit de demander communication du procès-verbal de chaque séance dans les vingt-quatre heures qui la suivent, et il est tenu de dénoncer au directoire les infractions qui seraient faites à l'acte constitutionnel.

Dans tous les cas, le Corps législatif prononce seul sur la validité des opérations des assemblées électorales.

TITRE V.

POUVOIR LÉGISLATIF.

Dispositions générales.

44. Le Corps législatif est composé d'un conseil des anciens et d'un conseil des cinq-cents.

45. En aucun cas le Corps législatif ne peut déléguer à un ou plusieurs de ses membres, ni à qui que ce soit, aucune des fonctions qui lui sont attribuées par la présente constitution.

46. Il ne peut exercer par lui-même, ni par des délégués, le pouvoir exécutif, ni le pouvoir judiciaire.

47. Il y a incompatibilité entre la qualité de membre du Corps législatif et l'exercice d'une autre fonction publique, excepté celle d'archiviste de la république.

48. La loi détermine le mode du remplacement définitif ou temporaire des fonctionnaires publics qui viennent à être élus membres du Corps législatif.

49. Chaque département concourt, à raison de sa population seulement, à la nomination des membres du conseil des anciens et des membres du conseil des cinq-cents.

50. Tous les dix ans, le Corps législatif, d'après les états de population qui lui sont envoyés, détermine le nombre des membres de l'un et de l'autre conseil que chaque département doit fournir.

51. Aucun changement ne peut être fait dans cette répartition durant cet intervalle.

52. Les membres du conseil législatif ne sont pas représentants du département qui les a nommés, mais de la nation entière, et il ne peut leur être donné aucun mandat.

53. L'un et l'autre conseil sont renouvelés tous les ans par tiers.

54. Les membres sortant, après trois années, peuvent être immédiatement réélus pour les trois années suivantes ; après quoi il faudra un intervalle de deux ans pour qu'ils puissent être élus de nouveau.

55. Nul, en aucun cas, ne peut être membre du corps législatif durant plus de six années consécutives.

56. Si, par des circonstances extraordinaires, l'un des deux conseils se trouve réduit à moins des deux tiers de ses membres, il en donne avis au directoire exécutif, lequel est tenu de convoquer sans délai les assemblées primaires des départements qui ont des membres du corps législatif à remplacer par l'effet de ces circonstances : les assemblées primaires nomment sur-le-champ les électeurs qui procèdent aux remplacements nécessaires.

57. Les membres nouvellement élus pour l'un et pour l'autre conseil, se réunissent, le 1er prairial de chaque année, dans la commune qui a été indiquée par le corps législatif précédent, ou dans la commune même où il a tenu ses dernières séances, s'il n'en a pas désigné un autre.

58. Les deux conseils résident toujours dans la même commune.

59. Le corps législatif est permanent : il peut néanmoins s'ajourner à des termes qu'il désigne.

60. En aucun cas les deux conseils ne peuvent se réunir dans une même salle.

61. Les fonctions de président et de secrétaire ne peuvent excéder la durée d'un mois, ni dans le conseil des anciens, ni dans celui des cinq cents.

62. Les deux conseils ont respectivement le droit de police dans le lieu de leurs séances et dans l'enceinte extérieure qu'ils ont déterminée.

63. Ils ont respectivement le droit de police sur leurs

membres ; mais ils ne peuvent prononcer de peine plus forte que la censure, les arrêts pour huit jours, et la prison pour trois mois.

64. Les séances de l'un et de l'autre conseils sont publiques ; les assistants ne peuvent excéder en nombre la moitié des membres respectifs de chaque conseil.

Les procès-verbaux des séances sont imprimés.

65. Toute délibération se prend par assis et levé ; en cas de doute, il se fait un appel nominal ; mais alors les votes sont secrets.

66. Sur la demande de cent de ses membres, chaque conseil peut se former en comité général et secret, mais seulement pour discuter, et non pour délibérer.

67. Ni l'un ni l'autre conseil ne peut créer dans son sein aucun comité permanent.

Seulement, chaque conseil a la faculté, lorsqu'une matière lui paraît susceptible d'un examen préparatoire, de nommer parmi ses membres une commission spéciale, qui se renferme uniquement dans l'objet de sa formation.

Cette commission est dissoute aussitôt que le conseil a statué sur l'objet dont elle était chargée.

68. Les membres du corps législatif reçoivent une indemnité annuelle ; elle est, dans l'un et l'autre conseil, fixée à la valeur de trois mille myriagrammes de froment (six cent treize quintaux trente-deux livres).

69. Le directoire exécutif ne peut faire passer ou séjourner aucun corps de troupes dans la distance de six myriamètres (douze lieues moyennes) de la commune où le corps législatif tient ses séances, si ce n'est sur sa réquisition ou avec son autorisation.

70. Il y a près du corps législatif une garde de citoyens pris dans la garde nationale sédentaire de tous les départements, et choisis par leurs frères d'armes.

Cette garde ne peut être au-dessus de quinze cents hommes en activité de service.

71. Le corps législatif détermine le mode de ce service et sa durée.

72. Le corps législatif n'assiste à aucune cérémonie publique, et n'y envoie point de députation.

CONSEIL DES CINQ-CENTS.

73. Le Conseil des Cinq-Cents est invariablement fixé à ce nombre.

74. Pour être élu membre du Conseil des Cinq-Cents, il faut être âgé de trente ans accomplis, et avoir été domicilié sur le territoire de la République pendant les dix années qui auront immédiatement précédé l'élection.

La condition de l'âge de trente ans ne sera point exigible avant l'an septième de la République ; jusqu'à cette époque, l'âge de vingt-cinq ans accomplis sera suffisant.

75. Le Conseil des Cinq-Cents ne peut délibérer si la séance n'est composée de deux cents membres au moins.

76. La proposition des lois appartient exclusivement au Conseil des Cinq-Cents

77. Aucune proposition ne peut être délibérée ni résolue dans le Conseil des Cinq-Cents, qu'en observant les formes suivantes :

Il se fait trois lectures de la proposition ; l'intervalle, entre deux de ces lectures, ne peut être moindre de dix jours.

La discussion est ouverte après chaque lecture ; et néanmoins, après la première ou la seconde, le Conseil des Cinq-Cents peut déclarer qu'il y a lieu à l'ajournement, ou qu'il n'y a pas lieu à délibérer.

Toute proposition doit être imprimée et distribuée deux jours avant la seconde lecture.

Après la troisième lecture, le Conseil des Cinq-Cents décide s'il y a lieu ou non à l'ajournement.

78. Toute proposition qui, soumise à la discussion, a été définitivement rejetée après la troisième lecture, ne peut être reproduite qu'après une année révolue.

79. Les propositions adoptées par le Conseil des Cinq-Cents s'appellent *résolutions*.

80. Le préambule de toute résolution énonce :

1° Les dates des séances auxquelles les trois lectures de la proposition auront été faites ;

2° L'acte par lequel il a été déclaré, après la troisième lecture, qu'il n'y a pas lieu à l'ajournement.

81. Sont exempts des formes prescrites par l'art. 77

les propositions reconnues urgentes par une déclaration préalable du Conseil des Cinq-Cents.

Cette déclaration énonce les motifs de l'urgence, et il en est fait mention dans le préambule de la résolution.

CONSEIL DES ANCIENS.

82. Le Conseil des Anciens est composé de deux cent cinquante membres.

83. Nul ne peut être élu membre du Conseil des Anciens :

S'il n'est âgé de quarante ans accomplis;

Si de plus il n'est pas marié ou veuf;

Et s'il n'a pas été domicilié sur le territoire de la République pendant les quinze années qui auront immédiatement précédé l'élection.

84. La condition de domicile exigée par le précédent article, et celle prescrite par l'article 74, ne concernent point les citoyens qui sont sortis du territoire de la République avec mission du gouvernement.

85. Le Conseil des Anciens ne peut délibérer si la séance n'est composée de cent vingt-six membres au moins.

86. Il appartient exclusivement au Conseil des Anciens d'approuver ou de rejeter les résolutions du Conseil des Cinq-Cents.

87. Aussitôt qu'une résolution du Conseil des Cinq-Cents est parvenue au Conseil des Anciens, le président donne lecture du préambule.

88. Le Conseil des Anciens refuse d'approuver les résolutions du Conseil des Cinq-Cents qui n'ont point été prises dans les formes prescrites par la constitution.

89. Si la proposition a été déclarée urgente par le Conseil des Cinq-Cents, le Conseil des Anciens délibère pour approuver ou rejeter l'acte d'urgence.

90. Si le Conseil des Anciens rejette l'acte d'urgence, il ne délibère point sur le fond de la résolution.

91. Si la résolution n'est pas précédée d'un acte d'urgence, il en est fait trois lectures; l'intervalle entre deux de ces lectures ne peut être moindre de cinq jours.

La discussion est ouverte après chaque lecture.

Toute résolution est imprimée et distribuée deux jours au moins avant la seconde lecture.

92. Les résolutions du Conseil des Cinq-Cents, adoptées par le Conseil des Anciens, s'appellent *lois*.

93. Le préambule des lois énonce les dates des séances du Conseil des Anciens auxquelles les trois lectures ont été faites.

94. Le décret par lequel le Conseil des Anciens reconnaît l'urgence d'une loi est motivé et mentionné dans le préambule de cette loi.

95. La proposition de la loi, faite par le Conseil des Cinq-Cents, s'entend de tous les articles d'un même projet : le Conseil des Anciens doit les rejeter ou les approuver dans leur ensemble.

96. L'approbation du Conseil des Anciens est exprimée sur chaque proposition de loi par cette formule, signée du président et des secrétaires : *Le Conseil des Anciens approuve......*

97. Le refus d'adopter pour cause d'omission des formes indiquées dans l'article 77 est exprimé par cette formule, signée du président et des secrétaires : *La constitution annulle.....*

98. Le refus d'approuver le fond de la loi proposée est exprimé par cette formule, signée du président et des secrétaires : *Le Conseil des Anciens adopte.....*

99. Dans le cas du précédent article, le projet de loi rejeté ne peut plus être présenté par le Conseil des Cinq-Cents qu'après une année révolue.

100. Le Conseil des Cinq-Cents peut néanmoins présenter, à quelque époque que ce soit, un projet de loi qui contienne des articles faisant partie d'un projet qui a été rejeté.

101. Le Conseil des Anciens envoie dans le jour les lois qu'il a adoptées, tant au Conseil des Cinq-Cents qu'au Directoire exécutif.

102. Le Conseil des Anciens peut changer la résidence du corps législatif; il indique, en ce cas, un nouveau lieu et l'époque à laquelle les deux Conseils sont tenus de s'y rendre.

Le décret du Conseil des Anciens sur cet objet est irrévocable.

103. Le jour même de ce décret, ni l'un ni l'autre des Conseils ne peuvent plus délibérer dans la commune où ils ont résidé jusqu'alors.

Les membres qui y continueraient leurs fonctions se rendraient coupables d'attentat contre la sûreté de la République.

104. Les membres du directoire exécutif qui retarderaient ou refuseraient de sceller, promulguer et envoyer le décret de translation du corps législatif, seraient coupables du même délit.

105. Si, dans les vingt jours après celui fixé par le Conseil des Anciens, la majorité de chacun des deux Conseils n'a pas fait connaître à la République son arrivée au nouveau lieu indiqué ou sa réunion dans un autre lieu quelconque, les administrateurs de département, ou, à leur défaut, les tribunaux civils de département, convoquent les assemblées primaires pour nommer des électeurs qui procèdent aussitôt à la formation d'un nouveau corps législatif, par l'élection de deux cent cinquante députés pour le Conseil des Anciens, et de Cinq-Cents pour l'autre Conseil.

106. Les administrateurs de département qui, dans le cas de l'article précédent, seraient en retard de convoquer les assemblées primaires, se rendraient coupables de haute trahison et d'attentat contre la sûreté de la République.

107. Sont déclarés coupables du même délit tous citoyens qui mettraient obstacle à la convocation des assemblées primaires et électorales, dans le cas de l'article 106.

108. Les membres du nouveau corps législatif se rassemblent dans le lieu où le Conseil des Anciens avait transféré les séances.

S'ils ne peuvent se réunir dans ce lieu, en quelque endroit qu'ils se trouvent en majorité, là est le corps législatif.

109. Excepté dans les cas de l'article 102, aucune proposition de loi ne peut prendre naissance dans le Conseil des Anciens.

De la garantie des membres du corps législatif.

110. Les citoyens qui sont ou ont été membres du corps législatif ne peuvent être recherchés, accusés ni jugés en aucun temps, pour ce qu'ils ont dit ou écrit dans l'exercice de leurs fonctions.

111. Les membres du corps législatif, depuis le moment de leur nomination jusqu'au trentième jour après l'expiration de leurs fonctions, ne peuvent être mis en jugement que dans les formes prescrites par les articles qui suivent.

112. Ils peuvent, pour faits criminels, être saisis en flagrant délit; mais il en est donné avis, sans délai, au corps législatif; et la poursuite ne pourra être continuée qu'après que le Conseil des Cinq-Cents aura proposé la mise en jugement, et que le Conseil des Anciens l'aura décrétée.

113. Hors le cas du flagrant délit, les membres du corps législatif ne peuvent être amenés devant les officiers de police, ni mis en état d'arrestation, avant que le Conseil des Cinq-Cents n'ait proposé la mise en jugement, et que le Conseil des Anciens ne l'ait décrétée.

114. Dans les cas des deux articles précédents, un membre du corps législatif ne peut être traduit devant aucun autre tribunal que la haute cour de justice.

115. Ils sont traduits devant la même cour pour les faits de trahison, de dilapidation, de manœuvres pour renverser la constitution, et d'attentat contre la sûreté intérieure de la République.

116. Aucune dénonciation contre un membre du corps législatif, ne peut donner lieu à poursuite, si elle n'est rédigée par écrit, signée et adressée au Conseil des Cinq-Cents.

117. Si, après avoir délibéré en la forme prescrite par l'art. 77, le Conseil des Cinq-Cents admet la dénonciation, il le déclare en ces termes :

La dénonciation contre... pour le fait de... datée de... signée de..., est admise.

118. L'inculpé est alors appelé : il a pour comparaître un délai de trois jours francs; et, lorsqu'il comparaît, il est entendu dans l'intérieur du lieu des séances du Conseil des Cinq-Cents.

119. Soit que l'inculpé se soit présenté, ou non, le Conseil des Cinq-Cents déclare, après ce délai, s'il y a lieu ou non, à l'examen de sa conduite.

120. S'il est déclaré par le Conseil des Cinq Cents qu'il y a lieu à examen, le prévenu est appelé par le Conseil des Anciens : il a pour comparaître un délai de deux jours francs ; et s'il comparaît, il est entendu dans l'intérieur du lieu des séances du Conseil des Anciens.

121. Soit que le prévenu se soit présenté, ou non, le Conseil des Anciens, après ce délai, et après y avoir délibéré dans les formes prescrites par l'art. 94, prononce l'accusation, s'il y a lieu, et renvoie l'accusé devant la haute cour de justice, laquelle est tenue d'instruire le procès sans aucun délai.

122. Toute discussion, dans l'un et dans l'autre Conseil, relative à la prévention ou à l'accusation d'un membre du Corps législatif, se fait en comité général.

Toute délibération sur les mêmes objets est prise à l'appel nominal et au scrutin secret.

123. L'accusation prononcée contre un membre du Corps législatif entraîne suspension.

S'il est acquitté par le jugement de la haute cour de justice, il reprend ses fonctions.

RELATIONS DES DEUX CONSEILS ENTRE EUX.

124. Lorsque les deux Conseils sont définitivement constitués, ils s'en avertissent mutuellement par un messager d'État.

125. Chaque Conseil nomme quatre messagers d'État pour son service.

126. Ils portent à chacun des Conseils et au directoire exécutif les lois et les actes du Corps législatif ; ils ont entrée à cet effet dans le lieu des séances du directoire exécutif.

Ils marchent précédés de deux huissiers.

127. L'un des conseils ne peut s'ajourner au-delà de cinq jours sans le consentement de l'autre.

PROMULGATION DES LOIS.

128. Le directoire exécutif fait sceller et publier les lois

et les autres actes du Corps législatif, dans les deux jours après leur réception.

129. Il fait sceller et promulguer, dans le jour, les lois et actes du Corps législatif qui sont précédés d'un décret d'urgence.

130. La publication de la loi et des actes du Corps législatif est ordonnée en la forme suivante :

« Au nom de la République française (loi) ou (acte du Corps législatif).... Le directoire ordonne que la loi ou l'acte législatif ci-dessus sera publié, exécuté, et qu'il sera muni du sceau de la République. »

131. Les lois dont le préambule n'atteste par l'observation des formes prescrites par les art. 77 et 91, ne peuvent être promulguées par le directoire exécutif, et sa responsabilité à cet égard dure six années.

TITRE VI.

POUVOIR EXÉCUTIF.

132. Le pouvoir exécutif est délégué à un directoire de cinq membres, nommés par le Corps législatif, faisant alors les fonctions d'assemblée électorale, au nom de la nation.

133. Le Conseil des Cinq-Cents forme, au scrutin secret, une liste décuple du nombre des membres du directoire qui sont à nommer, et la présente au Conseil des Anciens, qui choisit, aussi au scrutin secret, dans cette liste.

134. Les membres du directoire doivent être âgés de quarante ans au moins.

135. Ils ne peuvent être pris que parmi les citoyens qui ont été membres du Corps législatif, ou ministres.

La disposition du présent article ne sera observée qu'à commencer de l'an neuvième de la république.

136. A compter du premier jour de l'an cinquième de la république, les membres du Corps législatif ne pourront être élus membres du directoire ni ministres, soit pendant la durée de leurs fonctions législatives, soit pendant la première année après l'expiration de ces mêmes fonctions.

137. Le directoire est pareillement renouvelé, par l'élection d'un nouveau membre, chaque année.

Le sort décidera , pendant les quatre premières années , de la sortie successive de ceux qui auront été nommés la première fois.

138. Aucun des membres sortant ne peut être réélu qu'après un intervalle de cinq ans.

139. L'ascendant et le descendant en ligne directe , les frères, l'oncle et le neveu, les cousins au premier degré, et les alliés à ces divers degrés , ne peuvent être en même temps membres du directoire, ni s'y succéder, qu'après un intervalle de cinq ans.

140. En cas de vacance par mort, démission ou autrement , d'un des membres du directoire , son successeur est élu par le Corps législatif dans dix jours pour tout délai.

Le Conseil des Cinq-Cents est tenu de proposer les candidats dans les cinq premiers jours , et le Conseil des Anciens doit consommer l'élection dans les cinq derniers.

Le nouveau membre n'est élu que pour le temps d'exercice qui restait à celui qu'il remplace.

Si néanmoins ce temps n'excède pas six mois , celui qui est élu demeure en fonctions jusqu'à la fin de la cinquième année suivante.

141. Chaque membre du directoire le préside à son tour durant trois mois seulement.

Le président a la signature et la garde du sceau.

Les lois et les actes du Corps législatif sont adressés au directoire, en la personne de son président.

142. Le directoire exécutif ne peut délibérer, s'il n'y a trois membres présents au moins.

143. Il se choisit, hors de son sein , un secrétaire qui contre-signe les expéditions, et rédige les délibérations sur un registre où chaque membre a le droit de faire inscrire son avis motivé.

Le directoire peut, quand il le juge à propos, délibérer sans l'assistance de son secrétaire ; en ce cas les délibérations sont rédigées sur un registre particulier, par l'un des membres du directoire.

144. Le directoire pourvoit, d'après les lois, à la sûreté extérieure ou intérieure de la République.

Il peut faire des proclamations conformes aux lois et pour leur exécution.

Il dispose de la force armée, sans qu'en aucun cas le directoire collectivement, ni aucun de ses membres, puisse la commander, ni pendant le temps de ses fonctions, ni pendant les deux années qui suivent immédiatement l'expiration de ces mêmes fonctions.

145. Si le directoire est informé qu'il se trame quelque conspiration contre la sûreté extérieure ou intérieure de l'État, il peut décerner des mandats d'amener et des mandats d'arrêt contre ceux qui sont présumés les auteurs ou les complices; il peut les interroger; mais il est obligé, sous les peines portées contre le crime de détention arbitraire, de les renvoyer par-devant l'officier de police, dans le délai de deux jours, pour procéder suivant les lois.

146. Le directoire nomme les généraux en chef; il ne peut les choisir parmi les parents ou alliés de ses membres, dans les degrés exprimés par l'art. 139.

147. Il surveille et assure l'exécution des lois dans les administrations et tribunaux, par des commissaires à sa nomination.

148. Il nomme hors de son sein les ministres, et les révoque lorsqu'il le juge convenable.

Il ne peut les choisir au-dessous de l'âge de trente ans, ni parmi les parents ou alliés de ses membres, aux degrés énoncés dans l'art. 139.

149. Les ministres correspondent immédiatement avec les autorités qui leur sont subordonnées.

150. Le Corps législatif détermine les attributions et le nombre de ses ministres.

Ce nombre est de six au moins et de huit au plus.

151. Les ministres ne forment point un conseil.

152. Les ministres sont respectivement responsables tant de l'exécution des lois que de l'inexécution des arrêtés du directoire.

153. Le directoire nomme le receveur des impositions directes de chaque département.

154. Il nomme les préposés en chef aux régies des contributions indirectes et à l'administration des domaines nationaux.

155. Tous les fonctionnaires publics dans les colonies françaises, excepté les départements des îles de France et

de la **Réunion**, seront nommés par le directoire jusqu'à la paix.

156. Le corps législatif peut autoriser le directoire à envoyer dans toutes les colonies françaises, suivant l'exigence des cas, un ou plusieurs agents particuliers nommés par lui pour un temps limité.

Les agents particuliers exerceront les mêmes fonctions que le directoire, et lui seront subordonnés.

157. Aucun membre du directoire ne peut sortir du territoire de la république, que deux ans après la cessation de ses fonctions.

158 Il est tenu, pendant cet intervalle, de justifier au corps législatif de sa résidence.

L'article 112 et les suivants, jusqu'à l'article 123 inclusivement, relatifs à la garantie du corps législatif, sont communs aux membres du directoire.

159. Dans les cas où plus de deux membres du directoire seraient mis en jugement, le corps législatif pourvoira, dans les formes ordinaires, à leur remplacement provisoire durant le jugement.

160. Hors les cas des articles 119 et 120, le directoire, ni aucun de ses membres, ne peut être appelé, ni par le Conseil des Cinq-Cents, ni par le Conseil des Anciens.

161. Les comptes et les éclaircissements demandés par l'un ou l'autre Conseil au directoire, sont fournis par écrit.

162. Le directoire est tenu, chaque année, de présenter. par écrit, à l'un et à l'autre Conseil, l'aperçu des dépenses, la situation des finances, l'état des pensions existantes, ainsi que le projet de celles qu'il croit convenable d'établir.

163. Le directoire peut en tout temps inviter, par écrit, le Conseil des Cinq-Cents à prendre un objet en considération ; il peut lui proposer des mesures, mais non des projets rédigés en forme de lois.

164. Aucun membre du directoire ne peut s'absenter plus de cinq jours, ni s'éloigner au delà de quatre myriamètres (huit. lieues moyennes) du lieu de la résidence du directoire, sans l'autorisation du corps législatif.

165. Les membres du directoire ne peuvent paraître, dans l'exercice de leurs fonctions, soit au dehors, soit dans

l'intérieur de leurs maisons, que revêtus du costume qui leur est propre.

166. Le directoire a sa garde habituelle, et soldée aux frais de la république ; cette garde est composée de cent vingt hommes à pied et de cent vingt hommes à cheval.

167. Le directoire est accompagné de sa garde dans les cérémonies et marches publiques, où il a toujours le premier rang.

168. Chaque membre du directoire se fait accompagner au dehors de deux gardes.

169. Tout poste de force armée doit au directoire et à chacun de ses membres les honneurs militaires supérieurs.

170. Le directoire a quatre messagers d'État, qu'il nomme et qu'il peut destituer.

Ils portent aux deux corps législatifs les lettres et les mémoires du directoire : ils ont entrée à cet effet dans le lieu des séances des Conseils législatifs.

Ils marchent précédés de deux huissiers.

171. Le directoire réside dans la même commune que le corps législatif.

172. Les membres du directoire sont logés aux frais de la République, et dans un même édifice.

173. Le traitement de chacun d'eux est fixé, pour chaque année, à la valeur de cinquante mille myriagrammes de froment (dix mille deux cent vingt-deux quintaux).

TITRE VII.

CORPS ADMINISTRATIFS ET MUNICIPAUX.

174. Il y a dans chaque département une administration centrale, et dans chaque canton une administration municipale au moins.

175. Tout membre d'une administration départementale ou municipale doit être âgé de vingt-cinq ans au moins.

176. L'ascendant et le descendant en ligne directe, les frères, l'oncle et le neveu, et les alliés aux mêmes degrés, ne peuvent simultanément être membres de la même administration, ni s'y succéder qu'après un intervalle de deux ans.

177. Chaque administration de département est composée de cinq membres; elle est renouvelée par cinquième tous les ans.

178. Toute commune dont la population s'élève, depuis cinq mille habitants jusqu'à cent mille, a pour elle seule une administration municipale.

179. Il y a en chaque commune dont la population est inférieure à 5,000 habitants, un agent municipal et un adjoint.

180. La réunion des agents municipaux de chaque commune forme la municipalité du canton.

181. Il y a de plus un président de l'administration municipale, choisi dans le canton.

182. Dans les communes dont la population s'élève de cinq à dix mille habitants, il y a cinq officiers municipaux;

Sept, depuis dix mille jusqu'à cinquante mille;

Neuf, depuis cinquante mille jusqu'à cent mille.

183. Dans les communes dont la population excède cent mille habitants, il y a au moins trois administrations municipales.

Dans ces communes, la division de ces municipalités se fait de manière que la population de l'arrondissement de chacune n'excède pas cinquante mille individus et ne soit pas moindre de trente mille.

La municipalité de chaque arrondissement est composée des sept membres.

184. Il y a dans les communes divisées en plusieurs municipalités, un bureau central pour les objets jugés indivisibles par le corps législatif.

Ce bureau est composé de trois membres nommés par l'administration du département, et confirmés par le pouvoir exécutif.

185. Les membres de toute administration municipale sont nommés pour deux ans, et renouvelés chaque année par moitié ou par partie la plus approximative de la moitié, et alternativement par la fraction la plus forte et par la fraction la plus faible.

186. Les administrateurs de département et les membres des administrations municipales peuvent être réélus une fois sans intervalle.

187. Tout citoyen qui a été deux fois de suite élu admi-

nistrateur du département, ou membre d'une admistra-
tion municipale, et qui en a rempli les fonctions en vertu
de l'une et de l'autre élection, ne peut être élu de nouveau qu'après un intervalle de deux années.

188. Dans le cas où une administration départementale
ou municipale perdrait un ou plusieurs de ses membres
par mort, démission ou autrement, les administrateurs
restant peuvent s'adjoindre en remplacement des administrateurs temporaires, et qui exercent en cette qualité
jusqu'aux élections suivantes.

189. Les administrations départementales et municipales
ne peuvent modifier les actes du corps législatif, ni ceux du
directoire exécutif, ni en suspendre l'exécution.

Elles ne peuvent s'immiscer dans les objets dépendants
de l'ordre judiciaire.

190. Les administrateurs sont essentiellement chargés
de la répartition des contributions directes et de la surveillance des deniers provenant des revenus publics dans
leur territoire.

Le corps législatif détermine les règles et le mode de leurs
fonctions, tant sur ces objets que sur les autres parties de
l'administration intérieure.

191. Le directoire exécutif nomme, auprès de chaque
administration départementale et municipale, un commissaire qu'il révoque lorsqu'il le juge convenable.

Ce commissaire surveille et requiert l'exécution des lois.

172. Le commissaire près de chaque administration locale, doit être pris parmi les citoyens domiciliés depuis un
an dans le département où cette administration est établie.

Il doit être âgé de vingt-cinq ans au moins.

193. Les administrations municipales sont subordonnées
aux administrations de département, et celles-ci aux ministres.

En conséquence, les ministres peuvent annuler, chacun dans sa partie, les actes des administrations de département, et celles-ci les actes des administrations municipales, lorsque ces actes sont contraires aux lois ou aux
ordres des autorités supérieures.

194. Les ministres peuvent aussi suspendre les administrateurs de département qui ont contrevenu aux lois ou

aux ordres des autorités supérieures, et les administrations de département ont le même droit à l'égard des membres des administrations municipales.

185. Aucune suspension ni annulation ne devient définitive sans la confirmation formelle du directoire exécutif.

196. Le directoire peut aussi annuler immédiatement les actes des administrations départementales ou municipales.

Il peut suspendre ou destituer immédiatement, lorsqu'il le croit nécessaire, les administrateurs, soit de département, soit de canton, et les envoyer devant les tribunaux de département, lorsqu'il y a lieu.

197. Tout arrêté portant cassation d'actes, suspension ou destitution d'administrateurs, doit être motivé.

198. Lorsque les cinq membres d'une administration départementale sont destitués, le directoire exécutif pourvoit à leur remplacement jusqu'à l'élection suivante; mais il ne peut choisir leurs suppléants provisoires que parmi les anciens administrateurs du même département.

199. Les administrations, soit de département, soit de canton, ne peuvent correspondre entre elles que sur les affaires qui leur sont attribuées par la loi, et non sur les intérêts généraux de la république.

200. Toute administration doit annuellement le compte de sa gestion.

Les comptes rendus par les administrations départementales sont imprimés.

201. Tous les actes des corps administratifs sont rendus publics par le dépôt du registre où ils sont consignés, et qui est ouvert à tous les administrés.

Ce registre est clos tous les six mois, et n'est déposé que du jour qu'il a été clos.

Le corps législatif peut proroger, selon les circonstances, le délai fixé pour ce dépôt.

TITRE VIII.

POUVOIR JUDICIAIRE.

Dispositions générales.

202. Les fonctions judiciaires ne peuvent être exercées ni par le corps législatif, ni par le pouvoir exécutif.

203. Les juges ne peuvent s'immiscer dans l'exercice du pouvoir législatif, ni faire aucun règlement.

Ils ne peuvent arrêter ou suspendre l'exécution d'aucune loi, ni citer devant eux les administrateurs pour raison de leurs fonctions.

204. Nul ne peut être distrait des juges que la loi lui assigne, par aucune commission, ni par d'autres attributions que celles qui sont déterminées par une loi antérieure.

205. La justice est rendue gratuitement.

206. Les juges ne peuvent être destitués que pour forfaiture légalement jugée, ni suspendus que par une accusation admise.

207. L'ascendant et le descendant en ligne directe, les frères, l'oncle et le neveu, les cousins au premier degré, et les alliés à ces divers degrés, ne peuvent être simultanément membres du même tribunal.

208. Les séances des tribunaux sont publiques, les juges délibèrent en secret; les jugements sont prononcés à haute voix; ils sont motivés, et on y énonce les termes de la loi appliquée.

209. Nul citoyen, s'il n'a l'âge de trente ans accomplis, ne peut être élu juge d'un tribunal de département, ni juge de paix, ni assesseur de juge de paix, ni juge d'un tribunal de commerce, ni membre du tribunal de cassation, ni juré, ni commissaire du directoire exécutif près les tribunaux.

DE LA JUSTICE CIVILE.

210. Il ne peut être porté atteinte au droit de faire prononcer sur les différends par des arbitres du choix des parties.

211. La décision de ces arbitres est sans appel et sans recours en cassation, si les parties ne l'ont expressément réservé.

212. Il y a dans chaque arrondissement déterminé par la loi, un juge de paix et ses assesseurs.

Ils sont tous élus pour deux ans, et peuvent être immédiatement et indéfiniment réélus.

213. La loi détermine les objets dont les juges de paix et leurs assesseurs connaissent en dernier ressort.

Elle leur en attribue d'autres qu'ils jugent à la charge de l'appel.

214. Il y a des tribunaux particuliers pour le commerce de terre et de mer ; la loi détermine les lieux où il est utile de les établir.

Leur pouvoir de juger en dernier ressort ne peut être étendu au-delà de la valeur de cinq cents myriagrammes froment (cent deux quintaux vingt-deux livres).

215. Les affaires dont le jugement n'appartient ni aux juges de paix ni aux tribunaux de commerce, soit en dernier ressort, soit à la charge d'appel, sont portées immédiatement devant le juge de paix et ses assesseurs pour être conciliés.

Si le juge de paix ne peut les concilier, il les renvoie devant le tribunal civil.

216. Il y a un tribunal civil par département.

Chaque tribunal civil est composé de vingt juges au moins, d'un commissaire et d'un substitut nommés et destituables par le directoire exécutif, et d'un greffier.

Tous les cinq ans on procède à l'élection de tous les membres du tribunal.

Les juges peuvent toujours être réélus.

217. Lors de l'élection des juges, il est nommé cinq suppléants, dont trois sont pris parmi les citoyens résidant dans la commune où siége le tribunal.

218. Le tribunal civil prononce en dernier ressort, dans les cas déterminés par la loi, sur les appels des jugemens, soit des juges de paix, soit des arbitres, soit des tribunaux de commerce.

219. L'appel des jugements prononcés par le tribunal civil se porte au tribunal civil de l'un des trois départemens les plus voisins, ainsi qu'il est déterminé par la loi.

220. Le tribunal civil se divise en sections.

Une section ne peut juger au-dessous du nombre de cinq juges.

221. Les juges réunis dans chaque tribunal nomment entre eux, au scrutin secret, le président de chaque section.

DE LA JUSTICE CORRECTIONNELLE ET CRIMINELLE.

222. Nul ne peut être saisi que pour être conduit devant

l'officier de police; et nul ne peut être mis en arrestation ou détenu qu'en vertu d'un mandat d'arrêt des officiers de police, ou du directoire exécutif dans le cas de l'article 145, ou d'une ordonnance de prise de corps, soit d'un tribunal, soit du directeur du jury d'accusation, ou d'un décret d'accusation du corps législatif, dans les cas où il lui appartient de la prononcer, ou d'un jugement de condamnation à la prison ou détention correctionnelle.

223. Pour que l'acte qui ordonne l'arrestation puisse être exécuté, il faut:

1° Qu'il exprime formellement le motif de l'arrestation, et la loi en conformité de laquelle elle est ordonnée.

2° Qu'il ait été notifié à celui qui en est l'objet, et qu'il lui en ait été laissé copie.

224. Toute personne saisie et conduite devant l'officier de police sera examinée sur-le-champ, ou dans le jour au plus tard.

225. S'il résulte de l'examen qu'il n'y a aucun sujet d'inculpation contre elle, elle sera remise aussitôt en liberté; ou, s'il y a lieu de l'envoyer à la maison d'arrêt, elle y sera conduite dans le plus bref délai, qui, en aucun cas, ne pourra excéder trois jours.

226. Nulle personne arrêtée ne peut être retenue, si elle donne caution suffisante, dans tous les cas où la loi permet de rester libre sous le cautionnement.

227. Nulle personne, dans le cas où sa détention est autorisée par la loi, ne peut être conduite ou détenue que dans les lieux légalement et publiquement désignés pour servir de maison d'arrêt, de maison de justice ou de maison de détention.

228. Nul gardien ou geôlier ne peut recevoir ni retenir aucune personne qu'en vertu d'un mandat d'arrêt, selon les formes prescrites par les art. 222 et 223, d'une ordonnance de prise-de-corps, d'un décret d'accusation, ou d'un jugement de condamnation à prison ou détention correctionnelle, et sans que la transcription en ait été faite sur son registre.

229. Tout gardien ou geôlier est tenu, sans qu'aucun ordre puisse l'en dispenser, de représenter la personne détenue à l'officier civil ayant la police de la maison de dé-

tention, toutes les fois qu'il en sera requis par cet officier.

230. La représentation de la personne détenue ne pourra être refusée à ses parents et amis porteurs de l'ordre de l'officier civil, lequel sera toujours tenu de l'accorder, à moins que le gardien ou geôlier ne représente une ordonnance du juge, transcrite sur son registre, pour tenir la personne arrêtée au secret.

231. Tout homme, quelle que soit sa place ou son emploi, autre que ceux à qui la loi donne le droit d'arrestation, qui donnera, signera, exécutera ou fera exécuter l'ordre d'arrêter un individu; ou quiconque, même dans le cas d'arrestation autorisée par la loi, conduira, recevra ou retiendra un individu dans un lieu de détention non publiquement et légalement désigné; et tous les gardiens ou geôliers qui contreviendront aux dispositions des trois articles précédents, seront coupables du crime de détention arbitraire.

232. Toutes rigueurs employées dans les arrestations, détentions ou exécutions, autres que celles prescrites par la loi, sont des crimes.

233. Il y a dans chaque département, pour le jugement des délits dont la peine n'est ni afflictive, ni infamante, trois tribunaux correctionnels au moins, et six au plus.

Ces tribunaux ne pourront prononcer de peine plus grave que l'emprisonnement pour deux années.

La connaissance des délits dont la peine n'excède pas, soit la valeur de trois journées de travail, soit un emprisonnement de trois jours, est déléguée au juge de paix, qui prononce en dernier ressort.

234. Chaque tribunal correctionnel est composé d'un président, de deux juges de paix ou assesseurs de juges de paix de la commune où il est établi, d'un commissaire du pouvoir exécutif, nommé et destituable par le directoire exécutif, et d'un greffier.

235. Le président de chaque tribunal correctionnel est pris tous les six mois, et par tour, parmi les membres des sections du tribunal civil du département, les présidents exceptés.

236. Il y a appel des jugements du tribunal correctionnel par devant le tribunal criminel du département.

237. En matière de délits emportant peine afflictive ou infamante, nulle personne peut être jugée que sur une accusation admise par les jurés, ou décrétée par le corps législatif, dans le cas où il lui appartient de décréter d'accusation.

238. Un premier jury déclare si l'accusation doit être admise ou rejetée : le fait est reconnu par un second jury, et la peine déterminée par la loi est appliquée par les tribunaux criminels.

239. Les jurés ne votent que par scrutin secret.

240. Il y a, dans chaque département, autant de jurys d'accusation que de tribunaux correctionnels

Les présidents des tribunaux correctionnels en sont les directeurs, chacun dans son arrondissement.

Dans les communes au-dessus de cinquante mille âmes, il pourra être établi par la loi, outre le président du tribunal correctionnel, autant de directeurs de jurys d'accusation que l'expédition des affaires l'exigera.

241. Les fonctions de commissaire du pouvoir exécutif et de greffier près le directeur du jury d'accusation, sont remplies par le commissaire et par le greffier du tribunal correctionnel.

242. Chaque directeur du jury d'accusation a la surveillance immédiate de tous les officiers de police de son arrondissement.

243. Le directeur du jury poursuit immédiatement, comme officier de police, sur les dénonciations que lui fait l'accusateur public, soit d'office, soit d'après les ordres du directoire exécutif :

1° Les attentats contre la liberté ou la sûreté individuelle des citoyens ;

2° Ceux commis contre le droit des gens ;

2° La rébellion à l'exécution soit des jugements, soit de tous les actes exécutoires émanés des autorités constituées ;

4° Les troubles occasionnés et les voies de fait commises pour entraver la perception des contributions, la libre circulation des subsistances et des autres objets de commerce.

244. Il y a un tribunal criminel pour chaque département.

245. Le tribunal criminel est composé d'un président, d'un accusateur public, de quatre juges pris dans le tribunal civil, du commissaire du pouvoir exécutif près le même tribunal, ou de son substitut et d'un greffier.

Il y a dans le tribunal criminel du département de la Seine un vice-président et un substitut de l'accusateur public : ce tribunal est divisé en deux sections ; huit membres du tribunal civil y exercent les fonctions de juges.

246. Les présidents des sections du tribunal civil ne peuvent remplir les fonctions de juges au tribunal criminel.

247. Les autres juges y font le service, chacun à son tour, pendant six mois, dans l'ordre de leur nomination, et ils ne peuvent, pendant ce temps, exercer aucune fonction au tribunal civil.

248. L'accusateur public est chargé :

1° De poursuivre les délits sur les actes d'accusation admis par les premiers jurés ;

2° De transmettre aux officiers de police les dénonciations qui lui sont adressées directement.

3° De surveiller les officiers de police du département, et d'agir contre eux suivant la loi, en cas de négligences ou de faits plus graves.

249. Le commissaire du pouvoir exécutif est chargé,

1° De requérir, dans le cours de l'instruction, pour la régularité des formes, et avant le jugement, pour l'application de la loi ;

2° De poursuivre l'exécution des jugements rendus par le tribunal criminel.

250. Les juges ne peuvent proposer aux jurés aucune question complexe.

251. Le jury de jugement est de douze jurés au moins : l'accusé a la faculté d'en récuser, sans donner de motifs, un nombre que la loi détermine.

252. L'instruction devant le jury de jugement est publique, et l'on ne peut refuser aux accusés le secours d'un conseil qu'ils ont la faculté de choisir, ou qui leur est nommé d'office.

253. Toute personne acquittée par un jury légal, ne peut plus être reprise ni accusée pour le même fait.

DU TRIBUNAL DE CASSATION.

254. Il y a pour toute la république un tribunal de cassation.

Il prononce,

1º Sur les demandes en cassation contre les jugements en dernier ressort rendus par les tribunaux ;

2º Sur les demandes en renvoi d'un tribunal à un autre, pour cause de suspicion légitime ou de sûreté publique ;

3º Sur les réglements de juges et les prises à partie contre un tribunal entier.

255. Le tribunal de cassation ne peut jamais connaître du fond des affaires ; mais il casse les jugements rendus sur des procédures dans lesquelles les formes ont été violées, ou qui contiennent quelque contravention expresse à la loi, et il renvoie le fond du procès au tribunal qui doit en connaître.

256. Lorsqu'après une cassation le second jugement sur le fond est attaqué par les mêmes moyens que le premier, la question ne peut plus être agitée au tribunal de cassation, sans avoir été soumise au corps législatif, qui porte une loi à laquelle le tribunal de cassation est tenu de se conformer.

257. Chaque année le tribunal de cassation est tenu d'envoyer à chacune des sections du corps législatif une députation qui lui présente l'état des jugements rendus, avec la notice en marge, et le texte de la loi qui a déterminé le jugement.

258. Le nombre des juges du tribunal de cassation ne peut excéder les trois quarts du nombre des départements.

259. Ce tribunal est renouvelé par cinquième tous les ans.

Les assemblées électorales des départements nomment successivent et alternativement les juges qui doivent remplacer ceux qui sortent du tribunal de cassation.

Les juges de ce tribunal peuvent toujours être réélus.

260. Chaque juge du tribunal de cassation a un suppléant élu par la même assemblée électorale.

261. Il y a près du tribunal de cassation un commissaire et des substituts, nommés et destituables par le directoire exécutif.

262. Le directoire exécutif dénonce au tribunal de cas-

sation, par la voie de son commissaire, et sans préjudice du droit des parties intéressées, les actes par lesquels les juges ont excédé leurs pouvoirs.

263. Le tribunal annule ces actes; et, s'ils donnent lieu à la forfaiture, le fait est dénoncé au corps législatif, qui rend le décret d'accusation, après avoir entendu ou appelé les prévenus.

264. Le corps législatif ne peut annuler les jugements du tribunal de cassation, sauf à poursuivre personnellement les juges qui auraient encouru la forfaiture.

HAUTE COUR DE JUSTICE.

265. Il y a une haute cour de justice pour juger les accusations admises par le corps législatif, soit contre ses propres membres, soit contre ceux du directoire exécutif.

266. La haute cour de justice est composée de cinq juges et de deux accusateurs nationaux tirés du tribunal de cassation, et de hauts-jurés nommés par les assemblées électorales des départements.

267. La haute cour de justice ne se forme qu'en vertu d'une proclamation du Corps législatif, rédigée et publiée par le Conseil des Cinq-Cents.

268. Elle se forme et tient ses séances dans le lieu désigné par la proclamation du Conseil des Cinq-Cents.

Ce lieu ne peut être plus près qu'à douze myriamètres de celui où réside le Corps législatif.

269. Lorsque le Corps législatif a proclamé la formation de la haute cour de justice, le tribunal de cassation tire au sort quinze de ses membres dans une séance publique; il nomme de suite, dans la même séance, par la voie du scrutin secret, cinq de ces quinze; les cinq juges ainsi nommés sont les juges de la haute cour de justice; ils choisissent entre eux un président.

270. Le tribunal de cassation nomme dans la même séance, par scrutin, à la majorité absolue, deux de ses membres, pour remplir, à la haute cour de justice, les fonctions d'accusateurs nationaux.

271. Les actes d'accusation sont dressés et rédigés par le Conseil des Cinq-Cents.

272. Les assemblées électorales de chaque département nomment, tous les ans, un juré pour la haute cour de justice.

273. Le directoire exécutif fait imprimer et publier, un mois après l'époque des élections, la liste des jurés nommés pour la haute cour de justice.

TITRE IX.

DE LA FORCE ARMÉE.

274. La force armée est instituée pour défendre l'État contre les ennemis du dehors et pour assurer au dedans le maintien de l'ordre et l'exécution des lois.

275. La force publique est essentiellement obéissante : nul corps armé ne peut délibérer.

276. Elle se distingue en garde nationale sédentaire et garde nationale en activité.

DE LA GARDE NATIONALE SÉDENTAIRE.

277. La garde nationale sédentaire est composée de tous les citoyens et fils de citoyens en état de porter les armes.

278. Son organisation et sa discipline sont les mêmes pour toute la république ; elles sont déterminées par la loi.

279. Aucun Français ne peut exercer les droits de citoyen, s'il n'est inscrit au rôle de la garde nationale sédentaire.

280. Les distinctions de grade et la subordination n'y subsistent que relativement au service et pendant sa durée.

281. Les officiers de la garde nationale sédentaire sont élus à temps par les citoyens qui la composent et ne peuvent être réélus qu'après un intervalle.

282. Le commandement de la garde nationale d'un département entier ne peut être confié habituellement à un seul citoyen.

283. S'il est jugé nécessaire de rassembler toute la garde nationale d'un département, le directoire exécutif peut nommer un commandant temporaire.

284. Le commandement de la garde nationale sédentaire, dans une ville de cent mille habitants et au-dessus, ne peut être habituellement confié à un seul homme.

5

DE LA GARDE NATIONALE EN ACTIVITÉ.

285. La république entretient à sa solde, même en temps de paix, sous le nom de gardes nationales en activité, une armée de terre et de mer.

286. L'armée se forme par enrôlement volontaire, et, en cas de besoin, par le mode que la loi détermine.

287. Aucun étranger qui n'a point acquis les droits de citoyen français ne peut être admis dans les armées françaises, à moins qu'il n'ait fait une ou plusieurs campagnes pour l'établissement de la république.

288. Les commandants ou chefs de terre et de mer ne sont nommés qu'en cas de guerre ; ils reçoivent du directoire exécutif des commissions révocables à volonté. La durée de ces commissions se borne à une campagne ; mais elles peuvent être continuées.

289. Le commandement général des armées de la république ne peut être confié à un seul homme.

290. L'armée de terre et de mer est soumise à des lois particulières pour la discipline, la forme des jugements et la nature des peines.

291. Aucune partie de la garde nationale sédentaire, ni de la garde nationale en activité, ne peut agir pour le service intérieur de la république, que sur la réquisition par écrit de l'autorité civile, dans les formes prescrites par la loi.

292. La force publique ne peut être requise par les autorités civiles que dans l'étendue de leur territoire ; elle ne peut se transporter d'un canton dans un autre, sans y être autorisée par l'administration de département, ni d'un département dans un autre, sans les ordres du directoire exécutif.

293. Néanmoins le corps législatif détermine les moyens d'assurer par la force publique l'exécution des jugements et la poursuite des accusés sur tout le territoire français.

294. En cas de dangers imminents, l'administration municipale d'un canton peut requérir la garde nationale des cantons voisins ; en ce cas, l'administration qui a requis et les chefs des gardes nationales qui ont été requises sont également tenus d'en rendre compte au même instant à l'administration départementale.

295. Aucune troupe étrangère ne peut être introduite sur le territoire français sans le consentement préalable du corps législatif.

TITRE X.

INSTRUCTION PUBLIQUE.

296. Il y a dans la république des écoles primaires où les élèves apprennent à lire, à écrire, les éléments du calcul et ceux de la morale. La république pourvoit aux frais du logement des instituteurs préposés à ces écoles.

297. Il y a dans les diverses parties de la république des écoles supérieures aux écoles primaires, et dont le nombre sera tel qu'il y en ait au moins une pour deux départements.

298. Il y a, pour toute la république, un institut national chargé de recueillir les découvertes, de perfectionner les arts et les sciences.

299. Les divers établissements d'instruction publique n'ont entre eux aucun rapport de subordination ni de correspondance administrative.

300. Les citoyens ont le droit de former des établissements particuliers d'éducation et d'instruction, ainsi que des sociétés libres, pour concourir aux progrès des sciences, des lettres et des arts.

301. Il sera établi des fêtes nationales pour entretenir la fraternité entre les citoyens et les attacher à la constitution, à la patrie et aux lois.

TITRE XI,

FINANCES.

Contributions.

302. Les contributions publiques sont délibérées et fixées chaque année par le corps législatif. A lui seul appartient d'en établir. Elles ne peuvent subsister au delà d'un an, si elles ne sont expressément renouvelées.

303. Le corps législatif peut créer tel genre de contribution qu'il croira nécessaire : mais il doit établir chaque année une imposition foncière et une imposition personnelle.

304. Tout individu qui, n'étant pas dans le cas des articles 12 et 13 de la constitution, n'a pas été compris au rôle des contributions directes, a le droit de se présenter à l'administration municipale de sa commune et de s'y inscrire pour une contribution personnelle égale à la valeur de trois journées de travail agricole.

305. L'inscription mentionnée dans l'article précédent ne peut se faire que durant le mois de messidor de chaque année.

306. Les contributions de toute nature sont réparties entre tous les contribuables à raison de leurs facultés.

307. Le directoire exécutif dirige et surveille la perception et le versement des contributions, et donne à cet effet tous les ordres nécessaires.

308. Les comptes détaillés de la dépense des ministres, signés et certifiés par eux, sont rendus publics au commencement de chaque année.

Il en sera de même des états de recette des diverses contributions et de tous les revenus publics.

309. Les états de ces dépenses et recettes sont distingués suivant leur nature ; ils expriment les sommes touchées et dépensées, année par année, dans chaque partie d'administration générale.

310. Sont également publiés les comptes des dépenses particulières aux départements et relatives aux tribunaux, aux administrations, aux progrès des sciences, à tous les travaux et établissements publics.

311. Les administrateurs de département et les municipalités ne peuvent faire aucune répartition au delà des sommes fixées par le corps législatif, ni délibérer ou permettre, sans être autorisés par lui, aucun emprunt local à la charge des citoyens du département, de la commune ou du canton

312. Au corps législatif seul appartient le droit de régler la fabrication et l'émission de toute espèce de monnaies

d'en fixer la valeur et le poids, et d'en déterminer le type.

313. Le directoire surveille la fabrication des monnaies et nomme les officiers chargés d'exercer immédiatement cette inspection.

314. Le corps législatif détermine les contributions des colonies et leurs rapports commerciaux avec la métropole.

TRÉSORERIE NATIONALE ET COMPTABILITÉ.

315. Il y a cinq commissaires de la trésorerie nationale, élus par le conseil des Anciens, sur une liste triple présentée par celui des Cinq-Cents.

316. La durée de leurs fonctions est de cinq années : l'un d'eux est renouvelé tous les ans, et peut être réélu sans intervalle et définitivement.

317. Les commissaires de la trésorerie sont chargés de surveiller la recette de tous les deniers nationaux ;

D'ordonner les mouvements de fonds et le paiement de toutes les dépenses publiques consenties par le corps législatif ;

De tenir un compte ouvert de dépense et de recette avec le receveur des contributions directes de chaque département, avec les différentes régies nationales et avec les payeurs qui seraient établis dans les départements ;

D'entretenir avec lesdits receveurs et payeurs, avec les régies et administrations, la correspondance nécessaire pour assurer la rentrée exacte et régulière des fonds.

318. Ils ne peuvent rien faire payer, sous peine de forfaiture, qu'en vertu,

1° D'un décret du Corps législatif, et jusqu'à concurrence des fonds décrétés par lui sur chaque objet ;

2° D'une décision du directoire ;

3° De la signature du ministre qui ordonne la dépense.

319. Ils ne peuvent aussi, sous peine de forfaiture, approuver aucun paiement, si le mandat, signé par le ministre que ce genre de dépense concerne, n'énonce pas la date, tant de la décision du directoire exécutif, que des décrets du Corps législatif qui autorisent le paiement.

320. Les receveurs des contributions directes dans chaque département, les différentes régies nationales, et les

payeurs dans les départements, remettent à la trésorerie nationale leurs comptes respectifs; la trésorerie les vérifie et les arrête.

321. Il y a cinq commissaires de la comptabilité nationale, élus par les Corps législatif, aux même époques et selon les mêmes formes et conditions que les commissaires de la trésorerie.

322. Le compte général des recettes et des dépenses de la République, appuyé des comptes particuliers et des pièces justificatives, est présenté par les commissaires de la trésorerie aux commissaires de la comptabilité, qui le vérifient et l'arrêtent.

323. Les commissaires de la comptabilité donnent connaissance au Corps législatif des abus, malversations, et de tous les cas de responsabilité qu'ils découvrent dans le cours de leurs opérations ; ils proposent dans leur partie les mesures convenables aux intérêts de la République.

324. Le résultat des comptes arrêtés par les commissaires de comptabilité est imprimé et rendu public.

325. Les commissaires de comptabilité, tant de la trésorerie nationale que de la comptabilité, ne peuvent être suspendus ni destitués que par le Corps législatif.

Mais, durant l'ajournement du Corps législatif, le directoire exécutif peut suspendre et remplacer provisoirement les commissaires de la trésorerie nationale au nombre de deux au plus, à charge d'en référer à l'un et à l'autre conseil du Corps législatif, aussitôt qu'ils ont repris leurs séances.

TITRE XII.

RALATIONS EXTÉRIEURES.

326. La guerre ne peut être décidée que par un décret du Corps législatif, sur la proposition formelle et nécessaire du directoire exécutif.

327. Les deux conseils législatifs concourent dans les formes ordinaires au décret par lequel la guerre est décidée.

328. En cas d'hostilités imminentes ou commencées, de menaces ou de préparatifs de guerre contre la République française, le directoire exécutif est tenu d'employer, pour

la défense de l'État, les moyens mis à sa disposition, à la charge d'en prévenir sans délai le Corps législatif.

Il peut même indiquer, en ce cas, les augmentations de forces de terre et de mer, ainsi qu'il le jugera convenable, et en régler la direction en cas de guerre.

330. Il est autorisé à faire les stipulations préliminaires, telles que des armistices, des neutralisations; il peut arrêter aussi des conventions secrètes.

331. Le directoire exécutif arrête, signe ou fait signer avec les puissances étrangères tous les traités de paix, d'alliance, de trève, de neutralité, de commerce, et autres conventions qu'il juge nécessaire au bien de l'État.

Ces traités et conventions sont négociés, au nom de la République française, par des agents diplomatiques nommés par le directoire exécutif, et chargés de ses instructions.

332. Dans le cas où un traité renferme des articles secrets, les dispositions de ces articles ne peuvent être destructives des articles patents, ni contenir aucune aliénation du territoire de la République.

333. Les traités ne sont valables qu'après avoir été examinés et ratifiés par le Corps législatif; néanmoins les conditions secrètes peuvent recevoir provisoirement leur exécution dès l'instant même où elles sont arrêtées par le directoire.

334. L'un et l'autre conseil législatif ne délibèrent sur la guerre ni sur la paix qu'en comité général.

335. Les étrangers, établis ou non en France, succèdent à leurs parents étrangers ou français; ils peuvent contracter, acquérir et recevoir des biens situés en France, et en disposer, de même que les citoyens français, par tous les moyens autorisés par les lois.

TITRE XIII.

RÉVISION DE LA CONSTITUTION.

336. Si l'expérience faisait sentir les inconvénients de quelques articles de la constitution, le Conseil des Anciens en proposerait la révision.

337. La proposition du Conseil des Anciens est, en ce cas, soumise à la ratification du Conseil des Cinq-Cents.

238. Lorsque, dans une espace de neuf années, la proposition du Conseil des Anciens, ratifiée par le Conseil des Cinq-Cents, a été faite à trois époques éloignées l'une de l'autre de trois années au moins, une assemblée de révision est convoquée.

339. Cette assemblée est formée de deux membres par département, tous élus de la même manière que les membres du Corps législatif, et réunissant les mêmes conditions que celles exigées par le Conseil des Anciens.

340. Le Conseil des Anciens désigne, pour la réunion de l'assemblée de révision, un lieu distant de vingt myriamètres au moins de celui où siége le Corps législatif.

341. L'assemblée de révision a le droit de changer le lieu de sa résidence, en observant la distance prescrite par l'article précédent.

342. L'assemblée de révision n'exerce aucune fonction législative ni de gouvernement ; elle se borne à la révision des seuls articles constitutionnels qui lui ont été désignés par le peuple.

344. Les membres de l'assemblée de révision délibèrent en commun.

345. Les citoyens qui sont membres du Corps législatif au moment où une assemblée de révision est convoquée, ne peuvent être élus membres de cette assemblée.

346. L'assemblée de révision adresse immédiatement aux assemblées primaires le projet de réforme qu'elle a arrêté.

Elle est dissoute dès que ce projet leur a été adressé.

347. En aucun cas, la durée de l'assemblée de révision ne peut excéder trois mois.

348. Les membres de l'assemblée de révision ne peuvent être recherchés, accusés ni jugés, en aucun temps, pour ce qu'ils ont dit ou écrit dans l'exercice de leurs fonctions.

Pendant la durée de ces fonctions, ils ne peuvent être mis en jugement, si ce n'est par une décision des membres mêmes de l'assemblée de révision.

349. L'assemblée de révision n'assiste à aucune cérémo-

nie publique ; ses membres reçoivent la même indemnité que celle des membres du Corps législatif.

350. L'assemblée de révision a le droit d'exercer ou faire exercer la police dans la commune où elle réside.

TITRE XIV.

DISPOSITIONS GÉNÉRALES.

351. Il n'existe entre les citoyens d'autre supériorité que celle des fonctionnaires publics, et relativement à l'exercice de leurs fonctions.

352. La loi ne reconnaît ni vœux religieux ni aucun engagement contraire aux droits naturels de l'homme.

353. Nul ne peut être empêché de dire, écrire, imprimer et publier sa pensée.

Les écrits ne peuvent être soumis à aucune censure avant leur publication.

Nul ne peut être responsable de ce qu'il a écrit ou publié que dans les cas prévus par la loi.

354. Nul ne peut être empêché d'exercer, en se conformant aux lois, le culte qu'il a choisi.

Nul ne peut être forcé de contribuer aux dépenses d'aucun culte. La République n'en salarie aucun.

355. Il n'y a ni privilége, ni maîtrise, ni jurande, ni limitation à la liberté de la presse, du commerce, et à l'exercice de l'industrie et des arts de toute espèce.

Toute loi prohibitive en ce genre, quand les circonstances la rendent nécessaires, est essentiellement provisoire, et n'a d'effet que pendant un an au plus, à moins qu'elle ne soit formellement renouvelée.

356. La loi surveille particulièrement les professions qui intéressent les mœurs publiques, la sûreté et la santé des citoyens ; mais on ne peut faire dépendre l'admission à l'exercice de ces professions d'aucune prestation pécuniaire.

357. La loi doit pourvoir à la récompense des inventeurs ou au maintien de propriété exclusive de leurs découvertes ou de leurs productions.

5.

358. La constitution garantit l'inviolabilité de toutes les propriétés, ou la juste indemnité de celles dont la nécessité publique, légalement constatée, exigerait le sacrifice.

359. La maison de chaque citoyen est un asile inviolable : pendant la nuit nul n'a le droit d'y entrer que dans le cas d'incendie, d'inondation, ou de réclamation venant de l'intérieur de la maison.

Pendant le jour on peut y exécuter les ordres des autorités constituées.

Aucune visite domiciliaire ne peut avoir lieu qu'en vertu d'une loi, et pour la personne ou l'objet expressément désigné dans l'acte qui ordonne la visite.

360. Il ne peut être formé de corporations ni d'associations contraires à l'ordre public.

361. Aucune assemblée de citoyens ne peut se qualifier société populaire.

362. Aucune société particulière, s'occupant de questions politiques, ne peut correspondre avec aucune autre, ni s'affilier à elle, ni tenir des séances publiques composées de sociétaires et d'assistants distingués les uns des autres, ni imposer des conditions d'admission et d'éligibilité, ni s'arroger des droits d'exclusion, ni faire porter à ses membres aucun signe extérieur de leur association.

363. Les citoyens ne peuvent exercer leurs droits politiques que dans les assemblées primaires ou communales.

364. Tous les citoyens sont libres d'adresser aux autorités publiques des pétitions, mais elles doivent être individuelles ; nulle association ne peut en présenter de collectives, si ce n'est les autorités constituées, et seulement pour des objets propres à leur attribution.

Les pétitionnaires ne doivent jamais oublier le respect dû aux autorités constituées.

365. Tout attroupement armé est un attentat à la constitution ; il doit être dissipé sur-le-champ par la force.

366. Tout attroupement non armé doit être également dissipé, d'abord par voie de commandement verbal, et, s'il est nécessaire, par le développement de la force armée.

367. Plusieurs autorités constituées ne peuvent jamais se réunir pour délibérer ensemble; aucun acte émané d'une telle réunion ne peut être exécuté.

368. Nul ne peut porter de marques distinctives qui rappellent des fonctions antérieurement exercées, ou des services rendus.

369. Les membres du corps législatif, et tous les fonctionnaires publics portent, dans l'exercice de leurs fonctions, le costume ou le signe de l'autorité dont ils sont revêtus : la loi en détermine la forme.

370. Nul citoyen ne peut renoncer, ni en tout ni en partie, à l'indemnité ou au traitement qui lui est attribué par la loi, à raison de fonctions publiques.

371. Il y a dans la République uniformité de poids et mesures.

372. L'ère française commence au 22 septembre 1792, jour de la fondation de la République.

373. La nation française déclare qu'en aucun cas elle ne souffrira le retour des Français, qui, ayant abandonné leur patrie depuis le 15 juillet 1789, ne sont pas compris dans les exceptions portées aux lois rendues contre les émigrés; et elle interdit au corps législatif de créer de nouvelles exceptions sur ce point.

Les biens des émigrés sont irrévocablement acquis au profit de la République.

374. La nation française proclame pareillement, comme garantie de la foi publique, qu'après une adjudication légalement consommée de biens nationaux, qu'elle qu'en soit l'origine, l'acquéreur légitime ne peut en être dépossédé, sauf aux tiers réclamants à être, s'il y a lieu, indemnisés par le trésor national.

375. Aucun des pouvoirs institués par la constitution n'a le droit de la changer dans son ensemble ni dans aucune de ses parties, sauf les réformes qui pourront être faites par la voie de la révision, conformément aux dispositions du titre XIII.

376. Les citoyens se rappelleront sans cesse que c'est

de la sagesse des choix dans les assemblées primaires et électorales, que dépendent principalement la durée, la conservation et la prospérité de la République.

377. Le peuple français remet le dépôt de la présente constitution à la fidélité du corps législatif, du directoire exécutif, des administrateurs et des juges ; à la vigilance des pères de famille, aux épouses et aux mères, à l'affection des jeunes citoyens, au courage de tous les Français.

CONSTITUTION
DE LA RÉPUBLIQUE FRANÇAISE
DU 22 FRIMAIRE AN VIII (13 DÉCEMBRE 1799).

TITRE Iᵉʳ.

DE L'EXERCICE DES DROITS DE CITÉ.

ART. 1ᵉʳ. La République française est une et indivisible.

Son territoire européen est distribué en départements et arrondissements communaux.

2. Tout homme né et résidant en France, qui, âgé de vingt-un ans accomplis, s'est fait inscrire sur le registre civique de son arrondissement communal, et qui a demeuré depuis pendant un an sur le territoire de la République, est citoyen français.

3. Un étranger devient citoyen français, lorsqu'après avoir atteint l'âge de vingt-un ans accomplis, et avoir déclaré l'intention de se fixer en France, il y a résidé pendant dix années consécutives.

4. La qualité de citoyen français se perd :

Par la naturalisation en pays étranger ;

Par l'acceptation de fonctions ou de pensions offertes par un gouvernement étranger ;

Par l'affiliation à toute corporation étrangère qui supposerait des distinctions de naissance ;

Par la condamnation à des peines afflictives et infamantes.

5. L'exercice des droits de citoyen français est suspendu, par l'état de débiteur failli, ou d'héritier immédiat détenteur à titre gratuit de la succession totale ou partielle d'un failli ;

Par l'état de domestique à gages, attaché au service de la personne ou du ménage ;

Par l'état d'interdiction judiciaire, d'accusation ou de contumace.

6. Pour exercer les droits de cité dans un arrondissement communal, il faut y avoir acquis domicile par une année de résidence, et ne l'avoir pas perdu par une année d'absence.

7. Les citoyens de chaque arrondissement communal désignent par leurs suffrages ceux d'entre eux qu'ils croient les plus propres à gérer les affaires publiques. Il en résulte une liste de confiance, contenant un nombre de noms égal au dixième du nombre des citoyens ayant droit d'y coopérer. C'est dans cette première liste communale que doivent être pris les fonctionnaires publics de l'arrondissement.

8. Les citoyens compris dans les listes communales d'un département désignent également un dixième d'entre eux : il en résulte une seconde liste, dite départementale, dans laquelle doivent être pris les fonctionnaires publics du département.

9. Les citoyens portés dans la liste départementale désignent pareillement un dixième d'entre eux : il en résulte une troisième liste qui comprend les citoyens de ce département éligibles aux fonctions publiques nationales.

10. Les citoyens ayant droit de coopérer à la formation de l'une des listes mentionnées aux trois articles précédents sont appelés tous les trois ans à pourvoir au remplacement des inscrits décédés, ou absents pour toute autre cause que l'exercice d'une fonction publique.

11. Ils peuvent, en même temps, retirer de la liste les inscrits qu'ils ne jugent pas à propos d'y maintenir, et les remplacer par d'autres citoyens dans lesquels ils ont une plus grande confiance.

12. Nul n'est retiré d'une liste que par les votes de la majorité absolue des citoyens ayant droit de coopérer à sa formation.

13. On n'est point retiré d'une liste d'éligibles, par cela seul qu'on n'est pas maintenu sur une liste d'un degré inférieur ou supérieur.

14. L'inscription sur une liste d'éligibles n'est nécessaire qu'à l'égard de celles des fonctions publiques, pour lesquelles cette condition est expressément exigée par la constitution ou par la loi. Les listes d'éligibles seront formées pour la première fois dans le cours de l'an IX.

Les citoyens qui seront nommés pour la première formation des autorités constituées feront partie nécessaire des premières listes d'éligibles.

TITRE II.

DU SÉNAT CONSERVATEUR.

15. Le Sénat conservateur est composé de quatre-vingts membres, inamovibles et à vie, âgés de quarante ans au moins.

Pour la formation du Sénat, il sera d'abord nommé soixante membres : ce nombre sera porté à soixante-deux dans le cours de l'an 8, à soixante-quatre en l'an 9, et s'élevera ainsi graduellement à quatre-vingts par l'addition de deux membres en chacune des dix premières années.

16. La nomination à une place de sénateur se fait par la Sénat, qui choisit entre trois candidats présentés ; le premier, par le Corps législatif ; le second, par le tribunal ; et le troisième, par le premier consul.

Il ne choisit qu'entre deux candidats, si l'un d'eux est proposé par deux des trois autorités présentantes : il est tenu d'admettre celui qui serait proposé à la fois par les trois autorités.

17. Le premier consul sortant de place, soit par l'expiration de ses fonctions, soit par démission, devient sénateur de plein droit et nécessairement.

Les deux autres consuls, durant le mois qui suit l'expiration de leurs fonctions, peuvent prendre place dans le sénat, et ne sont pas obligés d'user de ce droit.

Ils ne l'ont point quand ils quittent leurs fonctions consulaires par démission.

18. Un sénateur est à jamais inéligible à toute autre fonction publique.

19. Toutes les listes faites dans les départements en vertu de l'article 9 sont adressées au Sénat : elles composent la liste nationale.

20. Il élit dans cette liste les législateurs, les tribuns, les consuls, les juges de cassation, et les comissaires à la comptabilité.

21. Il maintient ou annule tous les actes qui lui sont déférés comme inconstitutionnels par le tribunal ou par le gouvernement : les listes d'éligibles sont comprises parmi ces actes.

22. Des revenus de domaines nationaux déterminés sont affectés aux dépenses du Sénat. Le traitement annuel de chacun de ses membres se prend sur ces revenus, et il est égal au vingtième de celui du premier consul.

23. Les séances du Sénat ne sont pas publiques.

24. Les citoyens *Syéyes* et *Roger-Ducos*, consuls sortant, sont nommés membres du Sénat conservateur : ils se réuniront avec le second et le troisième consul nommés par la présente constitution. Ces quatre citoyens nomment la majorité du Sénat, qui se complète ensuite lui-même, et procède aux élections qui lui sont confiées.

TITRE III.

DU POUVOIR LÉGISLATIF.

25. Il ne sera promulgué de lois nouvelles que lorsque le projet en aura été proposé par le gouvernement, comniqué au tribunat, et décrété par le Corps législatif.

26. Les projets que le Gouvernement propose sont rédigés en articles. En tout état de la discussion de ces projets, le Gouvernement peut les retirer; il peut les reproduire modifiés.

27. Le tribunal est composé de cent membres, âgés de vingt-cinq ans au moins; ils sont renouvelés par cinquième tous les ans, et indéfiniment rééligibles tant qu'ils demeurent sur la liste nationale.

28. Le tribunal discute les projets de loi; il en vote l'adoption ou le rejet.

Il envoie trois orateurs pris dans son sein, par lesquels les motifs du vœu qu'il a exprimé sur chacun de ces projets, sont exposés et défendus devant le Corps législatif.

Il défère au Sénat, pour cause d'inconstitutionalité seulement, les listes d'éligibles, les actes du Corps législatif et ceux du gouvernement.

29. Il exprime son vœu sur les lois faites et à faire , sur les abus à corriger , sur les améliorations à entreprendre dans toutes les parties de l'administration publique , mais jamais sur les affaires civiles ou criminelles portées devant les tribunaux.

Les vœux qu'il manifeste en vertu du présent article , n'ont aucune suite nécessaire, et n'obligent aucune autorité constituée à une délibération.

30. Quand le tribunat s'ajourne , il peut nommer une commission de dix à quinze de ses membres , chargée de le convoquer si elle le juge convenable.

31. Le Corps législatif est composé de trois cents membres , âgés de trente ans au moins ; ils sont renouvelés par cinquième tous les ans.

Il doit toujours s'y trouver un citoyen au moins de chaque département de la République.

32. Un membre sortant du corps législatif ne peut y rentrer qu'après un an d'intervalle , mais il peut être immédiatement élu à toute autre fonction publique , y compris celle de tribun , s'il y est d'ailleurs éligible.

33. La session du Corps législatif commence chaque année le 1er frimaire , et ne dure que quatre mois ; il peut être extraordinairement convoqué durant les huit autres par le gouvernement.

34. Le corps législatif fait la loi en statuant par scrutin secret , et sans aucune discussion de la part de ses membres , sur les projets de loi débattus devant lui par les orateurs du tribunat et du gouvernement.

35. Les séances du tribunat et celles du Corps législatif sont publiques ; le nombre des assistants soit aux unes, soit autres, ne peut excéder deux cents.

36. Le traitement annuel d'un tribun est de 15,000 fr. ; celui d'un législateur, de 10,000.

37. Tout décret du Corps législatif, le dixième jour après son émission, est promulgué par le premier consul, à moins que, dans ce délai, il n'y ait eu recours au Sénat pour cause d'inconstitutionalité. Ce recours n'a point lieu contre les lois promulguées.

38. Le premier renouvellement du Corps législatif et du tribunat n'aura lieu que dans le courant de l'an 10.

TITRE IV.

DU GOUVERNEMENT.

39. Le gouvernement est confié à trois consuls nommés pour dix ans, et indéfiniment rééligibles.

Chacun d'eux est élu individuellement avec la qualité distincte ou de premier, ou de second, ou de troisième consul.

La constitution nomme premier consul le citoyen *Bonaparte*, ex-consul provisoire; second consul, le citoyen *Cambacérès*, ex-ministre de la justice, et troisième consul, le citoyen *Lebrun*, ex-membre de la commission du Conseil des Anciens.

Pour cette fois, le troisième consul n'est nommé que pour cinq ans,

40. Le premier consul a des fonctions et des attributions particulières, dans lesquelles il est momentanément suppléé, quand il y a lieu, par un de ses collègues.

41. Le premier consul promulgue les lois; il nomme et révoque à volonté les membres du Conseil d'Etat, les ministres, les ambassadeurs et autres agens extérieurs en chef, les officiers de terre et de mer, les membres des administrations locales et les commissaires du gouvernement près les tribunaux. Il nomme tous les juges de paix et les juges de cassation, sans pouvoir les révoquer.

42. Dans les autres actes du gouvernement, le second et le troisième consuls ont voix consultative; ils signent le registre de ces actes pour constater leur présence; et s'ils le veulent, ils y consignent leurs opinions; après quoi la décision du premier consul suffit.

43. Le traitement du premier consul sera de 500,000 fr. en l'an 8. Le traitement de chacun des deux autres consuls est égal aux trois dixièmes de celui du premier

44. Le gouvernement propose les lois et fait les réglemens nécessaires pour assurer leur exécution.

45. Le gouvernement dirige les recettes et les dépenses de l'Etat, conformément à la loi annuelle qui détermine le montant des unes et des autres; il surveille la fabrication des monnaies, dont la loi seule ordonne l'émission, fixe le titre, le poids et le type.

46. Si le gouvernement est informé qu'il se trame

quelque conspiration contre l'Etat, il peut décerner des mandats d'arrêt contre les personnes qui en sont présumées les auteurs ou les complices; mais si, dans un délai de dix jours après leur arrestation, elles ne sont mises en liberté ou en justice réglée; il y a, de la part du ministre signataire du mandat, crime de détention arbitraire.

47. Le gouvernement pourvoit à la sûreté intérieure et à la défense extérieure de l'Etat; il distribue les forces de terre et de mer, et en règle la direction.

48. La garde nationale en activité est soumise aux règlements d'administration publique : la garde nationale sédentaire n'est soumise qu'à la loi.

49. Le gouvernement entretient des relations politiques au dehors, conduit des négociations, fait des stipulations préliminaires, signe, fait signer et conclut tous les traités de paix, d'alliance, de trève, de neutralité, commerce et autres conventions.

50. Les déclarations de guerre et les traités de paix, d'alliance et de commerce, sont proposés, discutés, décrétés et promulgués comme des lois.

Seulement les discussions et délibérations sur ces objets, tant dans le tribunat que dans le Corps législatif, se font en comité secret quand le gouvernement le demande.

51. Les articles secrets d'un traité ne peuvent être destructifs des articles patents.

52. Sous la direction des consuls, un conseil d'État est chargé de rédiger les projets des lois et les réglements d'administration publique, et de résoudre les difficultés qui s'élèvent en matière administrative.

53. C'est parmi les membres du conseil d'État que sont toujours pris les orateurs chargés de porter la parole au nom du gouvernement devant le corps législatif.

Ces orateurs ne sont jamais envoyés au nombre de plus de trois pour la défense d'un même projet de loi.

54. Les ministres procurent l'exécution des lois et des réglements d'administration publique.

55. Aucun acte du gouvernement ne peut avoir d'effet s'il n'est signé par un ministre.

56. L'un des ministres est spécialement chargé de l'administration du trésor public : il assure les recettes, or-

donne les mouvements de fonds et les paiements autorisés par la loi. Il ne peut rien faire payer qu'en vertu, 1° d'une loi, et jusqu'à la concurrence des fonds qu'elle a déterminés pour un genre de dépenses ; 2° d'un arrêté du gouvernement ; 3° d'un mandat signé par un ministre.

57. Les comptes détaillés de la dépense de chaque ministre, signés et certifiés par lui, sont rendus publics.

58. Le gouvernement ne peut élire ou conserver pour conseillers d'État, pour ministres, que des citoyens dont les noms se trouvent inscrits sur la liste nationale.

59. Les administrations locales établies, soit pour chaque arrondissement communal, soit pour des portions plus étendues de territoire, sont subordonnées aux ministres. Nul ne peut devenir ou rester membre de ces adminstrations, s'il n'est porté ou maintenu sur l'une des listes mentionnées aux articles 7 et 8.

TITRE V.

DES TRIBUNAUX.

60. Chaque arrondissement communal a un ou plusieurs juges de paix, élus immédiatement par les citoyens, pour trois années.

Leur principale fonction consiste à concilier les parties, qu'ils invitent, dans le cas de non conciliation, à se faire juger par des arbitres.

61. En matière civile, il y a des tribunaux de première instance et des tribunaux d'appel. La loi détermine l'organisation des uns et des autres, leur compétence et le territoire formant le ressort de chacun.

62. En matière de délits emportant peine afflictive ou infamante, un premier jury admet ou rejette l'accusation : si elle est admise, un second jury reconnaît le fait, et les juges formant un tribunal criminel appliquent la peine. Leur jugement est sans appel.

63. La fonction d'accusateur public près d'un tribunal criminel est remplie par le commissaire du gouvernement.

64. Les délits qui n'emportent pas peine afflictive ou infamante sont jugés par les tribunaux de police correctionnelle, sauf l'appel aux tribunaux criminels

65. Il y a, pour toute la république, un tribunal de cassation, contre les jugements en dernier ressort rendus par les tribunaux, sur les demandes en renvoi d'un tribunal à un autre pour cause de suspicion légitime ou de sûreté publique; sur les prises à partie contre un tribunal entier.

66. Le tribunal de cassation ne connaît point du fond des affaires; mais il casse les jugements rendus sur des procédures dans lesquelles les formes ont été violées ou qui contiennent quelques contraventions expresses à la loi; et il renvoie le fond du procès au tribunal qui doit en connaître.

47. Les juges composant les tribunaux de première instance et les commissaires du gouvernement établis près ces tribunaux sont pris dans la liste communale ou dans la liste départementale.

Les juges formant les tribunaux d'appel et les commissaires placés près d'eux sont pris dans la liste déparmentale.

Les juges composant le tribunal de cassation et les commissaires établis près ce tribunal sont pris dans la liste nationale.

68. Les juges autres que les juges de paix, conservent leurs fonctions toute leur vie, à moins qu'ils ne soient condamnés pour forfaiture ou qu'ils ne soient pas maintenus sur les listes d'éligibles.

TITRE VI.

DE LA RESPONSABILITÉ DES FONCTIONNAIRES PUBLICS.

69. Les fonctions des membres, soit du sénat, soit du corps législatif, soit du tribunat, celles des consuls et des conseillers d'État, ne donnent lieu à aucune responsabilité.

70. Les délits personnels emportant peine afflictive ou infamante, commis par un membre soit du sénat, soit du tribunat, soit du corps législatif, soit du conseil d'État, sont poursuivis devant les tribunaux ordinaires, après qu'une délibération du corps auquel le prévenu appartient, a autorisé cette poursuite.

71. Les ministres prévenus de délits privés emportant

peine afflictive ou infamante sont considérés comme membres du conseil d'État.

72. Les ministres sont responsables, 1° de tout acte du gouvernement signé par eux et déclaré inconstitutionnel par le sénat ; 2° de l'inexécution des lois et des réglements d'administration publique ; 3° des ordres particuliers qu'ils ont donnés, si ces ordres sont contraires à la constitution, aux lois et aux réglements.

73. Dans le cas de l'article précédent, le tribunat dénonce le ministre par un acte sur lequel le corps législatif délibère dans les formes ordinaires, après avoir entendu ou appelé le dénoncé. Le ministre mis en jugement par un décret du corps législatif est jugé par une haute cour, sans appel et sans recours en cassation.

La haute cour est composée de juges et de jurés. Les juges sont choisis par le tribunal de cassation et dans son sein ; les jurés sont pris dans la liste nationale : le tout suivant les formes que la loi détermine.

74. Les juges civils et criminels sont, pour les délits relatifs à leurs fonctions, poursuivis devant les tribunaux, auxquels celui de cassation les renvoie après avoir annulé leurs actes.

75. Les agents du gouvernement autres que les ministres ne peuvent être poursuivis pour des faits relatifs à leurs fonctions qu'en vertu d'une décision du conseil d'État ; en ce cas, la poursuite a lieu devant les tribunaux ordinaires.

TITRE VII.

DISPOSITIONS GÉNÉRALES.

76. La maison de toute personne habitant le territoire français est un asile inviolable.

Pendant la nuit, nul n'a le droit d'y entrer que dans le cas d'incendie, d'inondation ou de réclamation faite de l'intérieur de la maison.

Pendant le jour, on peut y entrer pour un objet spécial déterminé, ou par une loi, ou par ordre émané d'une autorité publique.

77. Pour que l'acte qui ordonne l'arrestation d'une personne puisse être exécuté, il faut, 1° qu'il exprime for-

mellement le motif de l'arrestation, et la loi en exécution de laquelle elle est ordonnée ; 2° qu'il émane d'un fonctionnaire à qui la loi ait donné formellement ce pouvoir ; 3° qu'il soit notifié à la personne arrêtée et qu'il lui en soit laissé copie.

78 Un gardien ou geôlier ne peut recevoir ou détenir aucune personne qu'après avoir transcrit sur son registre l'acte qui ordonne l'arrestation ; cet acte doit être un mandat donné dans les formes prescrites par l'article précédent, ou une ordonnance de prise de corps, ou un décret d'accusation, ou un jugement.

79. Tout gardien ou geôlier est tenu, sans qu'aucun ordre puisse l'en dispenser, de représenter la personne détenue à l'officier civil ayant la police de la maison de détention toutes les fois qu'il en sera requis par cet officier.

80. La représentation de la personne détenue ne pourra être refusée à ses parents et amis porteurs de l'ordre de l'officier civil, lequel sera toujours tenu de l'accorder, à moins que le gardien ou geôlier ne représente une ordonnance du juge pour tenir la personne au secret.

81. Tous ceux qui, n'ayant point reçu de la loi le pouvoir de faire arrêter, donneront, signeront, exécuteront l'arrestation d'une personne quelconque ; tous ceux qui, même dans le cas d'arrestation autorisée par la loi, recevront ou retiendront la personne arrêtée dans un lieu de détention non publiquement et légalement désigné comme tel, et tous les gardiens ou geôliers qui contreviendront aux dispositions des trois articles précédents, seront coupables du crime de détention arbitraire.

82. Toutes rigueurs employées dans les arrestations, détentions ou exécutions, autres que celles autorisées par les lois, sont des crimes.

83. Toute personne a le droit d'adresser des pétitions individuelles à toute autorité constituée, et spécialement au tribunat.

84. La force publique est essentiellement obéissante : nul corps armé ne peut délibérer.

85. Les délits des militaires sont soumis à des tribunaux spéciaux et à des formes particulières de jugement.

86. La nation française déclare qu'il sera accordé des

pensions à tous les militaires blessés pour le service de la patrie, ainsi qu'aux veuves et aux enfants des militaires morts sur le champ de bataille ou des suites de leurs blessures.

87. Il sera décerné des récompenses nationales aux guerriers qui auront rendu des services éclatants en combattant tant pour la République.

88. Un institut national est chargé de recueillir les découvertes, de perfectionner les sciences et les arts.

89. Une commission de comptabilité nationale règle et vérifie les comptes des recettes et des dépenses de la République. Cette commission est composée de sept membres choisis par Sénat dans la liste nationale.

90. Un corps constitué ne peut prendre de délibération que dans une séance où les deux tiers au moins de ses membres se trouvent présents.

91. Le régime des colonies françaises est déterminé par des lois spéciales.

92. Dans le cas de révolte à main armée, ou de troubles qui menacent la sûreté de l'Etat, la loi peut suspendre, dans les lieux et pour le temps qu'elle détermine, l'empire de la constitution.

Cette suspension peut être provisoirement déclarée dans les mêmes cas par un arrêté du gouvernement, le Corps législatif étant en vacance, pourvu que ce Corps soit convoqué au plus court terme par un article du même arrêté.

93. La nation française déclare qu'en aucun cas elle ne souffrira le retour des Français qui, ayant abandonné leur patrie, depuis le 14 juillet 1789, ne sont pas compris dans les exceptions portées aux lois rendues contre les émigrés; elle interdit toute exception nouvelle sur ce point.

Les biens des émigrés sont irrévocablement acquis au profit de la République.

94. La nation française déclare qu'après une vente légalement consommée de biens nationaux, quelle qu'en soit l'origine, l'acquéreur légitime ne peut en être dépossédé, sauf aux tiers réclamants à êtres, s'il y a lieu, indemnisés par le trésor public.

95. La présente constitution sera offerte de suite à l'acceptation du peuple français.

CONSTITUTION DES ÉTATS-UNIS.

17 SEPTEMBRE 1787.

Nous, le peuple des États-Unis, afin de former une union plus parfaite, d'établir la justice, d'assurer la tranquillité intérieure, de pourvoir à la défense commune, d'accroître le bien-être général et de rendre durable pour nous comme pour notre postérité les bienfaits de la liberté, nous faisons, nous décrétons et nous établissons cette constitution pour les États-Unis d'Amérique.

ARTICLE Ier.

SECTION PREMIÈRE.

Un Congrès des États-Unis, composé d'un Sénat et d'une Chambre de représentants, sera investi de tous les pouvoirs législatifs déterminés par les représentants.

SECTION II.

Art. 1. La Chambre des représentants sera composée de membres élus tous les deux ans par le peuple des deux États, et les électeurs de chaque État devront avoir les qualifications exigées des électeurs de la branche la plus nombreuse de la législation de l'État.

2. Personne ne pourra être représentant, à moins d'avoir atteint l'âge de vingt-cinq ans, d'avoir été pendant sept ans citoyen des États-Unis, et d'être, au moment de son élection, habitant de l'État qui l'aura élu.

3. Les représentants et les taxes directes seront répartis entre les divers États qui pourront faire partie de l'Union, selon le nombre respectif de leurs habitants ; nombre qui

sera déterminé en ajoutant au nombre total des personnes libres, y compris les Indiens non taxés, trois cinquièmes de toutes les autres personnes. L'énumération pour l'époque actuelle sera faite trois fois par an après la première réunion du Congrès des États-Unis, et ensuite de dix ans en dix ans, d'après le mode qui sera réglé par une loi. Le nombre des représentants n'excédera pas celui d'un par trente mille habitants; mais chaque État aura au moins un représentant. Jusqu'à ce que l'énumération ait été faite, l'État de New-Hampshire en enverra trois. Massachusetts huit, Rhode-Island et les plantations de Rovidence un, Connecticut cinq. New-York six, New-Jersey quatre, la Pensylvanie huit, la Delaware un, le Maryland six, la Virginie dix, la Caroline du nord cinq, la Caroline du sud cinq, et la Géorgie trois.

4. Quand les places viendront à vaquer dans la représentation d'un État au Congrès, l'autorité exécutive de l'État convoquera le corps électoral pour les remplir.

5. La Chambre des représentants élira ses orateurs et autres officiers; elle exercera seule le pouvoir de mise en accusation pour cause politique (*impeachment*).

SECTION III.

1. Le Sénat des États-Unis sera composé de deux sénateurs de chaque État, élus par sa législature, et chaque sénateur aura un vote.

2. Immédiatement après leur réunion, en conséquence de leur première élection, ils seront divisés, aussi également que possible, en trois classes. Les siéges des sénateurs de la première classe seront vacants au bout de la seconde année; ceux de la seconde classe, au bout de la quatrième année, et ceux de la troisième, à l'expiration de la sixième année; de manière à ce que, tous les deux ans, un tiers du Sénat soit réélu. Si des places deviennent vacantes par démission ou par toute autre cause, pendant l'intervalle entre les sessions de la législature de chaque État, le pouvoir exécutif de cet État fera une nomination provisoire, jusqu'à ce que la législature puisse remplir le siége vacant.

3. Personne ne pourra être sénateur, à moins d'avoir

atteint l'âge de trente ans, d'avoir été, pendant neuf ans, citoyen des États-Unis, et d'être, au moment de son élection, habitant de l'État qui l'aura choisi.

4. Le vice-président des États-Unis sera président du Sénat; mais il n'aura point le droit de voter, à moins que les voix ne soient partagées également.

5. Le Sénat nommera ses autres officiers, ainsi qu'un président, *pro tempore*, qui présidera dans l'absence du vice-président, ou quand celui-ci exercera les fonctions de président des États-Unis.

6. Le Sénat aura seul le pouvoir de juger les accusations intentées par la Chambre des représentants (impeachments). Quand il agira dans cette fonction, ses membres prêteront serment ou affirmation. Si c'est le président des États-Unis qui est mis en jugement, le chef de la justice présidera. Aucun accusé ne peut être déclaré coupable qu'à la majorité des deux tiers des membres présents.

7. Les jugements rendus en cas de mise en accusation, n'auront d'autre effet que de priver l'accusé de la place qu'il occupe, de le déclarer incapable de posséder quelque office d'honneur, de confiance ou de profit que ce soit, dans les États-Unis. Mais la partie convaincue pourra être mise en jugement, jugée et punie, selon les lois, par les tribunaux ordinaires.

SECTION IV.

1. Les temps, le lieu et le mode de procéder aux élections des sénateurs et des représentants seront réglés dans chaque État par la législature; mais le Congrès peut, par une loi, changer ces règlements ou en faire de nouveaux; excepté pourtant en ce qui concerne le lieu où les sénateurs doivent être élus.

2. Le Congrès s'assemblera au moins une fois l'année; et cette réunion sera fixée pour le premier lundi de décembre, à moins qu'une loi ne la fixe à un autre jour.

SECTION V.

1. Chaque chambre sera juge des élections et des droits et titres de ses membres. Une majorité de chacune suffira pour traiter les affaires; mais un nombre moindre que la

majorité peut s'ajourner de jour en jour, et est autorisé à forcer les membres absents à se rendre aux séances par telle pénalité que chaque membre pourra établir.

2. Chaque Chambre fera son règlement, punira ses membres pour conduite inconvenante, et pourra, à la majorité des deux tiers, exclure un membre.

3. Chaque Chambre tiendra un journal de ses délibérations, et le publiera, d'époque en époque, à l'exception de ce qui lui paraîtra devoir rester en secret; et les votes négatifs ou approbatifs des membres de chaque Chambre, sur une question quelconque, seront, sur la demande du cinquième des membres présents, consignés sur le journal.

4. Aucune des deux Chambres ne pourra, pendant la session du congrès, et sans le consentement de l'autre Chambre, s'ajourner à plus de trois jours, ni transférer ses séances dans un autre lieu que celui où siégent les deux Chambres.

SECTION VI.

1. Les sénateurs et les représentants recevront pour leurs services une indemnité qui sera fixée par une loi et payée par le trésor des États-Unis. Dans tous les cas, excepté ceux de trahison, de félonie et de trouble à la paix publique, ils ne pourront être arrêtés soit pendant leur présence à la session, soit en s'y rendant ou en retournant dans leurs foyers; dans aucun autre lieu, ils ne pourront être inquiétés ni interrogés en raison de discours ou opinions prononcés dans leurs Chambres respectives.

2. Aucun sénateur ou représentant ne pourra, pendant le temps pour lequel il a été élu, être nommé à une place dans l'ordre civil sans l'autorité des États-Unis, lorsque cette place aura été créée, ou que les émoluments en auront été augmentés pendant cette époque. Aucun individu occupant une place sous l'autorité des États-Unis, ne pourra être membre d'une des deux Chambres, tant qu'il conservera cette place.

SECTION VII.

1. Tous les bills établissant des impôts doivent prendre naissance dans la Chambre des représentants; mais le Sénat

peut y concourir par des amendements, comme aux autres bills.

2. Tout bill qui aura reçu l'approbation du Sénat et de la Chambre des représentants, sera, avant de devenir loi, présenté au président des États-Unis; s'il l'approuve, il y apposera sa signature, sinon il le renverra avec ses objections à la Chambre dans laquelle il aura été proposé; celle-ci consignera les objections intégralement dans son journal, et discutera de nouveau le bill. Si, après cette profonde discussion, deux tiers de la Chambre se prononcent en faveur du bill, il sera envoyé, avec les objections du président, à l'autre Chambre, qui le discutera également; et si la même majorité l'approuve, il deviendra loi : mais, en pareil cas, les votes des Chambres doivent être donnés par oui et par non; et les noms des personnes votant pour ou contre, seront inscrits sur le journal de leurs Chambres respectives. Si, dans les dix jours (les dimanches non compris), le président ne renvoie point le bill qui lui aura été présenté, ce bill aura force de loi, comme s'il l'avait signé, à moins cependant que le Congrès, en s'ajournant, ne prévienne le renvoi; alors le bill ne fera point loi.

3. Tout ordre, toute résolution ou vote pour lequel le concours des deux Chambres est nécessaire (excepté pourtant pour la question d'ajournement), doit être présenté au président des États-Uunis, et approuvé par lui avant son exécution; s'il le rejette, il doit être de nouveau adopté par les deux tiers des deux Chambres suivant les règles prescrites pour les bills.

SECTION VIII.

Le Congrès aura le pouvoir :

1° D'établir et de faire percevoir des taxes, droits, impôts et excises; de payer les dettes publiques, et de pourvoir à la défense commune et au bien général des États-Unis; mais les droits, impôts et excises devront être les les mêmes dans les États-Unis;

2° D'emprunter de l'argent sur le crédit des États-Unis;

3° De régler le commerce avec les nations étrangères, et entre les divers États, et avec les tribus indiennes;

4° D'établir une règle générale pour les naturalisations,

et des lois générales sur les banqueroutes dans les États-Unis;

5° De battre la monnaie, d'en régler la valeur, ainsi que celles des monnaies étrangères; et de fixer la base des poids et mesures;

6° D'assurer la punition de la contrefaçon de la monnaie courante et du papier public des États-Unis;

7° D'établir des bureaux de poste et des rondes de poste;

8° D'encourager les progrès des sciences et des arts utiles, en assurant, pour des périodes limitées, aux auteurs et inventeurs, le droit exclusif de leurs écrits et de leurs découvertes;

9° De constituer des tribunaux subordonnés à la cour suprême;

10° De définir et punir les pirateries et les félonies commises en haute mer, et les offenses contre la loi des nations.

11° De déclarer la guerre, d'accorder des lettres de marque et de représailles, et de faire des règlements concernant les captures par terre et par mer;

12° De lever et d'entretenir des armées; mais aucun argent, pour cet objet, ne pourra être voté pour plus de deux ans;

13° De créer et d'entretenir une force maritime;

14° D'établir des règles pour l'administration et l'organisation des forces de terre et de mer;

15° De pourvoir à ce que la milice soit convoquée pour exécuter les lois de l'union, pour réprimer les insurrections et repousser les invasions;

15° De pourvoir à ce que la milice soit organisée, armée et disciplinée, et de disposer de cette partie de la milice, qui peut se trouver employée au service des États-Unis, en laissant aux États respectifs la nomination des officiers et le soin d'établir dans la milice la discipline prescrite par le congrès;

17° D'exercer la législation exclusive dans tous les cas quelconques sur tel district (ne dépassant pas dix milles carrés) qui pourra, par la cession des États particuliers et par l'acceptation du Congrès, devenir le siége du gouvernement des États-Unis, et d'exercer une pareille autorité sur tous les lieux acquis par achat, d'après le consentement de la législature de l'État où ils seront situés, et qui serviront à l'établissement de forteresses, de magasins, d'arsenaux, de chantiers et autres établissements d'utilité publique.

18° Enfin, le Congrès aura le pouvoir de faire toutes les lois nécessaires ou convenables pour mettre à exécution les pouvoirs dont cette constitution a investi le gouvernement des États-Unis, ou une de ses branches.

SECTION IX.

1. La migration ou l'importation de telles personnes dont l'admission peut paraître convenable aux États actuellement existants, ne sera point prohibée par le Congrès avant l'année 1808 ; mais une taxe ou droit n'excédant point dix dollars par personne peut être imposée sur cette importation.

2. Le privilége de l'*habeas corpus* ne sera suspendu qu'en cas de rébellion ou d'invasion, et lorsque la sûreté publique l'exigera.

3. Aucun bill *d'attainder*, ni loi rétroactive, *peyt factum*, ne pourront être décrété ;

4. Aucune capitation ou autre taxe directe ne sera établie, si ce n'est en proportion du dénombrement prescrit dans une section précédente.

5. Aucune taxe ou droit ne sera établi sur des articles exportés d'un État quelconque, aucune préférence ne sera donnée par des réglements commerciaux ou fiscaux aux ports d'un État sur ceux d'un autre. Les vaisseaux destinés pour un État ou sortant de ses ports ne pourront être forcés d'entrer dans ceux d'un autre, ou d'y payer des droits.

6. Aucun argent ne sera tiré de la trésorerie qu'en conséquence des dispositions prises par une loi, et de temps en temps on publiera un tableau régulier des recettes et des dépenses publiques.

7. Aucun titre de noblesse ne sera accordé par les États-Unis, et aucune personne tenant une place de profit ou de confiance sur leur autorité ne pourra, sans le consentement du Congrès, accepter quelque présent, émolument, place ou titre quelconque d'un roi, prince ou État étranger.

SECTION X.

1. Aucun État ne pourra contracter ni traité, ni alliance, ni confédération, ni accorder des lettres de marque ou de représailles, ni battre monnaie, ni émettre des billets de crédit, ni déclarer qu'autre chose que la monnaie d'or ou d'argent doive être acceptée en paiement des dettes, ni passer quelque bill d'*attainder* ou loi rétroactive, *post factum*, ou affaiblissement des obligations des contrats, ni accorder aucun titre de noblesse.

2. Aucun État ne pourra, sans le consentement du Congrès, établir quelque impôt ou droit sur les importations ou exportations, à l'exception de ce qui lui sera absolument nécessaire pour l'exécution de ses lois d'inspection ; et le produit net de tous les droits et impôts établis par quelque État sur les importations et exportations sera à la disposition de la trésorerie des États-Unis, et toute loi pareille sera sujette à la révision et au contrôle du Congrès. Aucun État ne pourra, sans le consentement du Congrès, établir aucun droit sur le tonnage, entretenir des troupes ou des vaisseaux de guerre en temps de paix, contracter quelque traité ou union avec un autre État, ou avec une puissance étrangère, ou s'engager dans une guerre, si ce n'est dans le cas d'invasion ou d'un danger assez imminent pour n'admettre aucun délai.

ARTICLE II.

SECTION PREMIÈRE.

1. Le président des États-Unis sera investi du pouvoir exécutif ; il occupera sa place pendant le terme de quatre ans. Son élection et celle du vice-président, nommé pour le même terme, auront lieu ainsi qu'il suit :

2. Chaque État nommera, de la manière qui sera prescrite par sa législature, un nombre d'électeurs égal au nombre total de sénateurs et de représentants que l'État envoie au Congrès ; mais aucun sénateur ou représentant, ni aucune personne possédant une place de profit ou de confiance sous l'autorité des États-Unis, ne peut être nommé électeur.

3. Les électeurs s'assembleront dans leurs États respec-

tifs, et ils voteront au scrutin pour deux individus, dont un au moins ne sera point habitant du même État qu'eux. Ils feront une liste de toutes les personnes qui ont obtenu des suffrages, et du nombre des suffrages que chacune d'elles aura obtenu : ils signeront et certifieront cette liste, et la transmettront scellée au siége du gouvernement des États-Unis, sous l'adresse du président du Sénat, qui, en présence du Sénat et de la Chambre des représentants, ouvrira tous les certificats et comptera les votes. Celui qui aura obtenu le plus grand nombre de votes sera président. Si ce nombre forme la majorité, et que deux ou un plus grand nombre réunissent la même quantité de suffrage, alors la Chambre des représentants choisira l'un d'entre eux pour président par la voix du scrutin. Si nul n'a réuni cette majorité, la Chambre prendra les cinq personnes qui en ont approché davantage, et choisira parmi elles le président de la même manière. Mais, en choisissant ainsi le président, les votes seront pris par État, la représentation de chaque État ayant un vote, un membre ou deux membres des deux tiers des États devront être présents, et la majorité de tous ces États sera indispensable pour que le choix soit valide. Dans tous les cas, après le choix du président, celui qui réunira le plus de voix sera vice-président. Si deux ou plusieurs candidats ont obtenu un nombre égal de voix, le Sénat choisira parmi ces candidats le vice-président par voie de scrutin.

4. Le Congrès peut déterminer l'époque de la réunion des électeurs et le jour auquel ils donneront leurs suffrages, lequel jour sera le même pour tous les États-Unis.

5. Aucun individu autre qu'un citoyen né dans les États-Unis ou étant citoyen lors de l'adoption de cette constitution, ne peut être éligible à la place du président : aucune personne ne sera éligible à cette place à moins d'avoir atteint l'âge de trente-cinq ans, et d'avoir résidé quatorze ans aux États-Unis.

6. En cas que le président soit privé de sa place, ou en cas de mort, de démission, ou d'inhabileté à remplir les fonctions et les devoirs de cette place, elle sera confiée au vice-président; et le Congrès peut, par une loi, pourvoir au cas du renvoi, de la mort, de la démission ou de l'in-

habileté, tant du président que du vice-président, et indiquer quel fonctionnaire public, remplira en pareil cas la présidence, jusqu'à ce que la cause de l'inhabileté n'existe plus, ou qu'un nouveau président ait été élu.

7. Le président recevra pour ses services, à des époques fixées, une indemnité qui ne pourra être augmentée ni diminuée pendant la période pour laquelle il aura été élu, et pendant le même temps, il ne pourra recevoir aucun autre émolument des États-Unis ou de l'un des États.

8. Avant son entrée en fonctions, il prêtera le serment ou affirmation qui suit :

9. « Je jure (ou j'affirme) solennellement que je remplirai fidèlement la place de président des États-Unis, et « que j'emploierai tous mes soins à conserver, protéger et « défendre la constitution des États-Unis. »

SECTION II.

1. Le président sera commandant en chef de l'armée et des flottes des États-Unis et de la milice des divers États, quand elle sera appelée au service actif des États-Unis; il peut requérir l'opinion écrite du principal fonctionnaire dans chacun des départements exécutifs; il aura le pouvoir d'accorder diminution de peine et pardon pour délit envers les États-Unis, excepté en cas de mise en accusation par la Chambre des représentants.

2. Il aura le pouvoir de faire des traités, de l'avis et du consentement du Sénat, pourvu que les deux tiers des sénateurs présents y donnent leur approbation; il nommera, de l'avis et du consentement du Sénat, et désignera les ambassadeurs, les autres ministres publics et les consuls, les juges des cours suprêmes, et tous autres fonctionnaires des États-Unis, aux nominations desquels il n'aura point été pourvu d'une autre manière dans cette constitution, et qui seront institués par une loi; mais le Congrès peut, par une loi, attribuer les nominations de ces employés subalternes au président seul, aux cours de justice, ou aux chefs des départements.

2. Le président aura le pouvoir de remplir toutes les places vacantes pendant l'intervalle des sessions du Sénat,

en accordant des commissions qui expireront à la fin de la session prochaine.

SECTION III.

1. De temps en temps, le président donnera au Congrès des informations sur l'état de l'Union, et il recommandera à sa considération les mesures qu'il jugera nécessaires et convenables; il peut, dans des occasions extraordinaires, convoquer les deux Chambres, ou l'une d'elles, et, en cas de dissentiment entre elles sur le temps de leur ajournement, il peut les ajourner à telle époque qui lui paraîtra convenable; il recevra les ambassadeurs et les autres ministres publics; il veillera à ce que les lois soient fidèlement exécutées, et il commissionnera tous les fonctionnaires des États-Unis.

SECTION IV.

Le président, vice-président et tous les fonctionnaires civils pourront être renvoyés de leurs places si, à la suite d'une accusation, ils sont convaincus de trahison, de dilapidation du trésor public ou d'autres grands crimes, et d'inconduite (*mi demeanours*).

ARTICLE III.

SECTION PREMIÈRE.

Le pouvoir judiciaire des États-Unis sera confié à une cour suprême et aux autres cours inférieures que le Congrès peut de temps à autre former et établir. Les juges, tant des cours suprêmes que des cours inférieures, conserveront leurs places tant que leur conduite sera bonne, et ils recevront pour leurs services, à des époques fixées, une indemnité qui ne pourra être diminuée tant qu'ils conserveront leur place.

SECTION II.

1. Le pouvoir judiciaire s'étendra à toutes les causes, en matière de loi et d'équité qui s'élèveront sous l'empire de cette constitution, des lois des États-Unis, et des traités faits ou qui seront faits sous leur autorité; à toutes les causes concernant des ambassadeurs, d'autres ministres

publics ou des consuls; à toutes les causes de l'amirauté ou de la juridiction maritime, aux contestations entre deux ou plusieurs États, entre un État et des citoyens d'un autre État, entre des citoyens d'États différents, entre des citoyens du même État réclamant des terres en vertu de concessions émanées de différents États, et entre un État et les citoyens de cet État, et des États, citoyens ou sujets étrangers.

2. Dans tous les cas concernant les ambassadeurs, d'autres ministres publics ou des consuls, et dans les causes dans lesquelles un État sera partie, la cour suprême exercera la juridiction originelle. Dans tous les autres cas susmentionnés, la cour suprême aura la juridiction d'appel, tant sous le rapport de la loi que du fait, avec telles exceptions et tels règlements que le congrès pourra faire.

3. Le jugement de tous crimes, excepté en cas de mise en accusation par la chambre des représentants, sera fait par jury : ce jugement aura lieu dans l'État où le crime aura été commis; mais si le crime n'a point été commis dans un des États, le jugement sera rendu dans tel ou tel lieu que le Congrès aura désigné à cet effet par une loi.

SECTION III.

1. La trahison contre les États-Unis consistera uniquement à prendre les armes contre eux ou à se réunir à leurs ennemis en se donnant aide et secours. Aucune personne ne sera convaincue de trahison si ce n'est sur le témoignage de deux témoins déposant sur le même acte patent, ou lorsqu'elle se sera reconnue coupable devant la cour.

2. Le Congrès aura le pouvoir de fixer la peine de la trahison; mais ce crime n'entraînera point la corruption du sang, ni la conciliation, si ce n'est pendant la vie de la personne convaincue.

ARTICLE IV.

SECTION PREMIÈRE.

Pleine confiance et crédit seront donnés en chaque État aux actes publics et aux procédures judiciaires de tout

autre État ; et le Congrès peut, par des lois générales, déterminer quelle sera la forme probante de ces actes et procédures, et les effets qu'y seront attachés.

SECTION II.

Art. 1. Les citoyens de chaque État auront droit à tous
les priviléges et immunités attachés au titre de citoyen
dans les autres États.

2. Un individu accusé dans un État de trahison, de
félonie ou autre crime, qui se sauvera de la justice, et qui
se trouvera dans un autre État, sera, sur la demande de
l'autorité exécutive de l'État dont il s'est enfui, livré et
conduit vers l'État ayant juridiction sur ce crime.

3. Aucune personne tenue au service ou au travail dans
un État, sous les lois de cet État, et qui se sauverait dans
un autre, ne pourra, en conséquence d'une loi ou d'un
règlement de l'État où elle s'est réfugiée, être dispensée
de ce service ou travail, mais sera livrée sur la réclamation de la partie à laquelle ce service et ce travail sont dus.

SECTION III.

1. Le Congrès pourra admettre de nouveaux États dans
cette Union ; mais aucun nouvel État ne sera érigé ou
formé dans la juridiction d'un autre État ; aucun État ne
sera formé non plus de la réunion de deux ou plusieurs
États, ni de quelques parties d'État, sans le confectionne-
ment de la législature des États intéressés, et sans celui
du Congrès.

2. Le Congrès aura le pouvoir de disposer du territoire
et des autres propriétés appartenant aux États-Unis, et
d'adopter à ce sujet tous les règlements et mesures convenables ; et rien dans cette constitution ne sera interprété
dans un sens préjudiciable aux droits que peuvent faire
valoir les États-Unis ou quelques États particuliers.

SECTION IV.

Les États-Unis garantissent à tous les États de l'Union
une forme de gouvernement républicain, et protégeront
chacun d'eux contre toute invasion, et aussi contre toute

violence intérieure, sur la demande de la législature, ou du pouvoir exécutif, si la législature ne peut être convoquée.

ARTICLE V.

Le Congrès, toutes les fois que les deux tiers des deux Chambres le jugeront nécessaire, proposera des amendements à cette constitution; ou, sur la demande des deux tiers des législatures des divers États, il convoquera une convention pour proposer des amendements, lesquels, dans les deux cas, seront valables à toutes fins comme partie de cette constitution, quand ils auront été modifiés par les législatures des trois quarts des conventions formées dans le sein de chacun d'eux, selon que l'un ou l'autre mode de ratification aura été prescrit par le Congrès, pourvu qu'aucun amendement fait avant l'année 1808 n'affecte d'une manière quelconque la première et la quatrième classe de la neuvième section du premier article, et qu'aucun État ne soit privé sans son consentement de son suffrage dans le Sénat.

ARTICLE VI.

Art. 1. Toutes les dettes contractées et les engagements pris avant la présente constitution seront aussi valides à l'égard des États-Unis sous la présente constitution que sous la confédération.

2. Cette constitution et les lois des États-Unis qui seront faites en conséquence, et dont les traités faits ou qui seront faits sous l'autorité desdits États-Unis, composeront la loi suprême du pays; les juges de chaque État seront tenus de s'y conformer, nonobstant toute disposition qui dans les lois ou la constitution d'un État quelconque serait en opposition avec cette loi suprême.

3. Les sénateurs et les représentants susmentionnés, et les membres des législatures des États et tous les officiers du pouvoir exécutif et judiciaire, tant des États-Unis que des divers États, seront tenus par serment ou par affirmation de soutenir cette constitution; mais aucun serment religieux ne sera jamais requis comme condition pour remplir une fonction ou charge publique sous l'autorité des États-Unis.

ARTICLE VII.

Art. 1er. La ratification donnée par les conventions de neuf États sera suffisante pour l'établissement de cette constitution entre les États qui l'auront ainsi ratifiée.

2. Fait en convention, par le consentement unanime des États présents, le dix-septième jour de septembre l'an 1787, et de l'indépendance des États-Unis le dixième ; en témoignage de quoi, nous avons apposé ci-dessous nos noms.

Signé : GEORGES WASHINGTON,
Président et député de Virginie.

AMENDEMENT.

ARTICLE Ier.

Le Congrès ne pourra faire aucune loi relative à l'établissement d'une religion ou pour en prohiber une : il ne pourra point non plus restreindre la liberté de la parole ou de la presse, ni attaquer le droit qu'a le peuple de l'assembler paisiblement et d'adresser des pétitions au gouvernement pour obtenir le redressement de ses griefs.

ARTICLE II.

Une milice bien réglée étant nécessaire à la sécurité d'un État libre, on ne pourra restreindre le droit qu'a le peuple de garder et de porter des armes.

ARTICLE III.

Aucun soldat ne sera, en temps de paix, logé dans une maison sans le consentement du propriétaire, ou en temps de guerre, si ce n'est de la manière qui sera proposée par une loi.

ARTICLE IV.

Le droit qu'ont les citoyens de jouir de la sûreté de leurs personnes, de leur domicile, de leurs papiers et effets, à l'abri des recherches et saisies déraisonnables, ne pourra être violé : aucun mandat ne sera émis, si ce n'est dans des présomptions fondées, corroborées par le serment ou affirmation ; et ces mandats devront contenir la désignation spéciale du lieu où les perquisitions devront être faites, et des personnes ou objets à saisir.

ARTICLE V.

Aucune personne ne sera tenue de répondre à une accusation capitale ou infamante, à moins d'une mise en accusation émanant d'un grand jury, à l'exception des délits commis par des individus appartenant aux troupes de terre et de mer ou à la milice, quand elle est en service actif en temps de guerre ou danger public : la même personne ne pourra être soumise deux fois pour le même délit à une procédure qui compromettrait sa vie ou un de ses membres. Dans aucune cause criminelle, l'accusé ne pourra être forcé à rendre témoignage contre lui-même ; il ne pourra être privé de la vie, de la liberté ou de sa propriété que par suite d'une procédure légale. Aucune propriété privée ne pourra être appliquée à un usage public sans juste compensation.

ARTICLE VI.

Dans toute procédure criminelle, l'accusé jouira du droit d'être jugé promptement et publiquement par un jury impartial de l'État et du district dans lequel le crime aura été commis, district dont les limites auront été tracées par une loi préalable : il sera informé de la nature et du motif de l'accusation ; il sera confronté avec les témoins à charge ; il aura la faculté de faire comparaître des témoins en sa faveur, et il aura l'assistance d'un conseil pour sa défense.

ARTICLE VII.

Dans les causes qui devront être décidées selon la loi commune (*in suits at common law*), le jugement par jury sera conservé dès que la valeur des objets en litige excédera vingt dollars, et aucun fait jugé par un jury ne pourra être soumis à l'examen d'une autre cour dans les États-Unis, que conformément à la loi commune.

ARTICLE VIII.

On ne pourra exiger des cautionnements exagérés, ni imposer des amendes excessives, ni infliger des punitions cruelles et inaccoutumées.

ARTICE IX.

L'énumération faite dans cette constitution de certains droits ne pourra être interprétée de manière à exclure ou affaiblir d'autres droits conservés par le peuple.

ARTICLE X.

Les pouvoirs non délégués aux États-Unis par la constitution, ou ceux qu'elle ne défend pas aux autres États d'exercer, sont réservés aux États respectifs ou au peuple.

ARTICLE XI.

Le pouvoir judiciaire des États-Unis ne sera point organisé de manière à pouvoir s'étendre par interprétation à une procédure quelconque, commencée contre un des États par les citoyens d'un autre État ou par les citoyens d'un État étranger.

ARTICLE XII.

Art. 1er. Les électeurs se rassembleront dans leurs États respectifs, et ils voteront au scrutin pour la nomination du président et du vice-président, dont un au moins ne sera point habitant du même État qu'eux ; dans leurs bulletins, ils nommeront la personne pour laquelle ils votent comme président, et dans les bulletins distincts, celle qu'ils portent à la vice-présidence ; ils feront des listes distinctes de toutes les personnes portées à la présidence et de toutes celles désignées pour la vice-présidence, et du nombre des votes pour chacune d'elles ; ces listes seront par eux signées et certifiées , et transmises scellées au gouvernement des États-Unis à l'adresse du président du Sénat. Le président du Sénat, en présence des deux Chambres, ouvrira tous les procès-verbaux , et les votes seront comptés. La personne réunissant le plus grand nombre de suffrages pour la présidence sera président, si ce nombre forme la majorité de tous les électeurs réunis ; et si aucune personne n'avait cette majorité, alors, parmi les trois candidats ayant réuni le plus de voix pour la présidence, la Chambre des représentants choisira immédiatement le président par la voix du scrutin. Mais dans ce choix du président, les votes seront comptés par État, la représentation de chaque État n'ayant qu'un vote ; un membre ou des membres des deux tiers des États devront être présents pour cet objet, et la majorité de tous les Etats sera nécessaire pour le choix. Et si la chambre des représentants ne choisit point le président, quand ce choix lui sera dévolu, avant le quatrième jour du mois de mars suivant , le vice-président sera président comme dans le cas de mort ou d'autre inhabileté constitutionnelle du président.

2. La personne réunissant le plus de suffrages pour la vice-présidence sera vice-président, si ce nombre forme la majorité du nombre total des électeurs réunis ; et si personne n'a obtenu cette majorité, alors le Sénat choisira le vice-président parmi les candidats ayant le plus de voix ; la présence des deux tiers des sénateurs et la majorité du nombre total sont nécessaires pour ce choix.

3. Aucune personne constitutionnellement inéligible à la place du président ne sera éligible à celle de vice-président des Etats-Unis.

CONSTITUTION DE DELAWARE.

DÉCLARATION DES DROITS ET DES PRINCIPES FONDAMENTAUX,

DE L'ÉTAT DE DELAWARRE.

Art. 1er. Tout gouvernement tire son droit du peuple ; il est uniquement fondé sur un contrat réciproque, et institué pour l'avantage général.

2. Tous les hommes ont le droit naturel et inaliénable d'adorer Dieu tout-puissant de la manière dictée par leur conscience et par leur raison ; nul ne doit ni ne peut être légitimement contraint à pratiquer un culte religieux, ou à soudoyer des ministres de religion contre son gré, ou sauf son propre et libre consentement, et aucune puissance, quelle qu'elle soit, ne peut ni ne doit être, ni se croire autorisée à gêner ou à contrarier, de quelque manière que ce soit, le droit de la conscience dans le libre exercice du culte religieux.

3. Toutes personnes professant la religion chrétienne, jouiront à jamais et également des mêmes droits et des mêmes priviléges dans cet Etat, à moins que, sous prétexte de religion, quelqu'un ne troublât la paix, le bonheur ou la sûreté de la société.

4. Le peuple de cet Etat a seul le droit essentiel et exclusif de se gouverner et de régler son administration intérieure.

5. Les personnes revêtues de la puissance législative ou exécutive, sont les mandataires et les serviteurs du public,

et, en cette qualité, comptables de leur conduite; en conséquence, toutes les fois que le but du gouvernement n'est pas ou est mal rempli, et que la liberté publique est manifestement en danger, soit par le fait de la puissance législative seulement, soit par une perfide connivence entre les deux autorités, le peuple a le droit et le pouvoir légitime d'établir un nouveau gouvernement ou de réformer l'ancien.

6. La jouissance par le peuple de droit de participer à la législation est le fondement de la liberté et de tout gouvernement libre. Pour assurer ce but, toutes ces élections doivent être libres et fréquentes, et tout homme libre, donnant preuve suffisante d'un intérêt permanent et l'attachement qui en est la suite, pour l'avantage général de la communauté, a droit de suffrage.

7. Le pouvoir de suspendre les lois ou d'en arrêter l'exécution, ne peut être exercé que par la législature.

8. La législature doit être assemblée fréquemment, tant pour le redressement des griefs que pour corriger et fortifier les lois.

9. Tout homme a droit de demander à la législature le redressement des griefs, pourvu que cette demande soit faite avec décence et tranquillité.

10. Tout membre de la société a le droit d'être protégé par elle dans la jouissance de sa vie, de sa liberté et de sa propriété, et chacun, en conséquence, est obligé de contribuer pour sa part aux frais de cette protection, et de donner, lorsqu'il le faut, son service personnel ou un équivalent; mais aucune partie de la propriété d'un homme ne peut lui être enlevée avec justice, ni appliquée à aucun usage public sans son consentement, ou sans celui de ses représentants légitimes, et tout homme qui se fait un scrupule de conscience de porter des armes ne peut, dans aucun cas, y être contraint s'il paie un équivalent.

11. Des lois avec effet rétroactif pour punir des fautes commises avant l'existence de ces lois sont oppressives et injustes.

12. Tout homme libre qui a reçu quelque atteinte contre sa personne ou contre ses biens, doit recourir aux lois du pays pour en obtenir une réparation. Justice devra lui être

rendue sans délai et sans obstacle selon les lois du pays.

13. La vérification des faits par jurés dans les lieux où les faits se sont passés, est une des meilleures sauve-gardes pour la vie, la liberté et la propriété des citoyens.

14. Dans tout procès criminel, tout homme a le droit d'être instruit de l'accusation qui lui est intentée, d'obtenir un conseil, d'être confronté avec ses accusateurs et témoins, de faire examiner les témoignages sous serment à sa décharge, et il a le droit à une procédure prompte par un jury impartial, sans le consentement unanime duquel il ne peut être déclaré coupable.

15. Nul ne doit, dans le cours de *loi commune*, être forcé à administrer des preuves contre lui-même.

16. Il ne doit point être exigé des cautionnéments excessifs, ni imposé de trop fortes amendes, ni infligé de peines cruelles ou inusitées.

17. Tout ordre (*warrant*) pour faire des recherches dans les lieux suspects, pour arrêter quelqu'un ou saisir ses biens, est injuste et vexatoire, s'il n'est décerné sur une accusation affirmée par serment ; et tout ordre général pour faire des recherches dans des lieux suspects, et pour arrêter toutes personnes suspectes dans lequel le lieu ou la personne ne seraient pas nommés ou exactement décrits est illégal et ne doit point être accordé.

18. Une milice bien réglée est la défense convenable, naturelle et sûre d'un gouvernement libre.

19. Des armées toujours sur pied sont dangereuses pour la liberté, et il ne doit en être ni levé ni entretenu sans le consentement de la législature.

20. Dans tous les cas et dans tous les temps, le militaire doit être parfaitement subordonné à l'autorité civile, et gouverné par elle.

21. Aucun soldat en temps de paix ne doit être logé dans une maison sans le consentement du propriétaire, et en temps de guerre il n'en sera usé pour le logement que de la manière prescrite par la législature.

22. L'indépendance et l'intégrité des juges sont essentielles pour l'administration impartiale de la justice ; elles sont les meilleurs garants des droits et de la liberté des citoyens.

23. La liberté de la presse doit être inviolablement maintenue.

Système de gouvernement consenti et arrêté par les représentants de l'État de Delaware assemblés en convention, ayant été choisis expressément à cet effet par les hommes libres de cet État.

Art. 1er. Le gouvernement des comtés de New-Castle, de Kent et de Sussex, sur la rivière de Delaware, sera désormais appelé dans tous les actes publics ou autres, l'*État de Delaware*.

2. La législature sera composée de deux corps distincts qui s'assembleront une fois chaque année ou plus souvent, s'il le faut, et qui réunis s'appelleront l'*Assemblée générale de Delaware*.

3. L'un des corps de la législature s'appellera la *Chambre d'assemblée*, et il sera composé de sept représentants pour chaque comté, choisis par chacun des comtés respectivement parmi les francs-tenanciers.

4. L'autre corps s'appellera *le Conseil*, et sera composé de neuf membres, trois pour chaque comté : ils seront élus par chacun des comtés respectivement parmi les francs-tenanciers, en même temps que se fera l'élection pour l'Assemblée ; et ils seront au-dessus de l'âge de vingt-cinq ans. Après une année révolue, depuis l'élection générale, le conseiller qui aura eu le moins de voix dans chaque comté, sortira de place, et les vacances qu'occasionnera cette sortie, seront remplies par une nouvelle élection que les hommes libres de chaque comtés feront, de la manière sus-énoncée de la même personne ou d'une autre. Au bout de deux ans, après la première élection générale, celui des conseillers qui n'aura été que le second pour le nombre des voix dans chaque comté sortira aussi de place, et des nouvelles élections auront aussitôt lieu pour les remplacer. Au bout de la troisième année le conseiller, qui à la première élection générale aura eu, dans chaque comté, le plus grand nombre de voix, sortira de place à son tour, et

ces vacances seront remplies par une élection nouvelle suivant la règle déjà indiquée.

Cette rotation, par laquelle un des conseillers de chaque comté sortira de place au bout de trois ans et sera remplacé par un nouveau choix, aura toujours lieu, et sera toujours exactement observée par la suite, chaque année, dans l'ordre prescrit ; en sorte qu'après la première élection seule exceptée, chaque conseiller demeurera en place trois ans à compter de son élection, et qu'à chaque élection, il y aura dans chaque comté un conseiller dont la place deviendra vacante et sera remplie, en un nouveau choix, soit de la même personne, soit d'une autre ; par ce moyen, après que les élus de la première élection générale auront cessé leurs fonctions, chaque conseiller restera trois ans en place. A toutes les élections, il y aura dans chaque comté un conseiller déplacé ; et le même citoyen ou un autre, sera élu pour remplir la place.

5. Le droit de suffrage pour les élections des membres des deux chambres sera celui déterminé par la loi : chacune des Chambres choisira son orateur, nommera ses officiers, jugera des qualités et de la validité des élections de ses membres, fera des règlements pour les formes de procéder, et enverra les *lettres d'élection* pour les cas de vacance arrivant dans l'intervalle d'une élection générale à l'autre. Elles pourront aussi, chacune en particulier, expulser leurs membres pour mauvaise conduite, mais jamais deux fois pour la même faute dans la même session, si l'expulsé est réélu après la première expulsion ; et les deux Chambres auront tous les autres pouvoirs nécessaires à l'exercice du pouvoir législatif d'un Etat libre et indépendant.

Tous les bills de levée d'argent pour le soutien du gouvernement, seront proposés dans la Chambre de l'Assemblée, et pourront être changés, corrigés ou rejetés par le conseil législatif. Tous les autres bills pourront être proposés indifféremment dans la Chambre de l'assemblée ou dans celle du conseil législatif, et pourront être respectivement changés, corrigés ou rejetés par l'autre Chambre.

6. Il sera élu, au scrutin, par les deux Chambres réunies, un président ou premier magistrat : le scrutin se

prendra dans la Chambre de l'assemblée, la boîte sera examinée par les orateurs des deux chambres, en présence des autres membres, et dans le cas où les deux personnes qui réuniraient un plus grand nombre de voix, en auraient un nombre égal, alors l'orateur du conseil aura une nouvelle voix pour départager. La nomination de la personne qui aura eu la pluralité des suffrages sera enregistrée tout au long sur les minutes et journaux des deux chambres; il en sera délivré au président élu une copie en parchemin, certifiée et signée par les deux orateurs, et scellée du grand sceau de l'Etat qu'ils auront, par la présente constitution, le droit d'apposer. Le président restera trois ans en place, c'est-à-dire jusqu'à la session suivante de l'assemblée générale et pas au-delà, et il ne sera éligible de nouveau qu'après un intervalle de trois ans.

7. Il lui sera assigné, pendant son exercice, des appointements suffisants, mais modiques. Il pourra tirer sur les trésoriers pour les sommes dont l'assemblée générale aura arrêté la destination, et en disposer; il en sera comptable envers elle. Dans l'absence de l'assemblée générale, il pourra par, et avec l'avis du conseil privé, mettre embargo sur les marchandises ou en défendre l'exportation, pour un temps qui n'excède pas trente jours. Il aura le droit de faire grâce ou d'accorder répit, excepté quand l'affaire sera poursuivie au nom de la chambre de l'assemblée, ou lorsque la loi en aura ordonné autrement; dans ces deux cas, il ne pourra être accordé ni grâce ni répit, que par une résolution de la chambre d'assemblée.

Enfin, le président aura toute la puissance exécutive du gouvernement, dans les bornes et avec les restrictions établies par la présente constitution, et conformément aux lois de l'Etat.

En cas de mort, d'inhabileté du président, ou en cas qu'il soit absent de l'Etat, l'orateur actuel du Conseil législatif sera vice-président par *interim*; et dans le cas où ce dernier viendrait à mourir, serait inhabile, ou serait absent de l'Etat, l'orateur de la Chambre d'assemblée aura tous les pouvoirs et exercera toutes les fonctions du président jusqu'à ce que l'assemblée générale ait fait une nouvelle nomination.

8. Il sera élu, au scrutin, un conseil privé, composé de quatre membres, dont deux seront choisis par le conseil législatif et deux par la Chambre d'assemblée, sous l'expresse réserve qu'aucun officier *régulier* de terre ou de mer, au service et à la solde du continent, ou de cet état ou de tout autre, ne pourra être élu, et que tout membre, soit du conseil législatif, soit de la Chambre d'assemblée, qui sera élu pour le conseil privé, et qui acceptera, perdra sa place dans l'une ou l'autre de ces deux Chambres.

La présence de trois membres du Conseil privé suffira pour le mettre en activité; leurs avis et tous les actes du Conseil seront inscrits sur un registre et signés par les membres présents (avec faculté à ceux qui seraient d'un avis différent de l'y inscrire), pour être présentés à l'Assemblée générale, lorsqu'elle les demandera.

Deux des Chambres du conseil privé en seront retranchés au scrutin au bout de deux ans, l'un par le Conseil législatif, l'autre par la Chambre d'assemblée; ceux qui resteront en place l'année suivante, et les uns et les autres ne redeviendront éligibles qu'après un intervalle de trois ans.

Ces vacances, ainsi que celles occasionnées par mort ou par incapacité, seront remplies par de nouvelles élections dans la même forme. Et cette rotation des conseillers privés sera continuée chaque année, à perpétuité, dans l'ordre prescrit. Le président pourra convoquer le Conseil privé dans tous les temps où les affaires publiques le requerront, et dans le lieu qu'il jugera le plus convenable, et les conseillers seront tenus de s'y rendre.

9. Le président pourra, de l'avis et avec le consentement du Conseil privé, enrégimenter la milice et faire les fonctions de capitaine-général et de commandant en chef de cette milice et des autres forces militaires de cet État, conformément aux lois dudit État.

10. L'une et l'autre Chambre de l'assemblée générale pourront s'ajourner elles-mêmes respectivement. Le président n'aura pas le pouvoir de proroger, d'ajourner ou de de dissoudre l'Assemblée générale; mais il pourra, de l'avis du Conseil privé ou sur la demande du plus grand nombre des membres de l'une et de l'autre Chambre, la convoquer

pour un temps plus prochain auquel elle se serait ajournée. Les deux Chambres tiendront toujours leurs séances dans le même temps et dans le même lieu, à l'effet de quoi l'orateur de la Chambre d'assemblée, après chaque ajournement, informera l'orateur de l'autre Chambre du jour pour lequel la première se sera ajournée.

11. Les délégués pour l'État de Delaware au Congrès des États-Unis d'Amérique seront choisis tous les ans, ou révoqués et remplacés dans l'intervalle, au scrutin, par les deux Chambres réunies en assemblée générale.

12. Le président et l'Assemblée générale réunis nommeront au scrutin trois juges de la cour suprême pour tout l'État, l'un desquels sera *chef juge* (président du tribunal) et un juge de l'amirauté ; ils nommeront aussi, de la même manière, pour chaque comté, quatre juges des cours de plaids communs, des cours des orphelins, dont un dans chaque cour aura le titre de *chef juge*. En cas d'égalité de suffrages dans le scrutin, pour ces différentes élections, le président aura une nouvelle voix pour départager. Tous ces juges recevront du président une commission scellée du grand sceau ; ils conserveront leur officice tant qu'ils se conduiront bien, et les juges de la cour suprême et des cours des plaids communs, ne pourront, tant qu'ils seront en place, posséder aucun autre emploi, excepté dans la milice.

Tous les juges de toutes lesdites cours auront l'autorité d'ouvrir et d'ajourner leur cour, dans le cas où leurs collègues ne viendraient pas. Il leur sera assigné, pendant la durée de leur exercice, des appointements fixes suffisants, mais modiques.

Le président et le Conseil privé nommeront le secrétaire, le procureur-général, les officiers pour enregistrer et vérifier les testaments, et accorder des lettres d'administration ; les gardes rôles en chancellerie, les greffiers pour les cours des plaids communs et pour les cours des orphelins et les greffiers de paix, qui recevront des commissions, comme il est dit ci-dessus, et conserveront leurs offices pendant cinq ans, s'ils se conduisent bien. Durant ce temps, lesdits officiers en chancellerie et lesdits greffiers ne pourront être juges dans aucune desdites cours dans lesquelles ils serviront ; mais ils auront l'autorité de signer tous les actes émanés d'elles et de prendre des reconnaissances des cautionnements.

Les juges de paix seront nommés par la Chambre d'assemblée, au nombre de douze, avec l'approbation du Conseil privé, parmi vingt-quatre sujets, pour chaque comté ; ils recevront du président leurs commissions, et conserveront leurs offices pendant sept ans, s'ils se conduisent bien. Dans le cas de vacances, ou si la législature juge à propos d'en augmenter le nombre, ils seront choisis et nommés de la même manière.

Les membres du Conseils législatif et du Conseil privé seront juges de paix pour tout l'État, tant qu'ils seront en place, et les juges des cours des plaids communs seront conservateurs de la paix dans leurs comtés respectifs.

13. Les juges des cours des plaids communs et des orphelins auront le pouvoir de tenir les cours inférieures de chancellerie, comme ils ont fait jusqu'à présent, à moins que la législature n'en ordonne autrement.

14. Les greffiers de la cour suprême seront nommés par le juge en chef de cette cour, et les gardes des registres et des actes le seront par les juges des cours de plaids communs pour chaque comté respectivement. Ces officiers recevront du président des commissions scellées du grand sceau, et conserveront leurs places pendant cinq ans, s'ils s'ils se conduisent bien.

15. Les chériffs et coroners des comtés respectifs seront choisis annuellement comme ci-devant ; et toute personne ayant servi trois ans comme chériff, ne sera éligible de nouveau qu'après un intervalle de trois années. Le président et le Conseil privé auront ainsi, et de la même manière que le gouverneur en jouissait ci-devant, le pouvoir de nommer, sur deux sujets présentés pour chacun desdits offices de chériff et de coroner, celui qui leur paraîtra les mériter le mieux.

16. L'Assemblée générale réunie nommera par voie du scrutin les officiers-généraux supérieurs, et dans les autres officiers de terre et de mer de cet État. Et le président pourra nommer, pour le temps qu'il jugera à propos, jusqu'à ce que la puissance législative en ait autrement or-

donné , tous les officiers civils nécessaires qui ne sont pas mentionnés dans la présente constitution.

17. Il y aura, dans les matières de loi et d'équité, appel de la cour suprême de Delaware à une cour de sept personnes, composée du président en exercice, qui la présidera, et de six autres membres nommés , trois par le Corps législatif et trois par la Chambre d'assemblée, qui recevront du président des commissions scellées du grand sceau , et conserveront leurs offices, tant qu'ils s'y conduiront bien. Cette cour s'intitulera la *cour des appels*, et aura la même autorité et tous les pouvoirs que la loi attribuait en dernier ressort au roi en conseil sous l'ancien gouvernement. Le secrétaire sera le greffier de cette cour, et la vacance d'un de ces offices par mort ou par incapacité, il y sera pourvu par une nouvelle élection de la manière déjà indiquée.

18. Les juges de la cour suprême et des cours des plaids communs, les membres du Conseil privé , le secrétaire , les commissaires de l'office du prêt public, et les greffiers des cours des plaids communs, tant qu'ils seront en place , ainsi que tous les entrepreneurs de fournitures pour le service de terre et de mer ne seront pas éligibles pour l'une ou l'autre Chambre de l'assemblée, et tous membres des deux Chambres qui accepteront quelqu'un des susdits offices, excepté ceux de juge de paix, perdront leurs places , qui seront déclarées vacantes, et auxquelles on pourvoira par l'élection.

19. Le Conseil législatif et l'Assemblée auront le pouvoir d'ordonner le grand sceau de l'État , qui sera gardé par le président, ou, en son absence, par le vice-président, pour en être usé par eux lorsqu'il en sera besoin. Ce sceau s'appellera *le grand sceau de l'État de Delaware,* et sera apposé à toutes les lois et commissions.

20. Les commissions se donneront *au nom de l'État de Delaware* , et seront signées en certificat par le président. Les actes s'intituleront de la même manière ; ils seront signés en certificat par le *chef juge* ou par le premier juge nommé par les commissions dans chacune des cours respectives. Les plaintes se termineront par ces mots : *Contre la paix et la dignité de l'État.*

21. Vacance arrivant de quelqu'un des offices qui doivent, en vertu des articles précédents, être nommés par le président et l'assemblée générale, il sera pourvu à leur exercice par le président et le Conseil privé, jusqu'à ce que la nouvelle élection ait pu avoir lieu.

22. Toute personne qui sera choisie membre de l'une ou de l'autre chambre, ou nommée à quelque office ou emploi de confiance, avant de prendre séance ou d'entrer en exercice de son office, devra prêter le serment ou faire l'affirmation suivante, si elle se fait un scrupule de conscience de prêter serment :

« Je N. garderai une sincère fidélité à l'Etat de Dela-
« ware ; je me soumettrai à la constitution et à ses lois, et
« je ne ferai *sciemment* aucune chose qui puisse préjudi-
« cier à sa liberté. »

La même personne sera aussi tenue de faire la déclaration suivante :

« Je N. fais profession de croire en Dieu le père, en
« Jésus-Christ son fils unique, et au Saint-Esprit, un seul
« Dieu béni à jamais : et je reconnais les saintes écritures
« de l'Ancien et du Nouveau Testament pour avoir été
« données par une inspiration divine.

« Tous les officiers feront en outre le serment de leur
« office. »

23. Le président et tous autres officiers qui seront suspects de délit envers l'Etat, soit pour malversation, corruption, ou pour toutes autres causes par lesquelles la sûreté de la République serait compromise, pourront être accusés par la Chambre d'assemblée devant le Conseil législatif ; savoir : le président lorsqu'il sera sorti de place, et dans les dix-huit mois suivants ; et tous autres dans les dix-huit mois après le délit commis. L'accusation sera poursuivie par le procureur-général, ou par telle personne que la Chambre d'assemblée pourra commettre à cet effet, et conformément aux lois du pays. Celui ou ceux qui sur l'accusation seront trouvés coupables seront déclarés incapables d'exercer aucun office sous l'autorité du gouvernement, ou destitués de leurs emplois pour un temps limité, ou punis suivant l'exigence des cas, par les peines pécuniaires ou autres portées par les lois. Et tout officier sera

destitué sur les trois motifs suivants : Sur un jugement
des cours de loi commune, qui le déclare convaincu de
de malversation ; sur une accusation ou crime d'Etat, au
nom de la Chambre d'assemblée jugée par le Conseil législatif, ou sur une adresse de l'Assemblée générale.

24. Tous les actes des anciennes assemblées, qui avaient
force de loi dans cet Etat à l'époque du 15 mai dernier (et
qui ne sont point changés par la présente constitution, ni
constraires aux résolutions, soit du Congrès, soit de la
dernière session de la Chambre d'assemblée d'Etat), demeureront en vigueur jusqu'à ce qu'ils soient abrogés ou
changés par la législature de cet Etat. Si cependant ces
actes n'avaient été faits que pour un certain temps, ils cesseront d'être exécutés, aux termes respectivement limités
pour leur durée.

25. La loi commune d'Angleterre aussi bien que la loi
des statuts demeureront en vigueur telles qu'elles ont été
exécutées jusqu'a présent, à moins qu'elles ne soient
changées par une loi future de la législature, à l'exception
seulement des points qui se trouveraient en contradiction
avec les droits et priviléges contenus dans la précédente
constitution et dans la déclaration des droits et arrêtés par
la présente convention.

26. Aucune personne importée d'Afrique dans cet Etat
ne sera désormais tenue en esclavage sous aucun prétexte,
et aucun esclave nègre, indien ou mulâtre ne sera amené
dans cet état de quelque partie du monde que ce soit pour
y être vendu.

27. La première élection pour l'Assemblée générale de
cet Etat se tiendra le 21 octobre prochain dans les maisons d'assemblées des différents comités, et de la manière
usitée jusqu'à présent pour l'élection de l'Assemblée, si ce
n'est quant au choix des inspecteurs et des assesseurs dans
les endroits où les assesseurs n'ont pas été choisis le 16 du
présent mois de septembre ; dans ce cas, ils seront choisis
le matin même du jour de l'élection par les électeurs habitants des districts respectifs dans chaque comté.

Les chériffs et coroners pour lesdits comtés seront aussi
respectivement élus le même jour ; les chériffs actuels des
comtés de Newcastle et Kent pourront être réélus dans

leurs offices jusqu'au 1er octobre de l'an de grâce 1779, et le chériff actuel du comté de Sussex pourra être réélu dans le sien jusqu'au 1er octobre de l'an de grâce 1778, pourvu que les hommes libres jugent à propos de les réélire à chaque élection générale. Les chériffs et coroners actuels continueront d'exercer leurs offices jusqu'à ce que les nouveaux chériffs et coroners qui doivent être élus le 21 octobre aient reçu leurs commissions et prêté le serment de l'office.

Les membres du Conseil législatif et de l'Assemblée se réuniront pour traiter les affaires d'Etat le 28 octobre prochain, et conserveront leur emploi jusqu'au 1er octobre 1777, auquel jour et au 1er octobre de chaque année à perpétuité le Conseil législatif, l'Assemblée, les chériffs et les coroners seront choisis au scrutin, et de la manière prescrite par les différentes lois de cet Etat, pour régler les élections des membres de l'Assemblée des chériffs et des coroners. L'Assemblée générale ouvrira ses séances régulièrement le 20 octobre de chaque année pour travailler aux affaires de l'Etat. Lorsqu'un desdits jours 1er et 20 octobre se trouvera être un dimanche, les élections ou l'ouverture de l'Assemblée générale, selon le cas, se feront le lendemain.

28. Pour prévenir toute violence ou voie de fait dans lesdites élections, aucune personne ne pourra y venir avec des armes, aucune revue de milice ne pourra être faite ce jour-là. Les individus d'aucun bataillon ni compagnie ne pourront donner leurs suffrages en se suivant immédiatement les uns les autres, si quelqu'autre votant veut les interrompre en se présentant pour donner le sien; et aucun bataillon, ni aucune compagnie à la solde du continent de cet Etat, ou de quelqu'autre Etat que ce soit, ne pourra rester dans le lieu, et au moment où se tiennent les élections, ni à la distance d'un mille desdits lieux respectivement pendant vingt-quatre heures avant l'ouverture, ni vingt-quatre heures après la clôture desdites élections, afin que rien ne puisse s'opposer à ce qu'elles se fassent librement et commodément; mais ceux des électeurs qui pourront se trouver dans ces corps de troupes

auront la faculté de venir le jour de l'élection donner leur suffrage avec descence et tranquillité.

29. Il n'y aura point dans cet Etat d'établissement d'aucune secte de religion par préférence à une autre; et aucun ecclésiastique ou prédicateur de l'Evangile, de quelque communion que ce soit, ne pourra remplir aucun office civil dans cet Etat, ni être membre de l'une ou de l'autre Chambre de la législature tant qu'il continuera d'exercer les fonctions ecclésiastiques.

30. Aucun article de la déclaration des droits et *des régles fondamentales* de cet Etat, arrêtés par la présente convention, ni les 1ᵉʳ, 2, 5, à l'exception de la partie qui concerne le droit de suffrage, ni les 26 et 29 articles de la présente constitution ne doivent jamais être violés sous quelque prétexte que ce soit. Aucune autre de ses parties ne pourra être altérée, changée ou diminuée sans le consentement des cinq septièmes de la Chambre d'assemblée, et de sept des membres du Conseil législatif.

CONSTITUTION DE LA RÉPUBLIQUE D'HAÏTI.

TITRE Ier.

DISPOSITIONS GÉNÉRALES.

Art. 1. Il ne peut exister d'esclaves sur le territoire de la République ; l'esclavage y est à jamais aboli.

2. Toute dette contractée pour acquisition d'hommes est éteinte pour toujours.

3. Le droit d'asile est sacré et inviolable dans la République, sauf les cas d'exception prévus par la loi.

4. Le gouvernement d'Haïti n'est point héréditaire ; il est électif.

5. La République d'Haïti ne formera jamias aucune entreprise dans les vues de faire des conquêtes, ni de troubler la paix et le régime intérieur des États ou des îles étrangères.

6. Les droits de l'homme en société sont la liberté, l'égalité, la sûreté et la propriété

7. La liberté consiste à pouvoir faire ce qui ne nuit pas aux droits d'autrui.

8. L'égalité consiste en ce que la loi est la même pour tous, soit qu'elle protége, soit qu'elle punisse ; l'égalité n'admet aucune distinction de naissance, aucune hérédité de pouvoir.

9. La sûreté résulte du concours de tous pour assurer les droits de chacun.

10. La propriété est le droit de jouir et de disposer de ses revenus, de ses biens, du fruit de son travail et de son industrie.

11. La propriété est inviolable et sacrée; toute personne, soit par elle-même, soit par ses représentants, a la libre disposition de ce qui est reconnu lui appartenir. Quiconque porte atteinte à ce droit se rend criminel envers la loi et envers la personne troublée dans sa propriété.

12. La loi est la volonté générale exprimée par la majorité des citoyens ou de leurs représentants.

13. Ce qui n'est pas défendu par la loi ne peut être empêché ; nul ne peut être contraint à faire ce qu'elle n'ordonne pas.

14. La ville du Port-au-Prince est déclarée capitale de la République et le siége du gouvernement.

15. Aucune loi civile ou criminelle ne peut avoir d'effet rétroactif.

16. La souveraineté réside essentiellement dans l'universalité des citoyens ; nul individu, nulle réunion partielle de citoyens ne peut se l'attribuer.

17. Nul ne peut, sans une délégation légale, exercer aucune autorité, ni remplir aucune fonction publique.

18. Les fonctions publiques ne peuvent devenir la propriété de ceux qui les exercent.

19. La garantie sociale ne peut exister, si la division des pouvoirs n'est pas établie, si leurs limites ne sont pas fixées, et si la responsabilité des fonctionnaires n'est pas assurée.

20. Tous les devoirs de l'homme et du citoyen dérivent de ces deux principes, gravés par la nature dans tous les cœurs : Ne faites pas à autrui ce que vous ne voudriez pas qu'on vous fît. Faites constamment aux autres tout le bien que vous voudriez en recevoir.

21. Les obligations de chacun envers la société consistent à la défendre, à la servir, à vivre soumis aux lois, et à respecter ceux qui en sont les organes.

22. Nul n'est bon citoyen s'il n'est bon fils, bon père, bon frère, bon ami, bon époux.

23. Nul n'est homme de bien s'il n'est franchement et religieusement observateur des lois.

24. Celui qui viole ouvertement les lois, se déclare en état de guerre avec la société.

25. Celui qui, sans enfreindre ouvertement les lois, les élude par ruse ou par adresse, blesse les intérêts de tous,

et se rend indigne de leur bienveillance et de leur estime.

26. C'est sur le maintien des propriétés que reposent la culture des terres, toute production, tout moyen de travail et tout l'ordre social.

27. Tout citoyen doit ses services à la patrie et au maintien de la liberté, de l'égalité et de la propriété, toutes les fois que la loi l'appelle à les défendre.

28. La maison de chaque citoyen est un asile inviolable. Pendant la nuit, nul n'a le droit d'y entrer que dans les cas d'incendie, d'inondation, ou de réclamation de l'intérieur de la maison. Pendant le jour on peut y entrer pour un objet spécial, déterminé ou par une loi, ou par un ordre émané d'une autorité publique.

29. Aucune visite domiciliaire ne peut avoir lieu qu'en vertu d'une loi ou d'un ordre supérieur, et pour la personne ou l'objet expressément désigné dans l'acte qui ordonne là visite.

30. Nul ne peut être poursuivi, arrêté ou détenu que dans les cas déterminés par la loi.

31. Nul ne peut être empêché de dire, écrire et publier sa pensée. Les écrits ne pourront être soumis à aucune censure avant leur publication. Nul n'est responsable de ce qu'il a publié que dans les cas prévus par la loi.

32. La responsabilité individuelle est formellement attachée à toutes les fonctions publiques.

33. La constitution garantit l'aliénation des domaines nationaux, ainsi que les concessions accordées par le gouvernement, soit comme gratification nationale, soit autrement.

34. Les fêtes nationales instituées par les lois de la République seront conservées, savoir : celle de l'indépendance d'Haïti, le 1ᵉʳ janvier de chaque année ; celle de l'agriculture, le 1ᵉʳ mai ; celle de la naissance d'ALEXANDRE PÉTION, président d'Haïti, sera solennisée le 2 avril, en reconnaissance de ses hautes vertus.

35. Il sera créé et organisé un établissement général de secours publics pour élever les enfants abandonnés, soulager les pauvres infirmes, et fournir du travail aux pauvres valides qui n'auront pu s'en procurer.

36. Il sera aussi créé et organisé une institution publi-

que commune à tous les citoyens, gratuite à l'égard des parties d'enseignement indispensable pour tous les hommes, dont les établissements seront distribués graduellement dans un rapport combiné avec la division de la République.

37. Il sera fait des codes de lois civiles, criminelles et pénales, de procédure et de commerce, communs à toute la République.

38. Aucun blanc, quelle que soit sa nation, ne pourra mettre le pied sur ce territoire à titre de maître ou de propriétaire.

39. Sont reconnus Haïtiens, les blancs qui font partie de l'armée, ceux qui exercent des fonctions civiles, et ceux qui étaient admis dans la République à l'époque de la publication de la constitution du 27 décembre 1806, et nul autre, à l'avenir, après la publication de la présente révision, ne pourra prétendre au même droit, ni être employé, ni jouir du droit de citoyen, ni acquérir de propriété dans la République.

TITRE II.

DU TERRITOIRE.

40. L'île d'Haïti (ci-devant appelée Saint-Domingue), avec les îles adjacentes qui en dépendent, forment le territoire de la République.

41. La République d'Haïti est une et indivisible; son territoire est divisé en départements, savoir : les départements du Sud, de l'Ouest, de l'Artibonite et du Nord, dont les limites sont connues et désignées par la loi de l'Assemblée centrale de Saint-Domingue, en date du 10 juillet 1801. Les autres départements seront désignés par une loi qui fixera leur étendue.

42. Les départements seront divisés en arrondissements et communes, dont le nombre et les limites seront également désignés par la loi.

43. Le pouvoir législatif peut changer et rectifier les limites des départements, arrondissements et communes lorsqu'il le juge convenable.

TITRE III.

ÉTAT POLITIQUE DES CITOYENS.

44. Tout Africain, Indien, et ceux issus de leur sang, nés dans des colonies ou pays étrangers, qui viendraient résider dans la République, seront reconnus Haïtiens, mais ne jouiront des droits de citoyen qu'après une année de résidence.

45. Aucun Haïtien ne pourra commencer sa carrière militaire qu'en qualité de simple soldat.

46. L'exercice des droits de citoyen se perd par la condamnation à des peines afflictives ou infamantes.

47. L'exercice des droits de citoyen est suspendu : 1° par l'interdiction judiciaire pour cause de fureur, de démence ou d'imbécillité; 2° par l'état de débiteur failli ou d'héritier immédiat, détenteur à titre gratuit de toute ou partie de la succession d'un failli ; 3° par l'état de domesique à gages ; 4° par l'état d'accusation ; 5° par un jugement de contumace, tant que le jugement n'est pas anéanti.

TITRE IV,

DE LA RELIGION ET DES MOEURS.

48. La religion catholique, apostolique et romaine étant celle de tous les Haïtiens, est celle de l'État, elle sera spécialement protégée, ainsi que ses ministres.

49. Tout autre culte religieux est permis dans la République en se conformant aux lois.

50. La constitution accorde au président d'Haïti la faculté de solliciter, par la suite, de Sa Sainteté le Pape, la résidence d'un évêque, pour élever à la prêtrise les jeunes Haïtiens dont la vocation serait d'embrasser l'état ecclésiastique.

51. Le pouvoir exécutif assigne à chaque ministre de la religion l'étendue de son administration spirituelle. Ces ministres ne peuvent, dans aucun cas, former un corps dans l'État.

52. Le mariage, par son institution civile et religieuse,

tendant à la pureté des mœurs, les époux qui pratiqueront les vertus qu'exige leur état seront toujours distingués et spécialement protégés par le gouvernement.

53. Les droits des enfants nés hors mariage seront fixés par des lois qui tendront à répandre les vertus sociales, à encourager et à cimenter les liens des familles.

TITRE V.

DU POUVOIR LÉGISLATIF.

54. Le pouvoir législatif réside dans une Chambre des représentants des communes et dans un Sénat.

Chambre des Représentants des Communes.

55. Il ne sera promulgué aucune loi que lorsque le projet en aura été proposé par le pouvoir exécutif, discuté et adopté par la Chambre des représentants des communes et décrété par le Sénat.

56. La Chambre des représentants des communes se compose de trois membres pour la capitale de la République, de deux pour le chef-lieu de chaque département, et d'un membre pour chacune des communes.

57. Elle établit les contributions publiques, en détermine la nature, la quotité, la durée et le mode de perception.

58. Elle statue, d'après les bases établies par la constitution, sur l'administration, forme et entretient l'armée, fait des lois et règlements sur la manière de l'organiser et de la gouverner, fixe la valeur, le poids et le type des monnaies, établit l'étalon des poids et mesures, qui seront uniformes pour toute la République, consacre définitivement et pour toujours l'aliénation des domaines nationaux, fait toutes les lois nécessaires pour maintenir l'exercice des pouvoirs définis et délégués par la constitution, détermine la formation et les attributions d'un conseil de notables dans chaque commune pour statuer sur les détails d'administration locale qui n'auront pas été prévus par les lois; en un mot, la Chambre des représentants des communes exerce l'autorité législative concurremment avec le Sénat.

59. Pour être membre de la Chambre des représentants

des communes, il faut être propriétaire et âgé de vingt-cinq ans au moins.

60. Les représentants des communes représentent la nation entière, et ne peuvent recevoir aucun mandat particulier. Ils exercent leurs fonctions pendant cinq années, et sont nommés ainsi qu'il suit :

61. Tous les cinq ans, du 1er au 10 février, les assemblées communales se forment dans chaque commune, où elles sont convoquées par une adresse du président d'Haïti, et nomment, chacune parmi les citoyens du lieu, le nombre de députés prescrit par l'art. 56.

62. Elles nomment, en outre, un suppléant pour remplacer le député en cas de mort, de démission ou déchéance. Les députés ainsi nommés se rendront au chef-lieu du gouvernement pour se constituer en Chambre de représentants des communes.

63. Les assemblées communales ne peuvent s'occuper d'aucun autre objet que de ce qui leur est prescrit par la constitution. Leur police leur appartient. Les élections se font par scrutin secret.

64. Tout citoyen convaincu d'avoir vendu ou acheté un suffrage, est exclu de toute fonction publique pendant vingt ans, et, en cas de récidive, il l'est pour toujours.

65. Le commissaire du pouvoir exécutif près le tribunal civil de chaque département, ses substituts et les notaires remplissant ces fonctions dans les communes, sont tenus, sous peine de destitution, d'informer le pouvoir exécutif de l'ouverture et de la clôture des Assemblées communales. Ils ne peuvent se mêler de leurs opérations, ni entrer dans le lieu de leurs séances ; mais ils peuvent demander communication du procès-verbal de chaque séance dans les vingt-quatre heures qui la suivent, et ils sont tenus de dénoncer au pouvoir exécutif les infractions qui seraient faites à l'acte constitutionnel. Dans tous les cas, la Chambre des représentants des communes prononce sur la validité des opérations des assemblées communales.

66. Il faut avoir atteint l'âge de majorité pour voter dans les assemblées communales.

67. La durée des assemblées communales ne pourra excéder dix jours.

68. Un représentant des communes peut être indéfiniment réélu en raison de sa bonne conduite.

69. Aussitôt la notification faite aux représentants de leur nomination, il se rendront au Port-au-Prince pour exercer les fonctions qui leur sont attribuées; la majorité absolue des représentants réunis constitue la Chambre des représentants des communes.

70. Le lieu des séances de la Chambre des représentants des communes est fixé dans la capitale.

71. Les représentants des communes s'assemblent le 1er d'avril de chaque année, dans le local préparé pour les délibérations de la Chambre.

72. La session est de trois mois au plus.

73. La Chambre des communes reçoit annuellement le compte-rendu par le secrétaire d'État, qui lui est transmis par le président d'Haïti, le débat, l'arrête, et en ordonne la publication.

74. Dans l'intervalle d'une session à une autre, le président d'Haïti peut la convoquer, suivant l'exigence des cas.

75. L'ouverture de chaque session de la Chambre des représentants des communes se fait par le président d'Haïti en personne.

76. Si, par invasion de l'ennemi ou par empêchement quelconque, le Corps législatif ne pouvait s'assembler au Port-au-Prince, le Sénat déterminera le lieu de sa réunion.

77. La Chambre des représentants des communes a le droit de police sur ses membres; mais elle ne peut prononcer de peine plus forte que la censure ou les arrêts pour quinze jours.

78. Les séances de la Chambre des communes sont publique; elle peut cependant délibérer à huis-clos, et ses délibérations sont rendues publiques par la voix d'un journal, sous le titre de *Bulletin des lois*.

79. Toute délibération de la Chambre des communes se prend par assis et levé; en cas de doute, il se fait un appel nominal; mais alors les votes sont secrets.

80. Les membres de la Chambre des communes reçoivent une indemnité évaluée à deux cents gourdes par mois pendant leur session, et une gourde par lieue qu'ils auront à faire pour se rendre au siége du gouvernement, laquelle indemnité est à la charge de leur commune respective, d'après le mode établi par la loi.

81. Il y a incompatibilité entre les fonctions de représentants des communes et toutes les fonctions salariées par l'État.

82. Aucune proposition ne peut être délibérée ni adoptée par la Chambre des représentants des communes qu'en observant les formes suivantes : il se fait trois lectures de la proposition ; l'intervalle entre ces trois lectures ne peut être moindre de cinq jours ; la discussion est ouverte après chaque lecture. Néanmoins, après la première et la seconde, la Chambre peut décider qu'il y a lieu à l'ajournement ou qu'il n'y a pas lieu à délibérer. Toute proposition doit être distribuée deux jours avant la seconde lecture.

83. Après la troisième lecture, la Chambre décide s'il y a lieu ou non à l'ajournement.

84. Toute proposition soumise à la discussion et définitivement rejetée à la troisième lecture, ne peut être reproduite qu'après une année révolue.

85. Sont exemptes des formes prescrites par les articles ci-dessus, les propositions reconnues et déclarées urgentes par une délibération de la Chambre.

86. La Chambre des représentants des communes envoie au Sénat, dans les vingt-quatre heures, les lois rendues par elle, lesquelles ne peuvent être exécutées qu'après l'acceptation du Sénat.

87. Toute loi non acceptée par le Sénat peut être représentée par la Chambre après le délai d'un an.

88. A quelque époque que ce soit, une proposition faisant partie d'un projet de loi déjà rejeté peut néanmoins être produite dans un nouveau projet.

89. Les membres de la Chambre des communes et ceux du Sénat ne peuvent être recherchés, accusés ni jugés, en aucun temps, pour ce qu'ils ont dit ou écrit dans l'exercice de leurs fonctions.

90. Toute action civile peut être dirigée contre les mem-

bres de la Chambre des communes ; mais la contrainte par corps ne peut être exercée contre eux.

91. Pour faits criminels, ils peuvent être saisis en flagrant délit ; mais il en est donné avis sans délai à la Chambre, et la poursuite ne pourra être continuée qu'après qu'elle aura ordonné la mise en jugement.

92. Hors le cas de flagrant délit, les représentants des communes ne peuvent être emmenés devant les officiers de police, ni mis en état d'arrestation avant que la Chambre n'ait ordonné la mise en jugement.

93. Dans les cas des deux articles précédents, un représentant des communes ne peut être traduit devant aucun autre tribunal que la haute-cour de justice.

94. Ils sont traduits devant la même cour pour les faits de trahison, de malversation, de manœuvre pour renverser la constitution, et d'attentat contre la sûreté intérieure de la République.

95. Aucune dénonciation contre un membre de la Chambre des communes ne peut donner lieu à poursuite si elle n'est rédigée par écrit, signée et adressée à la Chambre.

96. Si après avoir délibéré en la forme prescrite par l'art. 79, la Chambre admet la dénonciation, elle le déclare en ces termes : « La dénonciation contre...... pour le fait « de.... datée du..... signée du..... est admise. » L'inculpé est alors appelé ; il a pour comparaître un délai fixé par la Chambre ; et, quand il comparaît, il est entendu dans l'intérieur du lieu des séances.

97. Soit que l'inculpé se soit présenté ou non après ce délai, la Chambre, sur l'examen des faits, déclare s'il y a lieu ou non à la poursuite.

98. Toute délibération relative à l'accusation d'un représentant des communes est prise à l'appel nominal et au scrutin secret.

99. L'accusation admise contre un représentant des communes entraîne suspension.

100. S'il est acquitté par le jugement de la haute-cour de justice, il reprend ses fonctions.

SÉNAT.

101. Le Sénat est composé de vingt-quatre membres, et ne pourra jamais excéder ce nombre.

102. La Chambre des représentants des communes nomme les sénateurs. Leurs fonctions durent neuf ans.

103. Pour être sénateur, il faut être âgé de trente ans accomplis.

104. Tout citoyen peut indistinctement prétendre à la charge de sénateur par ses vertus, ses talents, son patriotisme.

105. Les fonctions militaires seules ne sont point incompatibles avec celles de sénateur.

106. Un militaire nommé au Sénat ne peut cumuler deux indemnités ; il optera entre l'indemnité de sénateur et celle de son grade militaire.

107. A la session qui précédera l'époque du renouvellement des sénateurs, le pouvoir exécutif formera une liste de trois candidats pour chaque sénateur à élire, pris dans la généralité des citoyens, qu'il adressera à la Chambre des communes.

108. La Chambre des communes élit, parmi les candidats proposés, le nombre des sénateurs prescrit pour former le Sénat, et leur élection se fait au scrutin secret.

109. Le même mode d'élection sera suivi dans les cas de mort, démission, etc., des sénateurs ; et la nomination aux places vacantes se fera dans huit jours au plus tard.

110. Le Sénat instruira le président d'Haïti de la nomination des nouveaux sénateurs, lesquels devront se rendre à leurs fonctions dans le délai de quinze jours après la notification de leur élection.

111. Les sénateurs à élire ne pourront, dans aucun cas, être pris parmi les membres de la Chambre des communes en fonction.

112. Un sénateur ne peut être réélu qu'après un intervalle de trois années.

113. Le Sénat est chargé du dépôt de la constitution.

114. Le Sénat est permanent ; il ne peut s'ajourner pendant la session de la Chambre des représentants des communes.

115. Le siége du Sénat est fixé au Port-au-Prince, sauf les cas prévus par l'art. 76.

116. Les séances sont publiques; il peut, quand il le juge convenable, délibérer à huis clos.

117. La majorité absolue des membres réunis constitue le Sénat.

118. Le Sénat annonce, par un message, au chef du pouvoir exécutif, l'ouverture de ses séances. Il prévient, par la même voie, la Chambre des représentants des communes et le président d'Haïti, des remplacements à faire dans son sein pour cause de mort, démission, etc., d'un ou de plusieurs de ses membres.

119. Le Sénat installe les nouveaux sénateurs, il reçoit leur serment de fidélité.

120. Les sénateurs reçoivent du trésor public une indemnité annuelle de mille six cents gourdes.

121. Le Sénat correspond directement avec le président d'Haïti, pour tout ce qui intéresse l'administration des affaires publiques en général; mais il ne peut, en aucun cas, l'appeler dans son sein pour faits de son administration.

122. Toute correspondance individuelle touchant les affaires publiques est interdite entre les membres du Sénat et ceux de la Chambre des communes.

123. Au Sénat seul appartient la nomination du président d'Haïti; toute autre nomination est illégale et attentatoire à la constitution.

124. Le Sénat, sur la dénonciation du chef du pouvoir exécutif ou de la Chambre des communes, rend les décrets d'accusation contre les agents comptables et les membres du corps judiciaires, lesquels ne peuvent être jugés par les tribunaux ordinaires sans cette formalité.

125. La constitution attribue au Sénat le pouvoir de sanctionner ou de rejeter tous les traités de paix, d'alliance ou de commerce, faits par le président d'Haïti avec les puissances étrangères, ainsi que les déclarations de guerre.

126. Le Sénat décrète les sommes qui doivent être affectées à chaque partie de service public, d'après le budget de dépense fourni par le secrétaire d'Etat.

127. Ni le Sénat, ni la Chambre des communes, ne

peuvent déléguer les pouvoirs qui leur sont attribués par la constitution. Ils ne peuvent non plus s'immiscer dans les causes judiciaires, ni dans les attributions du pouvoir exécutif.

128. La responsabilité devant essentiellement peser sur les secrétaires d'Etat ainsi que sur les autres fonctionnaires publics, le Sénat et la Chambre des représentants des communes peuvent les mander pour les entendre, soit sur les faits de leur administration ou de l'inexécution des lois qui les concernent. Les fonctionnaires désignés au présent article, appelés pour ces causes, sont entendus en comité général ; et s'il résulte de leur conduite une preuve de malversation, de dilapidation ou de tout autre délit tendant à renverser la constitution et à compromettre la sûreté de l'Etat, le Sénat rend un décret d'accusation contre eux.

129. Lesdits fonctionnaires ainsi décrétés d'accusation sont suspendus de leurs fonctions et renvoyés à la haute-cour de justice pour être jugés conformément aux lois.

130. Tout fonctionnaire acquitté par la Cour de justice reprend de droit ses fonctions.

131. Les sénateurs et les représentants des communes jouissent, tant en fonctions que hors de leurs fonctions, du respect des citoyens. La garantie nationale et législative des sénateurs, ainsi que leur responsabilité envers la nation, leur est commune avec les représentants des communes, comme il est prévu par les articles 89, 90, 91, 92, 93, 94, 95, 96, 97, 98, 99 et 100.

132. Toute loi adressée au Sénat par la Chambre des communes sera soumise aux formalités exigées par les articles 82, 83, 84 et 85.

133. Toute loi acceptée par le Sénat portera cette formule : « Le Sénat décrète l'acceptation de (telle loi portant telle titre) laquelle sera dans les vingt-quatre heures expédiée au président d'Haïti pour avoir son exécution suivant le mode établi par la constitution. »

134. Dans le cas de rejet d'une loi proposée par la Chambre des communes, le Sénat ne sera point tenu d'en expliquer les motifs.

135. Le Sénat exerce sur ses membres la même police

que celle prescrite par l'art. 77, pour ceux de la Chambre des représentants des communes.

136. Lorsque le Sénat s'ajournera il laissera un comité permanent ; ce comité ne pourra prendre aucun arrêté que pour sa convocation.

TITRE VI.

PROMULGATION DES LOIS.

137. Le président d'Haïti fait sceller les lois et les décrets du Corps législatif dans les deux jours après leur réception.

138. La promulgation des lois et du Corps législatif est faite en ces termes : « Au nom de la république, le président d'Haïti ordonne que (loi ou décret) du Corps législatif ci-dessus, soit revêtu du sceau de la république, publié et exécuté. »

139. En aucun cas, la promulgation des actes du Corps législatif ne peut être suspendue.

TITRE VII.

POUVOIR EXÉCUTIF.

140. Le pouvoir exécutif est délégué à un magistrat qui prend le titre de *président d'Haïti.*

141. Le président d'Haïti est à vie.

142. Le président, avant d'entrer dans l'exercice de ses fonctions, prêtera, par devant le Sénat, le serment suivant : « Je jure à la nation de remplir fidèlement l'office de président d'Haïti, de maintenir de tout mon pouvoir la constitution, de respecter et de faire respecter les droits et l'indépendance du peuple haïtien. »

143. Si le président n'a point prêté le serment ci-dessus dans le délai de quinze jours après la notification de son élection, il est censé s'y être refusé, et le Sénat procédera dans les vingt-quatre heures à une nouvelle élection.

144. Pour être président, il faut être âgé de trente-cinq ans.

145. Tout citoyen de la république est éligible à l'office de président d'Haïti.

146. En cas de vacance par mort, démission ou déchéance du président, les secrétaires d'Etat exerceront, en conseil, l'autorité exécutive jusqu'à l'élection d'un nouveau président.

147. Si le Sénat n'est pas assemblé, son comité permanent le convoquera extraordinairement pour qu'il procède sans délai à l'élection d'un président.

148. Le président pourvoit, d'après la loi, à la sûreté extérieure et intérieure de la république.

149. Il peut faire des proclamations conformes aux lois et pour leur exécution.

150. Il commande la force armée de terre et de mer.

151. Il surveille et assure l'exécution des lois dans les tribunaux, par des commissaires à sa nomination qu'il peut révoquer à volonté.

149. Il propose les lois, excepté celles qui regardent l'assiette, la durée et le mode de perception des contributions publiques, leur accroissement ou diminution ; elles sont discutées, adoptées ou rejetées par la Chambre des communes qui, dans ces cas, motive son rejet.

150. Les projets que le président propose sont rédigés en articles ; en tout état de discussion de ces projets, le président peut les retirer ; il peut les reproduire, les modifier à la prochaine session de la Chambre.

151. Il peut faire tout traité de commerce, d'alliance et de paix avec les puissances étrangères, ainsi que les déclarations de guerre, lesquelles n'auront de force qu'après avoir reçu la sanction du Sénat.

152. Il nomme les agens près les puissances ou gouvernements étrangers, qu'il révoque à volonté.

153. Il nomme également tous les fonctionnaires civils et militaires et détermine le lieu de leur résidence.

154. Les relations extérieures et tout ce qui peut les concerner appartient au président d'Haïti.

155. Si le président d'Haïti est informé qu'il se trame quelque conspiration contre la sûreté intérieure de l'État, il peut décerner des mandats d'arrêt contre les auteurs et complices : mais il est obligé, sous les peines portées contre le crime de détention arbitraire, de les renvoyer dans le délai de deux jours pardevant le tribunal habile à les juger.

156. Le président d'Haïti reçoit une indemnité annuelle de quarante mille gourdes.

157. Le pouvoir exécutif surveille la perception et le versement des contributions, et donne tous les ordres à cet effet.

158. Il surveille également la fabrication des monnaies par des agens à son choix.

159. Au Sénat seul appartient d'examiner et de décréter la culpabilité du président d'Haïti.

160. La constitution accorde au président d'Haïti le droit de désigner le citoyen qui devra lui succéder. Ce choix sera consigné dans une lettre autographe cachetée et adressée au Sénat, laquelle pourra être ouverte avant la vacance de la présidence. Ce dépôt sera gardé dans une cassette particulière, fermant à deux clefs différentes, dont l'une restera entre les mains du président d'Haïti, et l'autre entre celles du président du Sénat.

161. Le président peut, à sa volonté, retirer son choix, et le remplacer de la même manière que ci-dessus.

162. Le Sénat admet ou rejette le citoyen désigné par le président d'Haïti pour lui succéder. En cas de rejet, il procède dans les vingt-quatre heures à la nomination du président d'Haïti.

163. Il y aura près du président d'Haïti un secrétaire-général chargé du travail personnel.

TITRE VIII.

POUVOIR JUDICIAIRE.

164. Il sera créé un grand juge chargé de l'administration de la justice, et dont les attributions seront établies par la loi.

165. Les juges ne peuvent s'immiscer dans l'exercice du pouvoir législatif, ni faire aucun règlement.

166. Ils ne peuvent arrêter ni suspendre l'exécution d'aucune loi, ni citer devant eux les administrateurs pour raison de leurs fonctions.

167. Nul ne peut être distrait des juges que la loi lui assigne par aucune commission, ni par d'autres attributions que celles qui sont établies par une loi antérieure.

168. Les juges, les commissaires du pouvoir exécutif et leurs substituts près des tribunaux sont salariés par l'État.

169. Les juges ne peuvent être destitués que pour forfaiture légalement jugée, ni suspendus que par une accusation admise.

170. Les juges, les commissaires du pouvoir exécutif et leurs substituts ne peuvent être distraits de leurs fonctions pour aucun service public, à moins d'un danger imminent.

171. L'ascendant et le descendant en ligne directe, les frères, l'oncle et le neveu, les cousins au premier degré et les alliés à ces divers degrés, ne peuvent être simultanément membres du même tribunal.

172. Les séances des tribunaux sont publiques; les juges délibèrent en secret, les jugements sont prononcés à haute voix, ils sont motivés.

173. Nul citoyen s'il n'est âgé de vingt-cinq ans au moins ne peut être juge ni commissaire du pouvoir exécutif.

DE LA JUSTICE CIVILE.

174. Il ne peut être porté atteinte au droit des citoyens de faire prononcer sur leurs différends par des arbitres du choix des parties.

175. La décision de ces arbitres est sans appel si les parties ne l'ont expressément réservé.

176. Le pouvoir législatif détermine, par une loi, le nombre des juges de paix et de leurs assesseurs dans chaque département.

177. La loi détermine également les objets dont les juges de paix et leurs assesseurs connaissent en dernier ressort; elle leur en attribue d'autres qui jugent à charge d'appel.

178. Les affaires dont le jugement n'appartient point aux juges de paix peuvent être portés immédiatement devant eux pour être conciliées; si le juge de paix ne peut les concilier, il les renvoie par-devant le tribunal civil.

179. La loi détermine le nombre des tribunaux dans chaque département, les lieux où ils sont établis, leur mode d'organisation et le territoire formant leur ressort.

180. Il y aura près de chaque tribunal civil un commissaire du pouvoir exécutif, un substitut et un greffier.

181. Le tribunal civil prononce en dernier ressort, dans les cas déterminés par la loi, sur les appels des jugements, soit des juges de paix, soit des arbitres, soit des tribunaux d'un autre département.

DE LA JUSTICE CRIMINELLE.

182. Nul ne peut être saisi que pour être conduit devant l'officier de police, et nul ne peut être mis en état d'arrestation, ou détenu, qu'en vertu d'un mandat d'arrêt des officiers de police ou du pouvoir exécutif dans le cas de l'article 155, d'un décret de prise de corps, d'un tribunal, ou d'un décret d'arrestation du pouvoir législatif, dans les cas où il lui appartient de le prononcer, ou d'un jugement de condamnation à la prison.

183. Pour que l'acte qui ordonne l'arrestation puisse être exécuté, il faut : 1° Qu'il exprime formellement le motif de l'arrestation, et la loi en conformité de laquelle elle est ordonnée ; 2° qu'il ait été notifié à celui qui en est l'objet, et qu'il en ait été laissé copie.

184. Toute personne saisie et conduite devant l'officier de police sera examinée sur-le-champ, ou dans le jour même au plus tard.

185. S'il résulte dans l'examen qu'il n'y a aucun sujet d'inculpation contre elle, elle sera remise aussitôt en liberté, ou, s'il y a lieu, de l'envoyer à la maison d'arrêt ; elle y sera conduite sous le plus bref délai, qui, en aucun cas, ne pourra excéder trois jours.

186. Nulle personne arrêtée ne peut être retenue si elle donne caution suffisante dans les cas où la loi permet de rester libre sous cautionnement.

187. Nulle personne, dans le cas où sa détention est autorisée par la loi, ne peut être conduite ou détenue que dans les lieux légalement et publiquement désignés pour servir de prison.

188. Nul gardien ou concierge ne peut recevoir ni retenir aucune personne, qu'en vertu d'un mandat d'arrêt dans les formes prescrites par les articles 155 et 157, d'un

décret de prise de corps, d'un décret d'accusation ou d'un jugement de condamnation à la prison, et sans que transcription n'ait été faite sur son registre.

189. Tout gardien ou concierge est tenu, sans qu'aucun ordre puisse l'en dispenser, de représenter la personne détenue à l'officier civil ayant la police de la maison d'arrêt toutes les fois qu'il en sera requis par cet officier.

190. La représentation de la personne détenue ne pourra être refusée à ses parents et amis porteurs de l'ordre de l'officier, lequel sera toujours tenu de l'accorder, à moins que le concierge ne représente une ordonnance du juge, transcrite sur son registre, pour tenir la personne arrêtée au secret.

191. Tout homme, quelque soit sa place ou son emploi, autre que ceux à qui la loi donne le droit d'arrestation, qui donnera, signera, exécutera ou fera exécuter l'ordre d'arrêter un individu, ou quiconque, dans le cas même d'arrestation autorisée par la loi, conduira, recevra ou retiendra un individu dans un lieu de détention, non publiquement et légalement désigné, et tout gardien qui contreviendra aux dispositions des articles précédents seront poursuivis comme coupables du crime de détention arbitraire.

192. Toutes rigueurs employées dans les arrestations, détentions ou exécutions, autres que celles prescrites par la loi, sont des crimes.

193. La loi détermine le nombre des tribunaux criminels dans chaque département, les lieux où ils seront établis, leur mode d'organisation et le territoire formant leur ressort.

194. Les juges civils peuvent exercer les fonctions de juges criminels.

195. Le pouvoir législatif pourra établir la procédure par jury en matière criminelle.

196. Il sera établi un tribunal de cassation pour toute la république, dont le mode d'organisation et les attributions seront fixées par la loi.

197. Le pouvoir exécutif dénonce à ce tribunal, sans préjudice des parties intéressées, les actes et les jugements dans lesquels les juges ont excédé leurs pouvoirs.

198. Le tribunal de cassation annule ces actes, s'ils donnent lieu à forfaiture. Il met en état d'accusation les prévenus, après les avoir appelés et entendus.

199. Le tribunal de cassation ne peut prononcer sur le fond du procès ; il le renvoie au tribunal, qui doit en connaître.

200. Les délits militaires sont soumis à des conseils spéciaux, et à des formes particulières de jugement déterminées par la loi.

HAUTE COUR DE JUSTICE.

201. Il y aura une haute cour de justice pour juger les accusations admises par le corps législatif, soit contre ses propres membres, soit contre le président d'Haïti, ou contre les secrétaires d'État, ou tout autre fonctionnaire public.

202. La haute cour de justice ne se forme qu'en vertu d'une proclamation du Sénat.

203. Elle siége dans le lieu qui lui est désigné, lequel ne peut être qu'à douze lieues de celui où réside le Sénat.

204. Lorsque le Sénat a proclamé la formation de la haute cour de justice, elle se compose d'un nombre de juges pris au sort dans les différents tribunaux des départements. Ce nombre ne peut être moindre de quinze, et ils sont présidés par le grand-juge.

205. Dans le cas où le grand-juge serait lui-même en état d'accusation, le président d'Haïti désignera parmi les grands fonctionnaires publics, celui qui présidera la haute cour de justice.

206. Les jugements de la haute cour de justice étant sans appel, l'accusé aura le droit de récuser un tiers de ses juges, et les jugements ne se rendront qu'au tiers des voix.

TITRE X.

DE LA FORCE ARMÉE.

207. La force armée est essentiellement obéissante ; elle ne peut jamais délibérer ; elle ne peut être mise en mou-

vement que pour le maintien de l'ordre public, la protection due à tous les citoyens et la défense de la république.

208. L'armée se divise en garde nationale soldée et en
garde nationale non soldée.

209. La garde nationale non soldée ne sort des limites
de sa paroisse que dans le cas d'un danger imminent, et
sur l'ordre et la responsabilité du commandant militaire ou
de la place. Hors les limites de sa paroisse, elle devient
soldée, et soumise dans ce cas à la discipline militaire ;
dans tout autre cas, elle n'est soumise qu'à la loi.

210. L'armée se recrute suivant le mode établi par la
loi.

TITRE X.

DE L'AGRICULTURE ET DU COMMERCE.

211. L'agriculture, première source de la prospérité
des États, sera protégée et encouragée. Son accroissement
et sa durée dépendent uniquement de la confiance et de la
justice qui doivent réciproquement exister entre le propriétaire et le cultivateur.

212. La police des campagnes sera soumise à des lois
particulières.

213. Le commerce, autre source de félicité publique,
ne souffrira point d'entraves, et recevra la plus grande
protection.

214. La personne des étrangers, ainsi que leurs établissements de commerce, sont placés sous la loyauté et la
sauvegarde de la nation.

TITRE XI.

DU SECRÉTAIRE-D'ÉTAT.

215. Il y aura un secrétaire d'État nommé par le président d'Haïti, et qui résidera dans la capitale de la République.

216. La loi fixera les attributions du secrétaire d'État.

217. Les comptes détaillés des dépenses publiques, signés et certifiés par le secrétaire d'État, sont arrêtés le
31 décembre de chaque année, pour être rendus à la

Chambre des représentants des communes, au commencement de chaque session. Il en sera de même des états de recettes des diverses contributions de tous les revenus publics.

218. Les états de ces dépenses et recettes sont distingués suivant leur nature : ils expriment les sommes touchées et dépensées, année par année, dans chaque partie de l'administration générale.

219. Le secrétaire d'État et le grand-juge sont respectivement responsables de l'inexécution des lois rendues par le corps législatif, ainsi que des actes du pouvoir exécutif.

220. Ces deux fonctionnaires sont les orateurs chargés de porter la parole, au nom du pouvoir exécutif, devant le Sénat et la Chambre des représentants des communes.

221. Sur la proposition du président d'Haïti, la Chambre des représentants des communes pourra créer d'autres offices de secrétaire d'État, si les besoins du service l'exigent.

TITRE XII.

RÉVISION DE LA CONSTITUTION.

222. Si l'expérience faisait sentir les inconvénients de quelques articles de la constitution, le Sénat en proposerait la révision.

223. Lorsque, dans un espace de neuf ans, à trois époques éloignées l'une de l'autre de trois années au moins, le Sénat aura demandé la révision de quelques articles de la constitution, une assemblée de révision sera alors convoquée.

224. Pour nommer les membres de l'assemblée de révision, les assemblées paroissiales nommeront chacune un électeur.

225. Les électeurs nommés par les assemblées paroissiales se rendront, dans les dix jours qui suivront leur nomination, au chef-lieu de leur département, pour se constituer en assemblée électorale.

226. Les assemblées électorales nommeront, dans les

dix jours qui suivront leur réunion, la même quantité de membres que leur département fournit au Sénat.

227. Les députés nommés pour composer l'Assemblée de révision, se réuniront au lieu indiqué par le Sénat, pour procéder à la révision des articles constitutionnels dont la révision aura été demandée.

228. Le lieu destiné pour la tenue des séances de l'Assemblée de révision, sera distant de douze lieues de l'endroit où siége le Sénat.

229. L'Assemblée de révision pourra changer le lieu indiqué par le Sénat pour la tenue de ses séances, en observant la distance prescrite.

230. Les citoyens qui seront membres du Sénat pendant la convocation de l'Assemblée de révision, ne pourront être membres de cette Assemblée.

231. Pour être membre de l'Assemblée de révision, il faut réunir les conditions exigées pour être Sénateurs.

232. L'Assemblée de révision n'exercera aucune fonction législative ou de gouvernement ; elle se borne à la révision des seuls articles constitutionnels qui lui ont été indiqués par le Sénat.

233. Tous les articles de la Constitution, sans exception, continuent d'être en vigueur, tant que les changements proposés par l'Assemblée de révision n'ont pas été adressés au Sénat.

234. Les membres de l'Assemblée de révision délibèrent en commun. Les délibérations seront prises à la majorité des suffrages. L'Assemblée de révision adresse immédiatement au Sénat la réforme qu'elle a arrêtée ; elle est dissoute dès que ce projet lui a été adressé.

235. En aucun cas, la durée de l'Assemblée de révision ne peut excéder trois mois.

236. Les membres de l'Assemblée de révision ne peuvent être recherchés, accusés ni jugés, en aucun temps, pour ce qu'ils ont dit ou écrit pendant l'exercice de leurs fonctions. Pendant la durée de ces fonctions, ils ne peuvent être mis en jugement, si ce n'est par une décision des membres mêmes de l'Assemblée de révision.

237. L'Assemblée de révision a le droit d'exercer ou de

faire exercer la police dans la paroisse où elle tient ses séances.

238. Les membres de l'Assemblée de révision reçoivent, pendant leur session, le même traitement que ceux du Sénat.

TITRE XIII.

DE LA MISE EN ACTIVITÉ DE LA CONSTITUTION.

239. La constitution sera mise de suite en activité.

240. En attendant, les membres qui seront nommés par l'Assemblée constituante se réunissent au Port-au-Prince, dans le nombre prescrit par la constitution; l'Assemblée constituante se formera en Assemblée législative, et fera tous les actes législatifs attribués au Sénat.

241. Aussitôt que les sénateurs seront rendus au Port-au-Prince, ils en donneront connaissance à l'Assemblée législative, qui sera tenue de se dissoudre de suite.

CONSTITUTION

DE

LA RÉPUBLIQUE ITALIENNE.

10 PLUVIOSE AN X.

TITRE Ier.

DE LA RÉPUBLIQUE ITALIENNE.

Art. 1er. La religion catholique, apostolique et romaine est la religion de l'État.

2. La souveraineté réside dans l'universalité des citoyens.

3. Le territoire de la République se divise en départements, districts et communes.

TITRE II.

DU DROIT DE CITÉ.

4. Tout homme né d'un père cisalpin, et demeurant sur le territoire de la République, acquiert les droits de citoyen à sa majorité.

5. Le même droit est accordé à tout étranger qui, possédant dans le territoire de la République une propriété foncière ou un établissement d'industrie ou de commerce, y a séjourné pendant sept années consécutives et a déclaré vouloir être citoyen cisalpin.

6. Indépendamment de l'exigence du domicile, la loi accorde la naturalisation à ceux qui peuvent justifier ou d'une propriété considérable sur le territoire de la République, ou d'une rare habileté dans les sciences et les arts,

8.

même dans les arts mécaniques, ou qu'ils ont rendu des services importants à la République.

7. Les naturalisations accordées par le passé n'ont d'effet qu'après qu'on a vérifié si elles l'accordent avec les conditions précédentes.

8. La loi détermine le terme de la minorité, la valeur de propriétés nécessaires pour acquérir de droit le titre de citoyen, et les causes pour lesquelles l'exercice des droits de citoyen est suspendu ou perdu.

9. Elle règle également la formation d'un registre civique. Les seuls citoyens inscrits dans ce registre sont éligibles aux fonctions constitutionnelles.

TITRE III.

DES COLLÉGES.

10. Trois colléges électoraux, savoir : celui des *Possedenti*, celui des *Dotti*, celui des *Commercianti*, sont l'organe primitif de la souveraineté nationale.

11. Sur l'invitation du gouvernement, les colléges se rassemblent au moins une fois tous les deux ans pour se compléter et pour nommer les membres de la consulte de l'Etat, du corps législatif, des tribunaux de révision et de cassation et les commissaires de la comptabilité. Leur session ne peut durer que quinze jours.

12. Ils délibèrent sans discussion et au scrutin secret.

13. La séance de chaque collége n'est légale que par l'intervention de plus d'un tiers de ses membres.

14. A chaque session ordinaire des colléges le gouvernement présente à chacun d'eux la liste des places vacantes et les renseignements relatifs aux nominations à faire. Les colléges peuvent recevoir directement les réclamations de ceux qui allèguent quelque titre pour y être admis.

15. Ils approuvent ou rejettent les dénonciations qui leur sont faites d'après les articles suivants, 109, 111 et 114.

16. Ils prononcent sur les réformes d'articles constitutionnels qui leur sont proposés par la consulte d'Etat.

17. Les membres de chaque collége doivent avoir au moins trente ans. Ils sont élus à vie.

18. On cesse d'être membre des colléges : 1° Par la banqueroute frauduleuse légalement constatée; 2° par une absence prolongée sans cause légitime et pendant trois sessions consécutives du collége dont on est membre; 3° par une acceptation de service chez une puissance étrangère sans autorisation du gouvernement; 4° par continuation d'absence hors de la République, six mois après avoir été légalement rappelé; 5° enfin, par toutes les raisons qui font perdre le droit de cité.

19. Chaque collége, avant de se séparer, transmet à la prochaine censure le procès-verbal de sa session.

TITRE IV.

DU COLLÉGE DES POSSEDENTI.

20. Le collége des *Possedenti* est composé de trois cents citoyens parmi tous les propriétaires de la République qui ont en biens-fonds un revenu de six mille livres au moins. Sa résidence, pendant les dix premières années, est à Milan.

21. Chaque département a droit d'avoir dans le collége des *Possedenti* au moins autant de membres que la population doit en donner à raison d'un pour trente mille habitants.

22. S'il ne se trouve pas dans un département un assez grand nombre de citoyens qui aient le revenu exigé par l'art. 20, ce nombre se complète sur une liste quadruple des plus grands propriétaires du même département.

23. A chaque session, il se complète lui-même d'après les états de propriété foncière qu'il a droit de demander au gouvernement.

24. Il choisit dans son sein neuf membres qui composent la censure.

25. Il forme, à la majorité relative des votes, une liste pour l'élection des fonctionnaires publics indiqués à l'article 11, et il la présente à la Chambre.

TITRE V.

DU COLLÉGE DES DOTTI.

26. Le collége des *Dotti* est composé de deux cents citoyens choisis parmi les hommes les plus célèbres dans tous les genres des sciences, ou arts libéraux et mécaniques, ou parmi les plus distingués par leur doctrine en matières ecclésiastiques, ou par leurs connaissances en morale, en législation, en politique et en administration. Sa résidence, pendant les dix premières années, est à Bologne.

27. A chaque session le collége transmet à la censure une triple liste des citoyens qni ont les qualités précédentes et d'après laquelle la censure nomme aux postes vacants.

28. Il choisit dans son sein six membres, lesquels font partie de la censure.

29. Il forme, à la majorité relative des suffrages, une double liste pour l'élection des fonctionnaires publics indiqués à l'article 11, et la présente à la censure.

TITRE VI.

DU COLLÉGE DES COMMERCIANTI.

30. Le collége des *Commercianti* est composé de deux cents citoyens choisis parmi les négociants les plus accrédités et les fabricants les plus distingués par l'importance de leur commerce. Sa résidence, pendant les dix premières années, est à Brescia.

31. A chaque session le collége se complète à l'aide des renseignements qu'il a droit de demander au gouvernement.

32. Les articles 28 et 29 lui sont communs.

TITRE VII.

DE LA CENSURE.

33. La censure est une commission de vingt-un membres nommés par les colléges de la manière et dans les formes indiquées aux articles 24 et 28. Sa résidence pendant les dix premières années est à Crémone.

34. Elle se réunit nécessairement cinq jours après la session des trois colléges.

35. Elle n'est pas rassemblée plus de dix jours, et ses séances ne sont légales que par la présence de dix-sept de ses membres.

36. Sur les listes des trois colléges elle nomme aux emplois constitutionnels indiqués à l'article 11, à la majorité absolue des voix.

37. Elle proclame l'élection des fonctionnaires nommés à la majorité absolue par les trois colléges.

38. Elle nomme aux places vacantes dans le collége des *Dotti* conformément à l'art. 27.

39. Elle doit terminer les nominations qui lui sont confiées par la constitution dans le délai fixé pour les sessions.

40. Elle exerce les fonctions qui lui sont dévolues par la constitution, aux termes des articles 109, 111 et 114.

41. La censure se renouvelle à chaque session ordinaire ou extraordinaire des colléges électoraux.

42. Les actes de la *censure* doivent être présentés aux colléges dans leur plus prochaine session.

TITRE VIII.

DU GOUVERNEMENT.

43. Le gouvernement est confié à un président, à un vice-président, à une consulte d'Etat, à des ministres et à un conseil législatif, d'après leurs attributions respectives.

44. Le président reste dix ans en fonctions, et il est indéfiniment rééligible.

45. Le président a l'initiative de toutes les lois.

46. Il a également l'initiative de toutes les négociations diplomatiques.

47. Il est exclusivement chargé du pouvoir exécutif qu'il exerce par le moyen des ministres.

48. Il nomme les ministres, les agents civils et diplomatiques, les chefs de l'armée et les généraux. La loi pourvoit à la nomination des officiers de grade inférieur.

49. Il nomme le vice-président qui à son défaut prend sa place dans la consulte d'Etat et le représente dans tou-

tes les parties qu'il veut lui confier. Une fois nommé, il ne peut être écarté durant la présidence de celui qui l'a élu.

50. Dans tous les cas où la présidence vient à vaquer, il a toutes les attributions du président jusqu'à l'élection du successeur de celui-ci.

51. Les sceaux de l'État sont confiés au président. Un secrétaire d'État, choisi par lui, lequel a le rang de conseiller, est chargé, sous sa responsabilité personnelle, de lui présenter, dans le délai de trois jours, les lois sanctionnées par le corps législatif, d'y apposer le sceau de l'État et de les promulguer.

52. Le même secrétaire d'Etat contresigne la signature du président, et tient un registre particulier de ses actes.

53. Le traitement du président est de cinq cent mille livres de Milan. Celui du vice-président est de cent mille livres.

TITRE IX.

DE LA CONSULTE D'ÉTAT.

54. La consulte d'Etat est composée de huit citoyens, âgés de quarante ans au moins, élus à vie par les colléges, et distingués par des services signalés rendus à la République.

55. Le président de la République préside la consulte d'Etat. Un de ses membres, au choix du président, est ministre des affaires étrangères. Celui-ci préside la consulte à défaut du président.

56. La consulte d'Etat est spécialement chargée de l'examen des traités diplomatiques et de tout ce qui a rapport aux affaires extérieures de l'Etat.

57. Les instructions relatives aux négociations diplomatiques sont discutées dans la consulte, et les traités ne sont définitifs qu'après avoir été approuvés par la majorité absolue de ses membres.

58. Si le gouvernement, par des motifs de sûreté pour la République, a ordonné l'arrestation de quelque personne suspecte, le président doit, dans le terme de dix jours, la renvoyer par-devant les tribunaux compétents, ou, en considération des circonstances particulières où se

trouve l'Etat ; obtenir de la consulte un décret de prorogation pour ce renvoi. Le décret doit être signé par le président et par la majorité des membres de la consulte.

59. Un décret semblable est également nécessaire, lorsqu'il s'agit d'éloigner de la ville centrale de la République quelque citoyen qui en trouble le repos.

60. Toutes les mesures particulières qui ne sont pas appuyées sur le texte d'une loi générale, mais seulement réclamées par la sûreté de l'Etat, sont nécessairement l'objet d'un décret spécial de la consulte.

61. Si la sûreté de l'Etat exigeait de mettre hors la constitution un département; ou si l'insurrection de quelque corps armé, ou la conduite de quelque grand fonctionnaire nécessitait quelque mesure extraordinaire pour le salut de la République, cette mesure doit être préalablement autorisée par un décret de la consulte de l'Etat.

62. Tout décret de la consulte est constamment restreint au cas particulier qui l'a déterminé.

63. Le président a exclusivement l'initiative de toutes les affaires qui se proposent dans la consulte d'Etat, et sa voix est prépondérante dans toutes les délibérations.

64. La consulte d'Etat, en cas de cessation, renonciation ou mort du président, élit son successeur, à la pluralité absolue des suffrages, et dans le délai de 48 heures, et elle ne peut se séparer avant d'avoir achevé la nomination. Le vice-président préside à cette session, à défaut du président.

65. Le traitement des membres de la consulte d'Etat, est de trente mille livres.

TITRE X.

DES MINISTRES.

66. Les ministres sont choisis par le président, et il peut les révoquer.

67. Le gouvernement peut nommer un grand-juge national, qui est, de droit, ministre de la justice ; il est nommé par le président, mais il ne perd sa charge que par démission ou condamnation.

68. Les attributions particulières du grand-juge sont,

1° d'établir des règlements sur la manière de procéder dans les tribunaux ; 2° de pouvoir suspendre, pour un semestre, le juge négligeant, ou dont la conduite n'est pas conforme à la dignité de son emploi ; 3° d'avoir le droit de présider, quand le gouvernement l'y invite, le tribunal de cassation, avec voix prépondérante.

69. Lorsque le gouvernement juge convenable de nommer un secrétaire d'Etat de la justice, et de lui confier ce département, le grand-juge conserve son titre, mais il en cesse les fonctions. Le secrétaire d'Etat de la justice remplit les fonctions de ministre de la justice, sans jouir des prérogatives du grand-juge.

70. Le ministre des relations extérieures est nécessairement pris parmi les membres de la consulte d'Etat, au choix du président ; lequel le nomme et le destine à son gré.

71. Un ministre est spécialement chargé de l'administration du trésor public. Il veille aux recettes, ordonne les mouvements de fonds et les paiements autorisés par la loi ; mais il ne peut permettre aucun paiement, si ce n'est en vertu, 1° d'une loi, et jusqu'à la concurrence des fonds spécialement assignés à un objet de dépenses déterminé ; 2° d'un arrêté du gouvernement ; 3° d'un mandat signé par un ministre.

72. Il doit, sous sa propre responsabilité, faire présenter, chaque année, le compte général du trésor public aux commissaires de la comptabilité, dans le dernier semestre de l'année suivante.

73. Chaque ministre doit publier, chaque année, les comptes détaillés de ses dépenses, signés de lui.

74. Aucun acte du gouvernement ne peut avoir de force, s'il n'est signé d'un ministre.

TITRE XI.

DU CONSEIL LÉGISLATIF.

75. Le Conseil législatif ne peut être composé de moins de dix citoyens, âgés au moins de trente ans, élus par le président, et qui peuvent être révoqués par lui au bout de trois ans.

76. Les membres de ce Conseil ont voix délibérative sur les projets de loi proposés par le président, et qui ne peuvent être approuvés qu'à la majorité absolue des suffrages.

77. Ils ont voix consultative dans toutes les autres affaires, quand le président juge convenable de les consulter.

78. Ils sont spécialement chargés de la rédaction des projets de loi, de l'exposition des motifs qui les ont déterminés, des conférences avec les orateurs du corps législatif, et des discussions qui y sont relatives conformément aux articles 87 et 88.

79. Les ministres peuvent assister au Conseil législatif d'après l'invitation du président.

80. Le traitement de chaque conseiller est de vingt mille livres.

TITRE XII.

DU CORPS LÉGISLATIF.

81. Le Corps législatif est composé de 75 membres, âgés au moins de trente ans. La loi détermine le nombre des membres qui doivent être choisis dans chaque département, à raison de la population ; la moitié au moins doit être prise hors du collége.

82. Il se renouvelle par tiers tous les deux ans : la sortie du premier tiers et du second est déterminée par le sort ; elle est réglée ensuite par l'ancienneté.

83. Le gouvernement convoque le Corps législatif, et il en proroge les séances ; elles ne peuvent cependant durer moins de deux mois par an.

84. Il ne peut délibérer sans avoir plus de la moitié de ses membres présents, non compris les orateurs.

85. Les membres des colléges, ceux de la consulte d'État, ceux du Conseil législatif et les ministres, ont droit d'assister aux séances du corps législatif, dans la tribune qui leur est spécialement destinée.

86. Le corps législatif nomme dans son sein une chambre d'orateurs, dont le nombre ne peut être de plus de quinze. Tout projet de loi transmis par le gouvernement est communiqué à cette commission.

87. La commission l'examine, confère secrètement avec les conseillers du gouvernement, et porte au corps législatif son vote d'approbation ou de rejet.

88. Le projet est discuté, en présence du corps législatif, par deux orateurs et deux conseillers du gouvernement.

89. Le corps législatif délibère, sans discussion, au scrutin secret, et à la majorité absolue des suffrages : les orateurs n'ont point de voix.

90. La promulgation de la loi est faite par le gouvernement, trois jours après la décision du corps législatif.

91. Durant cet intervalle, la loi peut être dénoncée comme inconstitutionnelle.

92. La dénonciation suspend la promulgation et l'effet de la loi.

93. Le traitement des membres du Corps législatif est de six mille livres de Milan ; celui des orateurs est de neuf mille livres (une livre de Milan vaut 65 cent.).

TITRE XIII.

DES TRIBUNAUX.

94. Les différends entre particuliers peuvent être terminés par arbitres : leur jugement est sans appel et sans recours en cassation.

95. On ne peut appeler de deux sentences conformes l'une à l'autre ; la révision a lieu dans le seul cas de deux sentences contradictoires.

96. Le tribunal de cassation, 1° annule les jugements sans appel, dans lesquels les formes ont été violées, ou qui contiennent une contravention manifeste à la loi ; 2° il prononce sur les demandes de renvoi d'un tribunal à l'autre, pour cause de soupçon légitime ou de sûreté publique ; 3° il prononce également sur les questions d'incompétence dans les affaires criminelles et sur les actes d'accusation portés contre quelque tribunal ; 4° il dénonce au collège des actes du Corps législatif ou du gouvernement qui portent usurpation du pouvoir judiciaire, ou mettent obstacle à son libre exercice.

97. En matière de délits, il y a des tribunaux crimi-

nels : quant aux délits qui emportent peine afflictive ou infamante, un premier jury admet ou rejette l'accusation. Lorsqu'elle est admise, un second jury reconnaît et constate le crime, et les juges appliquent ensuite la loi ; leur jugement est sans appel.

98. La loi fixe l'organisation, la compétence, la juridiction territoriale, les fonctions des tribunaux et le traitement des juges.

99. La loi fixe l'organisation des jurys et l'époque de leur activité, qui ne peut pas être retardée de plus de dix ans.

100. Les questions d'administration publique sont de la compétence particulière du Conseil législatif.

101. Les Chambres de commerce prononcent sommairement dans les affaires de commerce.

102. Les délits militaires sont jugés par des conseils de guerre, conformément au Code militaire.

103. Les membres du tribunal de cassation et de celui de révision sont nommés par les colléges. Ceux des tribunaux d'appel, les juges ordinaires et les juges de paix, sont nommés par le Conseil législatif, sur les listes qui leur sont présentées par les tribunaux de cassation, de révision et d'appel. La loi règle la formation de ces listes.

104. Les juges sont nommés à vie; ils ne sont destitués que pour fautes relatives à leur emploi, et pour toutes les causes qui font perdre le droit de cité.

TITRE XIV.

DE LA RESPONSABILITÉ DES FONCTIONNAIRES PULLICS.

105. Les fonctions des membres des colléges et de la censure, du président et vice-président du gouvernement, des membres de la Consulte d'État, du Conseil législatitf, de la Chambre des orateurs, des tribunaux de révision et de cassation, ne sont soumis à aucune responsabilité.

106. Pour les délits personnels, et qui ne dérivent pas de l'exercice des susdites fonctions, les prévenus sont renvoyés aux tribunaux compétents par les corps auxquels ils appartiennent.

107. Les ministres sont responsables : 1° des actes du

gouvernement signés par eux ; 2º de l'inexécution des lois et des réglements d'administration publique ; 3º des ordres particuliers qu'ils auraient donnés, et qui seraient contraires à la constitution et aux réglements qui la maintiennent ; 4º de la malversation des deniers publics.

108. Le gouvernement, la chambre des orateurs, le tribunal de cassation, chacun dans les objets de leur compétence, dénoncent aux tribunaux les actes inconstitutionnels et les dilapidateurs de la fortune publique. Si deux colléges déclarent que la dénonciation mérite d'être prise en considération, elle est renvoyée à la censure.

109. La censure, d'après le vote des deux colléges, examine la dénonciation, entend les témoins, cite les accusés, et, lorsqu'elle croit l'accusation fondée, les renvoie au tribunal de révision, qui les juge sans appel et sans recours en cassation.

110. Quelle que soit l'issue du jugement, le décret par lequel la censure admet l'occupation, prive les fonctionnaires de son emploi, et les rend, pour quatre ans, inhabiles à tout emploi public.

111. Outre les cas de dénonciation prévus dans les articles 108 et 109, la censure peut faire directement connaître au gouvernement qu'un fonctionnaire a perdu la confiance de la nation, ou qu'il a dilapidé la fortune publique. Cette communication est secrète.

112. Le gouvernement ou destitue le fonctionnaire dénoncé, ou communique par un message, au collége, les raisons pour lesquelles il ne partage pas l'opinion de la censure.

113. Les colléges, s'ils adhèrent à l'opinion du gouvernement, passent à l'ordre du jour sur la dénonciation ; s'ils adhèrent à l'opinion de la censure, ils renvoient le message du gouvernement à l'examen de la prochaine censure.

114. La seconde censure, après le vœu des deux colléges, examine le fond de la dénonciation, entend l'accusé et les témoins, et quand elle croit l'accusation fondée, elle renvoie le prévenu au tribunal de révision.

115. Les juges civils et criminels sont également renvoyés au tribunal de révision par le tribunal de cassation, pour les délits relatifs à leurs fonctions.

TITRE XV.

DISPOSITIONS GÉNÉRALES.

116. La constitution ne reconnaît d'autre distinction civile que celle qui dérive de l'exercice des fonctions publiques.

117. Chaque habitant du territoire cisalpin est libre dans l'exercice particulier de son culte.

118. L'arrestation sans mandat préalable d'une autorité qui ait droit de l'ordonner, est nulle, à moins que le délinquant n'ait été pris en flagrant délit ; mais cette arrestation peut être rendue légale par l'arrêté postérieur d'une autorité compétente, motivé sur des indices suffisants.

119. La république ne connaît de privilége et d'entrave à l'industrie et au commerce intérieur et extérieur, que ceux qui sont fondés sur la loi.

120. Il y a dans toute la République uniformité de poids, de mesures de monnaies, de lois criminelles et civiles. Il y a uniformité dans le cadastre territorial et dans le système élémentaire d'instruction publique.

121. Un institut national est chargé de recueillir les découvertes et de perfectionner les sciences et les arts.

122. Une comptabilité nationale règle et vérifie les comptes des recettes et des dépenses de la République. Cette magistrature est composée de cinq membres nommés par les colléges : elle se renouvelle par la sortie d'un de ses membres tous les deux ans. Ils sont indéfiniment rééligibles.

123. La troupe soldée est subordonnée aux réglements d'administration publique. La garde nationale ne l'est qu'aux lois.

124. La force publique est essentiellement obéissante : aucun corps armé ne peut délibérer.

125. Toutes les dettes et créances des anciennes provinces, aujourd'hui Cisalpines, sont reconnues par la République. La loi détermine les dispositions relatives à celles des communes.

126. L'acquéreur de biens nationaux, quelle que soit leur origine, qui en jouit après une vente légalement faite, ne peut, à aucun titre, être troublé dans la possession des

biens acquis, sauf au tiers réclamant, toutes les fois qu'il y a droit, d'être indemnisé par le trésor public.

127. La loi assigne sur les biens nationaux non vendus un revenu convenable aux évêques, à leurs chapitres, aux séminaires, aux curés et aux fabriques de la cathédrale. On ne peut en changer la destination.

128. Si après l'intervalle de trois ans, la consulte d'État juge nécessaire la réforme de quelque article constitution-nel, elle le propose aux colléges qui en jugent.

TITRE XVI.

DES MINISTRES DU CULTE CATHOLIQUE.

129. Les évêques de la République cisalpine sont nom-més par le gouvernement et institués par le Saint-Siége, avec lequel ils communiquent librement pour les affaires spirituelles.

130. Les curés sont élus et institués par l'évêque, avec l'agrément du gouvernement.

L'évêque peut, d'après les besoins du diocèse, envoyer dans les paroisses vacantes des coadjuteurs.

131. L'évêque peut ordonner, à titre de bénéficiers, de chapelains, de légats, le nombre d'ecclésiastiques néces-saires pour les besoins spirituels des peuples.

TITRE XVII.

ÉTABLISSEMENTS ECCLÉSIASTIQUES.

132. Les limites des diocèses ne sont soumises à aucune innovation ; partout où elles auraient été changées, on en concertera le rétablissement avec le Saint-Siége.

133. Chaque diocèse a son chapitre attaché à une mé-tropole ou une cathédrale, et doté en conséquence.

134. La possession des canonicats et autres bénéfices non vendus, qui ont été saisis ou occupés en tout ou en partie, est conservé aux évêques, aux chapitres et aux cu-rés. On leur rend les archives et les papiers qui concer-nent leurs biens actuels et leurs emplois respectifs.

135. Chaque cathédrale jouit, sous le titre de fabrique,

d'un fonds pour les dépenses de réparations et pour celles du culte qui s'y exerce.

136. Chaque diocèse a son séminaire épiscopal doté convenablement et destiné à l'éducation du clergé, laquelle, suivant les formes canoniques, est confiée à l'autorité de l'évêque.

137. Les biens et les dotations des évêchés, des chapitres, des séminaires, des fabriques, seront fixés sous trois mois.

138. Les conservatoires, les hôpitaux, établissements de charité et autres fondations pieuses, sont dirigés par un conseil administratif de bienfaisance publique, dont l'évêque est nécessairement président, quand c'est par les évêques qu'ils ont été institués. Dans les lieux où il n'y a pas de semblables institutions, l'évêque sera toujours membre de l'administration.

139. L'aliénation et le séquestre des biens qui seront assignés par la loi pour doter les évêchés, chapitres, séminaires et fabriques, n'aura plus lieu : les biens actuellement possédés par ces corps et par les curés ne pourront être vendus. On assurera, par des moyens efficaces, le paiement des pensions accordées aux individus des corps supprimés.

TITRE XVIII.

ÉTABLISSEMENT DE DISCIPLINE.

140. Les chancelleries des évêques et leurs archives respectives seront conservées. Les ministres nécessaires pour observer les règles de leur institution et celles de discipline qui ont été établies pour assujétir le clergé aux corrections et aux peines canoniques, exerceront leurs fonctions.

141. L'évêque peut ordonner à l'ecclésiastique délinquant une retraite de pénitence dans les séminaires ou dans quelque couvent. Si le délit est grave, il l'interdit des fonctions de son ministère, et suspend pour lui la perception des revenus de son bénéfice, afin d'assurer le salaire de celui qui occupe l'*interim*, et de faire remplir les charges attachées au bénéfice. Si le coupable refuse d'obéir, l'évêque à recours au bras séculier.

142. Si un ecclésiastique trouble la tranquillité publique dans l'exercice de ses fonctions, l'évêque est requis de l'interdire, et, s'il ne s'y prête pas, on a recours à l'autorité civile ordinaire.

143. Quand le délit d'un ecclésiastique comporte une peine infamante ou afflictive, on donne connaissance du jugement à l'évêque, qui peut, avant l'exécution de la sentence, faire tout ce qui, dans des cas semblables, est prescrit par les lois canoniques.

144. Le clergé est dispensé de toute espèce de service militaire.

145. Tout ce qui tend à dépraver publiquement les bonnes mœurs et à avilir le culte et ses ministres, est défendu.

146. Un curé ne peut être forcé par aucune autorité à administrer le sacrement du mariage à quiconque est lié par un empêchement canonique.

CONSTITUTION

DE LA RÉPUBLIQUE DE VENISE.

I. GOUVERNEMENT.

Le gouvernement se compose de la réunion des autorités qui suivent :

1° La souveraineté qui réside dans le grand conseil ;

2° Le gouvernement proprement dit dans le Sénat.

3° L'autorité judiciaire dans les quarante.

4° La police et l'administration dans le Conseil des dix.

Tous les emplois sont électifs et temporaires.

II. DE LA NOBLESSE.

La noblesse vénitienne se divise en quatre classes : la première classe se compose des familles électorales, c'est-à-dire remontant aux douze tribuns qui élurent le premier doge en 697 ; la deuxième, des familles qui prouvent qu'elles faisaient partie du grand conseil à l'époque où le droit d'y siéger était devenu perpétuel et héréditaire ; la troisième classe est formée des trente familles qui furent élevées au patriciat depuis la clôture du grand conseil ; enfin, la quatrième, des nobles candiots, de ceux des provinces, ou des citadins de Venise qui achetèrent le patriciat.

Sont exclus du corps de la noblesse, non-seulement les enfants illégitimes, mais ceux qui ont été légitimés par mariage subséquent.

Les nobles sont la seule classe de citoyens qui participe aux charges du gouvernement.

Les nobles ne peuvent tenir plusieurs magistratures à la fois.

Ils ne peuvent, sous peine d'amende et de banissement, refuser les charges auxquelles ils sont élus.

Ils ne peuvent exercer la profession du commerce.

Les nobles qui se font chevaliers de Malte cessent d'avoir part au gouvernement.

Ils ne peuvent acquérir ni fief ni seigneurie en terre ferme.

Ils ne peuvent se marier avec des étrangères, ni marier leurs filles à des sujets d'un autre prince.

Il n'y a point de droit d'aînesse parmi les nobles ; ils sont tous sujets en temps de guerre aux charges publiques à proportion de leurs revenus.

Toute correspondance avec les ambassadeurs ou autres ministres étrangers leur est défendue sous peine de la vie.

Les étrangers qui sont nobles vénitiens ne peuvent exercer aucune charge dans l'Etat.

Hors de Venise un noble n'est plus que l'égal de tous les citoyens.

III. DU GRAND CONSEIL OU DU CORPS SOUVERAIN.

La réunion de tous les nobles forme le grand conseil.

Le grand conseil est souverain de l'Etat ; toutes les autres autres autorités dépendent de lui.

Il a seul la sanction des lois, la création des nouveaux impôts, le droit de conférer la noblesse.

Le grand conseil est chargé de l'élection des magistrats et du doge.

Il comprend tous les autres conseils qui, pour cela, cessent quand il se tient.

Les magistrats s'y nomment à la majorité des suffrages et par la voie du scrutin.

Le droit de faire des propositions, appartient : 1° au doge ; 2° aux six conseillers du doge pris collectivement ; 3° aux trois chefs de la garantie criminelle quand ils sont unanimes ; 4° à chacun des trois avocats de la commune ; 5° aux magistrats des eaux et à ceux de l'arsenal, seulement sur les matières de leur ressort et quand ils sont unanimes.

La loi ne permet pas aux nobles d'entrer au grand conseil avant l'âge de vingt-cinq ans.

Les nobles deviennent membres de l'Etat en entrant au grand conseil.

Le Sénat lui est inférieur en ce qu'il peut en confirmer ou en casser les élections.

Le grand conseil est présidé par le doge, accompagné de six conseillers et des chefs des divers corps d'Etat.

Il ne peut délibérer si les membres ne sont au nombre de deux cents pour les affaires ordinaires et de six cents pour les affaires importantes.

IV.

Le Sénat de Venise se compose de trois ordres : de sénateurs adjoints, et de simples assistants qui ne votent pas, formant en tout un nombre de trois cents.

Les sénateurs se renouvellent tous les ans; ils doivent être âgés de quarante ans.

Néanmoins les anciens peuvent être réélus.

Les affaires se décident dans le Sénat à la pluralité des voix, pourvu toutefois qu'un avis réunisse au moins la moitié des suffrages.

Pour que l'assemblée soit légale, il faut qu'il y ait au moins soixante membres présents ayant voix délibérative.

Le Sénat délibère sur toutes les affaires politiques, la paix, la guerre, les traités, la police intérieure, et toutes les dispositions administratives relatives à ces objets, sans aucun recours à la sanction du corps souverain.

Au Sénat appartient, sous sa responsabilité, l'administration des finances de l'Etat, la fabrication des monnaies, l'ouverture des emprunts, la répartition des impôts, l'emploi des revenus publics; mais il ne peut ni augmenter les tarifs, ni établir de nouveaux impôts sans le grand conseil.

Le Sénat prépare les projets de lois, ou d'imposition à proposer au corps souverain.

Le Sénat a droit de désignation pour plusieurs places importantes, et de nomination à plusieurs.

Le droit de faire des propositions appartient exclusivement au conseil du doge.

V. DE LA SEIGNEURIE ET DU COLLÉGE.

L'exécution de toutes les mesures du gouvernement est confiée à la seigneurie ou conseil du doge.

Les membres du conseil sont au nombre de six pris dans chacun des six quartiers de la ville.

Les trois chefs de la quarantie criminelle prennent séance au collége.

Les conseillers sont élus par le grand conseil pour huit mois, les présidents de la quarantie par la quarantie elle-même, et pour deux mois seulement.

Les conseillers ouvrent toutes les dépêches adressées au doge, même hors de sa présence. Ils président sans le doge ou en son absence les séances du Sénat et du grand conseil. Ils peuvent convoquer l'un et l'autre de ces corps et y fermer les discussions.

Ils prononcent sur les questions de compétence entre les tribunaux.

Pendant la vacance du trône, ils remplissent les fonctions du doge.

Le collége se compose du conseil auquel sont adjoints seize sages.

Six membres du collége, âgés nécessairement de trente-huit ans, forment un comité qui prépare la résolution sur les affaires les plus importantes. Trois autres sages sont, l'un, sous le titre de sage-caissier, chargé des fonctions de ministre des finances; l'autre, le sage à l'écriture, est le ministre de la guerre; le troisième, le sage aux ordonnances, a le département des milices de terre. La troisième catégorie des sages comprend, sous le titre des cinq sages des ordres, cinq jeunes gens de vingt-cinq ans, qui assistent au conseil debout et découvert sans voix délibérative.

La durée des fonctions des sages n'est que de six mois; ils ne peuvent y être rappelés qu'après l'intervalle d'un semestre.

Le collége donne audience aux ambassadeurs étrangers.

VI. DU DOGE ET DE SA FAMILLE.

Il ne peut rien faire sans le Sénat : sa condition est celle d'un simple particulier, dès qu'il est séparé de son conseil.

Le doge est chef de tous les conseils, et a droit, en cette qualité, d'y remplir toutes les fonctions affectées aux principaux magistrats.

Il a deux voix au grand conseil.

Les lettres pour les cours étrangères s'expédient, et la monnaie se bat en son nom.

Il n'a la nomination qu'à quelques bénéfices et à quelques petites charges de son palais.

Hors de Venise, il n'est point reconnu pour doge, et ne reçoit aucun honneur.

Ses enfants et ses frères sont exclus de toutes les charges de l'Etat pendant sa vie.

Le doge est électif; il est forcé d'accepter cet emploi, lorsqu'il lui est déféré sous peine de bannissement et de confiscation des biens.

Il ne peut donner sa démission.

Il n'a point de garde. Il ne peut commander les armées de la République.

Si le doge est marié, sa femme ne partage ni son rang ni son titre.

L'administration du doge est examinée après sa mort par l'inquisition, et ses héritiers sont responsables des abus qu'on y découvre.

Le doge, malade ou absent, est représenté par un des conseillers, qui prend le nom de vice-doge.

Quand le doge est mort, il ne se traite aucune affaire jusqu'à l'élection d'un autre.

Le doge n'a pas le droit de sortir de la capitale sans permission.

VII. ADMINISTRATION DE LA JUSTICE.

La justice est administrée à Venise par le Conseil des dix et par les quaranties.

Des quaranties.

Les quaranties sont au nombre de trois, et composées chacune de quarante juges :

1° *La quarantie civile nouvelle*, jugeant toutes les causes civiles par appel des sentences rendues par les magistrats du dehors.

2° *La quarantie civile ancienne*, jugeant par appel de magistrats subalternes de la ville.

3° *La quarantie criminelle* jugeant tous les crimes, excepté les crimes de lèse-majesté de la compétence du Conseil des dix. Les membres de la quarantie criminelle ont entrée au Sénat et ses trois présidents au Conseil du doge. Sa juridiction ne s'étend pas sur les patriciens pour les accusations criminelles dont ils peuvent être l'objet.

Les juges montent successivement, de huit mois en huit mois, de la nouvelle à l'ancienne, et de l'ancienne à la criminelle.

Dans chacune de ces Chambres, le ministère public est exercé par les avogadors; et deux contradicteurs dans chaque Chambre sont chargés de répliquer pour la défense des parties.

Le chef des quaranties change tous les deux mois.

Il y a trois avogadors (leurs fonctions sont semblables à celles des avocats généraux français).

L'intervention d'un avogador est nécessaire dans toutes les délibérations du Sénat et du Grand-Conseil sous peine de nullité des décisions.

Les avogadors sont spécialement chargés de maintenir et de faire exécuter les lois de l'État. Leurs fonctions durent seize mois.

Il y a à Venise un grand nombre de petits tribunaux et de magistrats subalternes affectés à chaque branche de la police ou du gouvernement.

Le jugement du tribunal supérieur n'est définitif qu'autant qu'il est conforme à celui du premier juge. Quand il est différent, l'affaire est renvoyée au tribunal de première instance pour y être décidée une seconde fois par d'autres juges que par ceux qui avaient concouru à la première décision.

Si l'appel reportait la cause à la quarantie, et que la sentence soit cassée, on recommence encore jusqu'à ce que le tribunal inférieur et le supérieur aient rendu consécutivement deux jugements conformes.

Le droit vénitien se compose du Code de Justinien, des statuts particuliers à Venise et des coutumes.

Du Conseil des Dix.

Le Conseil se compose du doge, de ses six conseillers et des dix membres nommés par le Grand-Conseil.

Le Conseil des dix ne connaît que des affaires criminelles.

Ses membres se renouvellent tous les ans, et sont élus par le Grand-Conseil. Les mêmes ne peuvent être réélus que deux ans après être sortis de charge.

Leurs jugements sont sans appels; leurs arrêts ne peuvent être modifiés que par eux-mêmes. Ils jugent sans entendre la défense des accusés.

Les seigneurs qui composent le Conseil des dix doivent être de dix familles différentes, et n'avoir aucune proximité de parenté entre eux.

Le Conseil des dix peut déposer, emprisonner, juger à mort tous les magistrats et le doge lui-même.

Les dix ont séance et voix délibérative dans le Sénat.

Les attributions du Conseil comprennent toutes les affaires qui intéressent la sûreté de l'Etat, toutes les accusations criminelles dans lesquelles sont impliqués des patriciens, des ecclésiastiques ou des secrétaires de la Chambre ducale. Tous les délits de quelque importance, commis hors de l'enceinte de Venise et des Lagunes; tous les délits commis sur des barques, les offenses faites à des masques, les affaires des théâtres, celles des fondations de charité, celles des forêts et des mines dans les cas déterminés, l'appel des sentences contre les blasphémateurs, la police de la librairie, et tout ce qui est déclaré de son ressort par les lois et les coutumes.

Quand le Conseil reçoit une dénonciation, un de ses trois présidents recueille les charges, entend les témoins, fait arrêter le prévenu, l'interroge et fait écrire ses réponses.

Il rend compte de son information aux deux autres chefs, et tous trois délibèrent pour savoir si l'affaire sera portée au Conseil des dix.

Dans les cas d'affirmative, les trois présidents deviennent ses accusateurs; ils sont en même temps ses juges.

Le prévenu ne peut avoir de défenseur, ni être confronté avec les témoins.

S'il est condamné, le tribunal peut le faire pendre avec un voile noir sur la tête, ou le faire noyer dans un canal, ou le faire étrangler dans la prison.

VII. INQUISITION D'ÉTAT.

Il y a trois inquisiteurs d'Etat.

Deux sont tirés du Conseil des dix, et un d'entre les conseillers du collége.

Le pouvoir des inquisiteurs est absolu.

Ils ont droit de vie et de mort sur tous les citoyens, sur le doge même.

Le Conseil des dix fait choix des inquisiteurs : ce choix doit rester secret.

On lit les sentences rendues et signées seulement d'un secrétaire.

En sortant de charge, les inquisiteurs ne peuvent prétendre à un emploi important.

Les deux inquisiteurs noirs exercent leurs fonctions pendant un an; l'inquisiteur rouge, ou le conseiller du doge, pendant huit mois.

Les inquisiteurs ne sont assujétis à d'autres règles qu'à celles de l'humanité dans les sentences.

Le Conseil des dix nomme un inquisiteur suppléant, que deux des inquisiteurs en charge peuvent appeler pour concourir avec eux au jugement de leur troisième collègue.

Le tribunal délègue ses pouvoirs; par une simple commission, il investit un agent quelconque d'une autorité illimitée de toute responsabilité et de toute forme.

CONSTITUTION
DE LA RÉPUBLIQUE DE GÊNES.

GOUVERNEMENT.

Le gouvernement de la République de Gênes est aristo-cratique. Le suprême pouvoir législatif appartient aux no-bles.

La religion catholique est la religion de l'État.

Des Nobles.

Il y a à Gênes deux sortes de nobles, les anciens et les nouveaux.

Vingt-huit familles forment l'ancienne noblesse, qui a de grands griviléges.

Quatre cent trente-sept familles forment le corps de la nouvelle noblesse.

Le doge et les sénateurs sont choisis alternativement parmi les anciens nobles et parmi les nouveaux.

Les nobles seuls ont droit à toutes les charges de l'État, à la seule exception des trois places de secrétaire d'État, qui peuvent être accordées à dés citadins, mais qui leur confère alors la noblesse de plein droit.

Du Doge.

La dignité de doge est élective, et n'est conférée que pour deux ans.

Le doge, en quittant sa dignité, obtient une place à vie dans le collége des procurateurs.

Il doit y avoir un intervalle de dix ans entre l'adminis-tration d'un doge et sa réélection. A l'expiration de ses fonctions, le doge est exposé huit jours aux plaintes publiques, et le poids d'une accusation grave peut le priver de l'honneur d'être procurateur à vie.

Le doge est soumis à la surveillance des deux gouverneurs.

Le doge est président de toutes les assemblées de l'État, et y fait les propositions.

Il faut avoir cinquante ans pour être doge.

Du Sénat.

Le Sénat ou la seigneurie est revêtu de la puissance exécutive.

Il se compose de douze gouverneurs présidés par le doge.

Pour être gouverneur, il faut avoir été inscrit au moins douze ans sur le registre des nobles.

Les gouverneurs ne sont en place que deux ans, et ne peuvent y rentrer qu'après cinq ans d'intervalle.

Ils sont élus par le sort sur cent vingt candidats nommés par trente électeurs appelés prud'hommes ; et désignés par le grand Conseil.

Les gouverneurs, en sortant de place, sont élus procurateurs, et en remplissent les fonctions pendant deux ans.

En temps de vacance, le sénateur le plus ancien remplit les fonctions du dogat.

Du grand Conseil.

Le grand conseil est revêtu de la puissance législative.

Cette assemblée est composée de tous les nobles. Pour y entrer, il faut être âgé de vingt-deux ans. On élit chaque année ceux qui doivent y être admis.

Le grand Conseil a seul le droit d'établir de nouveaux impôts, de faire de nouvelles lois, de changer ou réformer la constitution de l'État.

Deux cent membres du grand Conseil forment, avec la seigneurie et les autres collèges, le *petit Conseil.*

Le petit Conseil décide de la paix ou de la guerre, choisit les magistrats inférieurs, et fait même des lois, pourvu qu'elles réunissent les deux tiers des suffrages.

La seigneurie, le collége des procurateurs et cent membres du grand conseil réunis, forment l'Assemblée.

Ce nouveau Conseil juge sur les appels des tribunaux inférieurs.

Des Colléges.

Le doge régnant; les anciens doges, les sénateurs et les procurateurs, forment ce qu'on appelle proprement les *colléges.*.

Les colléges prennent la première connaissance de toutes les affaires étrangères et des cas de haute trahison.

Ils ont le droit d'assembler le grand Conseil quand ils le jugent à propos.

Ils convoquent le petit Conseil, et préparent les affaires qu'on doit y traiter.

Des Censeurs suprêmes.

Les censeurs suprêmes (supremi sindicatori), forment un collége de cinq nobles.

Il a le droit de censurer la conduite des principaux officiers sortant de charge, ainsi que les opérations du Sénat et des colléges.

Il veille à l'observation des lois, punit les contrevenants, examine les accusations portées contre le doge.

Ce collége est changé tous les quatre ans.

Collége des Procurateurs.

Le collége des procurateurs; appelé *camera*, se compose de huit membres.

L'élection des huit procurateurs a lieu comme celles des sénateurs.

Ils ne peuvent rentrer en charge qu'après un intervalle de trois ans.

Les nobles qui ont été doges sont de droit membres perpétuels de la *Camera*.

La *Camera* est chargée de l'administration des revenus publics.

Administration de la Justice.

Les fonctions des juges sont confiées, à Gênes, à des étrangers.

Il y a une Cour de justice, composée de trois juges pour le civil (rota civili) et de quatre pour le criminel (rota criminali).

On peut appeler des sentences, en matière civile, à trois docteurs génois, ou à deux docteurs et un noble, au choix des parties.

Les sentences de la rote criminelle sont sans appel sur les peines de mort, qui doivent être confirmées par le grand Conseil.

Le pays génois à des lois écrites qui déterminent le gouvernement, qui contiennent le droit criminel et le droit civil, dont le droit romain est regardé comme la base.

La connaissance de la plupart des affaires publiques ou économiques appartient à des tribunaux inférieurs, composés de trois jusqu'à sept nobles.

Inquisiteurs d'État.

Les inquisiteurs d'État sont au nombre de sept.

Ils sont chargés d'observer l'intérieur des familles, et de prévenir toute intrigue ou conspiration contre le gouvernement.

CONSTITUTION

DE LA RÉPUBLIQUE DE SAINT-MARIN.

———

La République de Saint-Marin, fondée, si l'on croit la tradition, par un ermite qui donna une constitution démocratique à la communauté qui s'était formée autour de son ermitage, est sous la protection du pape.

Sa population est aujourd'hui de sept mille habitants. Elle consiste dans la ville de Saint-Marin et dans quatre villages qui en dépendent. Son gouvernement se compose d'un grand Conseil de trois cents membres et d'un petit Conseil de douze membres ayant à la tête un président qui porte le nom de *capitano*.

CONSTITUTION
DE LA CONFÉDÉRATION GERMANIQUE.

ACTE POUR LA CONSTITUTION FÉDÉRATIVE
DE L'ALLEMAGNE.

8 Juin 1815.

Au nom de la très-sainte et indivisible Trinité. Les prin-ces souverains et les villes libres de l'Allemagne, animés du désir commun de mettre à exécution l'article 6 du traité de Paris du 30 mai 1814, et convaincus des avantages qui résulteront de leur union solide et durable pour la sûreté et l'indépendance de l'Allemagne, et pour l'équilibre de l'Europe, sont convenus de former une confédération per-pétuelle, et ont, pour cet effet, munis de leurs pleins-pou-voirs leurs envoyés et députés au Congrès de Vienne. Et, conformément à la susdite résolution, les plénipotentiaires envoyés, après avoir échangé leurs pleins-pouvoirs, trouvés en bonne forme, ont arrêté entre eux les articles suivants :

DISPOSITIONS GÉNÉRALES.

1. Les princes souverains et les villes libres d'Allema-gne, en comprenant dans cette transaction LL. MM. l'em-pereur d'Autriche, les rois de Prusse, de Danemark et des Pays-Bas, et nommément :

L'empereur d'Autriche et le roi de Prusse, pour toutes celles de leurs possessions qui ont anciennement appartenu à l'empire germanique ;

Le roi de Danemarck, pour le duché de Holstein ;

Le roi des Pays-Bas, pour le grand-duché de Luxembourg;

Établissent entre eux une confédération perpétuelle qui portera le nom de Confédération Germanique.

2. Le but de cette confédération est le maintien de la sûreté extérieure et intérieure de l'Allemagne, de l'indépendance et de l'inviolabilité des États confédérés.

3. Les membres de la Confédération, comme tels, sont égaux en droits ; ils s'obligent tous également à maintenir l'acte qui constitue leur union.

4. Les affaires de la Confédération seront confiées à une diète fédérative, dans laquelle tous les membres voteront par leurs plénipotentiaires, soit individuellement, soit collectivement, de la manière suivante, sans préjudice de leur rang.

	voix		voix 12
1 Autriche	1	13 Brunswick et Nassau	1
2 Prusse,	1	14 Mecklembourg - Schwerin et Strelitz	1
3 Bavière	1	15 Holstein - Oldembourg	
4 Saxe	1	Anhalt et Schvartzbourg	1
5 Hanovre	1	16 Hohenzollern, Hichtenstein, Reusse, Schaumbourg-Lippe, Lippe et Waldeck	1
6 Wurtemberg.	1		
7 Bade.	1		
8 Hesse électorale	1		
9 Grand-Duché de Hesse.	1	17 Les villes libres de Lübeck, Francfort, Brême et Hambourg	1
10 Danemarck pour Holstein	1		
11 Pays-Bas pour Luxembourg.	1		
12 Maisons Grand-Ducale et Ducale de Saxe.	1		
	12		17

5. L'Autriche présidera à la Diète fédérative. Chaque État de la Confédération a le droit de faire des propositions, et celui qui préside est tenu de les mettre en délibération dans un espace de temps qui sera fixé.

6. Lorsqu'il s'agira de lois fondamentales à porter ou de changements à faire dans les lois fondamentales de la confédération, des mesures à prendre par rapport à l'acte fédératif même d'institutions organiques ou d'autres arrangements d'un intérêt commun à adopter, la Diète se for-

mera en assemblée générale ; et, dans ce cas, la distribution des voix aura lieu de la manière suivante, calculée sur
l'étendue respective des États individuels :

	voix.		voix 51
L'Autriche aura	4	Holstein-Oldenbourg	1
La Prusse	4	Anhalt-Dessau	1
La Saxe	4	— Bernbourg	1
La Bavière	4	— Cothen	1
Le Hanovre	4	Schwarzbourg-Souderhausen	1
Le Wurtemberg	4	— Rudolstadt	1
Bade	3	Hohenzollern-Hechingen	1
Hesse-électorale	3	— Lichtenstein	1
Grand-Duché d'Hesse	3	Hohenzollern-Sigmaringen	1
Holstein	3	— Waldeck	1
Luxembourg	3	Reuss, branche aînée	1
Brunswick	2	— — cadette	1
Mecklembourg-Schwerin	2	Schaumbourg-Lippe	1
Nassau	2	Lippe	1
Saxe-Weimar	1	La ville libre de Lubeck	1
Saxe-Gotha	1	— Francfort	1
Saxe-Cobourg	1	— Brême	1
Meinnungen	1	— Hambourg	1
Hidbourghausenn	1		
Mecklembourg-Strelitz	1		
	51	Total	69

La diète en s'occupant des lois organiques de la confédération, examinera si on doit accorder quelques voix
collectives aux anciens États de l'Empire médiatisés.

7. La question de savoir si une affaire doit être discutée
par l'Assemblée générale, conformément aux principes ci-
dessus établis, sera décidée dans l'Assemblée ordinaire à
la pluralité des voix.

La même Assemblée préparera les projets de résolution
qui doivent être portés à l'Assemblée générale, et fournira
à celle-ci, tout ce qu'il faudra pour les adopter ou les
rejeter. On décidera par la pluralité des voix, tant dans
l'Assemblée ordinaire que dans l'Assemblée générale, avec
la différence toutefois, que dans la première il suffira de
la pluralité absolue, tandis que dans l'autre les deux tiers
des voix seront nécessaires pour former la pluralité. Lorsqu'il y aura parité de voix dans l'Assemblée ordinaire, le
président décidera la question. Cependant, chaque fois

qu'il s'agira de l'acceptation ou de changement de lois fon-damentales, d'instructions organiques, de droits individuels, ou d'affaires de religion, la pluralité des voix ne suffira, ni dans l'Assemblée ordinaire, ni dans l'Assemblée générale.

La diète est permanente. Elle peut cependant, lorsque les objets soumis à sa délibération se trouvent terminés, s'ajourner à une époque fixée, mais pas au-delà de quatre mois.

Toutes les dispositions ultérieures relatives à l'ajournement et à l'expédition des affaires pressantes qui pourraient survenir pendant l'ajournement, sont réservées à la diète, qui s'en occupera lors de la rédaction des lois organiques.

8. Quant à l'ordre dans lequel voteront les membres de la confédération, il est arrêté que tant que la diète sera occupée de la rédaction des lois organiques, il n'y aura aucune règle à cet égard, et quelque soit l'ordre qu'on observera, il ne pourra ni préjudicier à aucun des Membres, ni établir un principe pour l'avenir. Après la rédaction des lois organiques, la diète délibérera sur la manière de fixer cet objet par une règle permanente, pour laquelle elle s'écartera le moins possible de celle qui ont eu lieu à l'ancienne diète, et notamment d'après le récès de la députation de l'Empire de 1803. L'ordre que l'on adoptera n'influera d'ailleurs en rien sur le rang et la préséance des Membres de la confédération, hors de leurs rapports avec la diète.

9. La diète siégera à Francfort-sur-Mein. Son ouverture est fixée au 1er septembre 1815.

10. Le premier objet à traiter par la diète, après son ouverture, sera la rédaction des lois fondamentales de la confédération, et de ses institutions organiques, relativement à ses rapports extérieurs, militaires et intérieurs.

11. Les Etats de la confédération s'engagent à défendre contre toute attaque tant l'Allemagne entière, que chaque Etat individuel de l'Union, et se garantissent mutuellement toutes celles de leurs possessions qui se trouvent comprises dans cette union.

Lorsque la guerre est déclarée par la confédération, aucun membre ne peut entamer des négociations particulières avec l'ennemi, ni faire la paix ou un armistice sans le consentement des autres.

Les Membres de la confédération, tout en se réservant le droit de former des alliances, s'obligent cependant à ne contracter aucun engagement qui serait dirigé contre la sûreté de la confédération ou des Etats individuels qui la composent.

Les Etats confédérés, s'engagent de même à ne se faire la guerre sans aucun prétexte, et à ne point poursuivre leurs différends par la force des armes ; mais à les soumettre à la Diète. Celle-ci essaiera, moyennant une commission, la voix de la médiation. Si elle ne réussit pas, et qu'une sentence juridique devienne nécessaire, il y sera pourvu par un jugement austrégal bien organisé, auquel les parties en contestations se soumettront sans appel.

II. DISPOSITIONS PARTICULIÈRES.

Outre les points réglés dans les articles précédents relativement à l'établissement de la Confédération, les États confédérés sont en même temps convenus d'arrêter, à l'égard des objets suivants, les dispositions contenues dans les articles ci-après, qui doivent avoir la même force et valeur que ceux qui précèdent.

12. Les membres de la Confédération dont les possessions n'atteignent pas une population de trois cent mille âmes se réuniront à des maisons régnantes de la même famille ou à d'autres États de la Confédération dont la population, jointe à la leur, atteindra le nombre indiqué ici pour former en commun un tribunal suprême.

Dans les États cependant d'une population moins forte, où des tribunaux pareils de troisième instance existent déjà, ils seront conservés dans leur qualité actuelle, pourvu que la population des États auxquels ils appartiennent ne soit pas au-dessous de cent cinquante mille âmes.

Les quatre villes libres auront le droit de se réunir entre elles pour l'institution d'un tribunal suprême commun.

Chacune des parties qui plaideront devant ces tribunaux suprêmes communs sera autorisée à exiger le renvoi de la procédure à la faculté de droit d'une université étrangère ou à un siége d'échevins pour y faire porter la sentence définitive.

13. Il y aura des assemblées d'États dans tous les pays de la Confédération.

14. Pour assurer aux anciens États de l'Empire, qui ont été médiatisés en 1806 et dans les années subséquentes, des droits égaux dans tous les pays de la Confédération et conformes aux rapports actuels, les États confédérés établissent les principes suivants :

1° Les maisons des princes et comtes médiatisés n'en appartiennent pas moins à la haute noblesse d'Allemagne et conservent les droits d'égalité de naissance avec les maisons souveraines, comme elles en ont joui jusqu'ici.

2° Les chefs de ces maisons forment la première classe des États dans les pays auxquels ils appartiennent ; ils sont, ainsi que leurs familles, au nombre des plus privilégiés, particulièrement en matière d'impôts.

3° Ils conservent en général, pour leurs personnes, leurs familles et leurs biens, tous les droits et prérogatives attachés à leurs propriétés et qui n'appartiennent pas à l'autorité suprême ou aux attributs du gouvernement. Parmi les droits que leur assure cet article seront nommément et spécialement compris : la liberté illimitée de séjourner dans chaque État appartenant à la Confédération et se trouvant en paix avec elle.

Le maintien des pactes de familles, conformément à l'ancienne constitution de l'Allemagne, et la faculté de lier leurs biens et les membres de leurs familles par des dispositions obligatoires, lesquelles toutefois doivent être portées à la connaissance du souverain et des autorités publiques. Les lois par lesquelles cette faculté a été restreinte jusqu'ici ne sont plus applicables aux cas à venir.

Le privilége de n'être justiciables que des tribunaux supérieurs et l'exemption de toute conscription militaire pour eux et leurs familles. L'exercice de la juridiction civile et criminelle en première, et si les possessions sont assez considérables, en seconde instance ; de la juridiction forestière, de la police locale et de l'inspection des églises, des écoles et des fondations charitables ; le tout en conformité des lois du pays auxquels ils restent soumis, ainsi qu'aux règlements militaires et à la surveillance suprême réservée

aux gouvernements relativement aux objets des prérogatives ci-dessus mentionnées.

Pour mieux déterminer ces prérogatives, comme en général pour régler et consolider les droits des princes, comtes et seigneurs médiatisés d'une manière uniforme dans
toute la Confédération Germanique, l'ordonnance publiée
à ce sujet par S. M. le roi de Bavière, en 1807, sera
adoptée comme règle générale.

Substance de l'Ordonnance du 19 mars 1807.

S. M. le roi de Bavière, etc.

« Les princes médiatisés conservent les prérogatives de
« la haute noblesse, leurs titres, leurs armoiries, à l'ex-
« ception de ce qui indique leurs rapports avec l'empire
« germanique, ou la souveraineté. Ils peuvent choisir li-
« brement leur domicile, à condition de le faire connaître
« dans les six mois ; ils peuvent également entrer au service
« étranger, sauf certaines restrictions pour ceux qui sont
« au service de l'État, ou qui en reçoivent des pensions.
« Dans toute affaire, ils ont une distinction privilégiée de
« première et de seconde instance. S'ils sont en possession
« d'instances austrégales, le roi doit examiner et statuer à
« leur égard. Le droit d'austrègues pour les cas criminels
« n'appartient qu'aux chefs des maisons régnantes. La con-
« firmation du souverain est nécessaire pour les pactes de
« familles relatifs aux successions et autres objets. Les
« princes médiatisés ne conservent aucuns des priviléges
« attachés à leur qualité d'État de l'Empire qu'en vertu
« d'une ratification du roi. Ils doivent signer un acte de
« soumission et prêter serment de fidélité au roi en per-
« sonne. Ils ne peuvent entretenir aucun rapport politique
« avec l'étranger, ni envoyer des agents diplomatiques.

« Les princes médiatisés peuvent régler par ordonnan-
« ces l'administration de leurs droits patrimoniaux et de
« leur propriété.

« Ils conservent la basse et moyenne justice, et peuvent
« établir des tribunaux sous le titre de *chancellerie de*
« *justice de S. M. le roi de Bavière et du comte ou prince*

« *de...*, etc. Le droit de grâce est exclusivement réservé
« au roi.

« Ils conservent la police intérieure, qu'ils feront exer-
« cer d'après les lois du royaume. La haute police est con-
« sidérée comme un attribut de la souveraineté. La police
« ecclésiastique suprême est réservée au roi. Les médiati-
« sés conservent les consistoires qu'ils ont, ainsi que l'ad-
« ministration des biens ecclésiastiques.

« L'autorité militaire appartient au roi. Les médiatisés
« ne peuvent avoir de garde pour leurs personnes. La con-
« scription est introduite. Toutes les contributions publi-
« ques appartiennent à l'État. Les médiatisés conservent
« seulement les prestations foncières payables par quoti-
« tés invariables. Le droit de détraction et les émoluments
« pour concessions qu'ils ont le droit d'accorder, conti-
« nuent de leur appartenir. Ils ont le privilége de ne payer
« aucun droit de péage pour les articles de consommation,
« ni aucun droit de passe pour eux et leurs familles dans
« le territoire. Ils sont soumis à toutes les autres contri-
« butions. Les dettes publiques sont partagées entre le sou-
« verain et les médiatisés dans la proportion de leurs re-
« venus. Les médiatisés et les communes restent chargés
« de leurs dettes personnelles.

« Les officiers attachés à la personne du médiatisé, à ses
« cours de justice, ou à sa police, sont payés par lui. Les
« officiers attachés aux administrations générales sont à la
« charge du roi. Les médiatisés peuvent, outre les officiers
« locaux, établir un tribunal sous le nom de *chancellerie*
« *de justice*, et *une chancellerie des domaines*, pour l'ad-
« ministration de leurs revenus. Les officiers nommés par
« les médiatisés prêtent serment de fidélité au souverain,
« et serment aux princes médiatisés d'exercer fidèlement
« leurs fonctions.

« Les fiefs relevant de l'empereur et de l'empire, ou de
« souverains étrangers, ou de territoires cédés au roi par
« les traités de Paris et de Presbourg, relèveront doréna-
« vant du roi. Les médiatisés conservent les fiefs dont ils
« sont seigneurs directs. Les procès en matières de fief
« seront portés par appel au tribunal du roi. Le roi seul
« peut exiger le service militaire. »

L'ancienne noblesse immédiate de l'Empire jouira des droits de siéger à l'assemblée des États, d'exercer la juridiction patrimoniale et forestière, la police locale et le patronat des églises, ainsi que celui de n'être pas justiciable des tribunaux ordinaires. Ces droits ne seront toutefois exercés que d'après les règles établies par les lois du pays dans lequel les membres de cette noblesse ont leurs possessions.

Dans les provinces détachées de l'Allemagne par la paix de Lunéville, du 9 février 1801, et qui y sont aujourd'hui de nouveau réunies, l'application des principes ci-dessus énoncés, relativement à l'ancienne noblesse immédiate de l'Empire, sera sujette aux modifications rendues nécessaires par les rapports qui existent dans ces provinces.

15. La continuation des rentes directes et subsidiaires assignées sur l'octroi de la navigation du Rhin, ainsi que les dispositions du récès de la députation de l'Empire, du 25 février 1803, relativement au paiement des dettes et pensions accordées à des individus ecclésiastiques ou laïques, seront garanties par la confédération. Les membres des ci-devant chapitres des églises cathédrales, comme ceux des chapitres libres de l'Empire, ont le droit de jouir des pensions qui leur sont assignées par les susdits récès, dans tout pays quelconque, se trouvant en paix avec la confédération germanique.

Les membres de l'ordre Teutonique, qui n'ont pas encore obtenu des pensions suffisantes, les obtiendront d'après les principes établis pour les chapitres des églises cathédrales par le récès de la députation de l'empire de 1803, et les princes qui ont acquis d'anciennes possessions de l'ordre Teutonique acquitteront ces pensions en proportion de leur part aux biens de l'ordre Teutonique.

La Diète de la confédération s'occupera des mesures à prendre pour la caisse de sustentation et les pensions des évêques et autres ecclésiastiques des pays sur la rive gauche du Rhin, lesquelles pensions seront transférées aux possesseurs actuels desdits pays. Cette affaire sera réglée dans le délai d'un an, et jusque-là le paiement des pensions aura lieu comme il a eu lieu jusqu'à ce moment.

16. La différence des concessions chrétiennes dans les pays et territoires de la confédération germanique n'en entraînera aucune dans la jouissance des droits civils et poliques. La Diète prendra en considération les moyens d'opérer de la manière la plus uniforme l'amélioration de l'état civil de ceux qui professent la religion juive en Allemagne, et s'occupera particulièrement des mesures par lesquelles on pourra leur assurer et leur garantir dans les États de la confédération la permanence des droits civils, à condition qu'ils se soumettent à toutes les obligations des autres citoyens. En attendant, les droits accordés déjà aux membres de cette religion pour tel ou tel acte en particulier, leur seront conservés.

17. La maison des princes Tour-et-Taxis conservera la possession et les revenus des postes dans les États confédérés, telles qu'elles lui ont été assurées par le récès de la députation de l'empire du 25 février 1803, ou par des conventions postérieures, autant qu'il n'en sera pas autrement disposé par des nouvelles conventions librement stipulées de part et d'autre. En tous cas, les droits et prétentions de cette maison, soit à la conservation des postes, soit à une juste indemnité, tels que le susdit récès les a établis, seront maintenus. Cette disposition s'applique aussi au cas où l'ancienne administration des postes aurait été abolie depuis 1803, en contravention au récès de la députation de l'empire, à moins que l'indemnité n'ait été définitivement fixée par une convention particulière.

18. Les princes et villes libres de l'Allemagne sont convenus d'assurer aux sujets des États confédérés les droits suivants :

1° Celui d'acquérir et de posséder des biens-fonds hors des limites de l'état où ils sont domiciliés, sans que l'État étranger puisse les soumettre à des contributions ou charges autres que celles que portent ses propres sujets.

2° Celui de passer d'un État confédéré à l'autre, pourvu qu'il soit prouvé que celui dans lequel ils s'établissent les reçoit comme sujets.

D'entrer au service civil ou militaire de quelque État confédéré que ce soit ; bien entendu cependant que l'exercice de l'un ou de l'autre de ces droits ne compromette pas l'obligation au service militaire que leur impose leur ancienne patrie. Et pour qu'à cet égard la différence des lois sur l'obligation au service militaire ne conduise pas à des résultats inégaux et nuisibles à tel ou tel État particulier, la Diète de la confédération délibérera sur les moyens d'établir une législation, autant que possible, uniforme sur cet objet.

3° L'affranchissement de tout espèce de droit d'issu ou de détraction, ou autre impôt pareil, dans le cas où ils transporteraient leur fortune d'un État confédéré à un autre, pourvu que des conventions particulières et réciproques n'aient autrement statué.

4° La Diète s'occupera, lors de sa première réunion, d'une législation uniforme sur la liberté de la presse et des mesures à prendre pour garantir les auteurs et les éditeurs contre la contrefaçon de leurs ouvrages.

19. Les États confédérés se réservent de délibérer, dès la première réunion de la Diète de Francfort, sur la manière de régler les rapports de commerce et de navigation d'un État à l'autre d'après les principes adoptés par le congrès de Vienne.

20. Le présent acte sera ratifié, etc.

Vienne, le 8 juin 1815.

ACTE FINAL

DES CONFÉRENCES MINISTÉRIELLES TENUES POUR COMPLÉTER ET CONSOLIDER L'ORGANISATION DE LA CONFÉDÉRATION GERMANIQUE.

Les princes souverains et les villes libres de l'Allemagne, considérant l'engagement qu'ils ont pris lors de la fondation de la confédération germanique d'affermir et de perfectionner leur union, en donnant les développements nécessaires aux dispositions fondamentales de l'acte fédéral; considérant en outre que, pour rendre indissolubles les liens étroits qui réunissent la totalité des États de l'Allemagne dans un système de paix et de bienveillance réciproques, ils ne devaient plus tarder à satisfaire, par des délibérations communes, à l'obligation qu'ils s'étaient imposée et à un besoin généralement senti, ont nommés à cet effet des plénipotentiaires, lesquels, réunis à Vienne, en conférence de cabinet, sont définitivement convenus des articles suivants :

1. La Confédération Germanique est l'union fédérative des princes souverains et des villes libres de l'Allemagne, union reposant sur le droit public de l'Europe, et formée pour le maintien de l'indépendance et de l'inviolabilité des États qui y sont compris, ainsi que la sûreté intérieure et extérieure de l'Allemagne en général.

2. Quant à ses rapports intérieurs, cette Confédération forme un corps d'État indépendant entre eux et liés par des droits et des devoirs librement et réciproquement stipulés. Quant à ses relations extérieures, elle constitue une puissance collective établie par un principe d'unité politique.

3. L'extension et les limites que la Confédération a prescrites à l'exercice de ses pouvoirs, sont indiquées par l'acte fédéral, qui est le pacte primitif et la première loi fondamentale de cette union. Énonçant le but de la Confédération cet acte détermine en même temps ses droits et ses obligations.

4. Le droit de développer et de compléter le pacte fondamental, lorsque le but qu'il a consacré l'exige, appartient à la réunion des membres de la Confédération. Cependant les résolutions à prendre à cet effet ne pourront ni se trouver en contradiction avec les principes de l'acte fédéral, ni s'écarter du caractère primitif de l'union.

5. La Confédération est indissoluble par le principe même de son institution ; par conséquent, aucun de ses membres n'a la liberté de s'en détacher.

6. La Confédération ne comprenant d'après son institution primitive que les États qui en font actuellement partie, l'admission d'un nouveau membre ne peut avoir lieu que lorsqu'elle est unanimement jugée compatible avec les rapports existans, et avec l'intérêt général des États confédérés.

7. La Diète fédérative, formée par les plénipotantiaires

de tous les États fédérés, représente la Confédération dans son ensemble; elle est l'organe constitutionnel et perpétuel de sa volonté et de son action.

8. Les plénipotentiaires à la Diète sont individuellement dépendans de leurs souverains respectifs, et responsables envers eux seuls de l'exécution fidèle de leurs instructions, comme en général de l'exercice de leurs fonctions.

9. La Diète fédérative ne remplit ses obligations et n'exerce ses pouvoirs que dans les limites qui lui sont assignées, tant par les dispositions de l'acte fédéral que par les lois fondamentales postérieurement établies en conformité de cet acte, et au défaut de ces lois, par le but de l'union, tel qu'il a été énoncé dans l'acte fédéral.

10. La volonté générale de la Confédération se manifeste par les arrêtés de la Diète rendus dans les formes légales, et sera censée légale et obligatoire; tout arrêté qui, dans les limites de la compétence de la Diète, aura été voté librement à la suite d'une délibération soit en Conseil permanent (Conseil des dix-sept), soit en Assemblée générale, selon ce qui est réglé à ce sujet par les dispositions des lois fondamentales.

11. Comme règle générale, les arrêtés relatifs à la direction des affaires communes de la Confédération sont pris dans le Conseil des dix-sept, et à la pluralité absolue des voix. Cette forme aura lieu dans tous les cas où il s'agit d'appliquer des principes généraux déjà établis ou de mettre à exécution des lois ou des résolutions précédemment adoptées. Elle sera en général suivie par tous les objets de délibération qui ne s'en trouvent pas exceptés par l'acte fédéral ou par des règlements postérieurs.

12. La Diète ne se forme en Conseil général que dans es cas spécifiés expressément par l'acte fédéral, et, en outre, lorsqu'il s'agit d'une déclaration de guerre, ou de la ratification d'un traité de paix ou bien de l'admission d'un nouveau membre de la Confédération. Si dans un cas particulier, il y a du doute sur la forme à choisir, le Conseil des dix-sept a le droit de décider la question. Les résolutions de l'Assemblée générale exigent une majorité des deux tiers des voix.

13. Aucune décision à la pluralité des voix ne peut avoir lieu dans les cas suivants :

1° Pour adopter de nouvelles lois fondamentales, ou pour modifier celles qui existent.

2° Pour les institutions organiques servant de moyens d'exécution pour des objets directement liés au but de la Confédération.

3° Pour l'introduction d'un nouveau membre dans la Confédération.

4° Pour les affaires de religion.

Il ne pourra cependant pas y avoir de décision définitive sur des objets de cette nature sans que les membres qui s'opposent à l'avis de la majorité aient communiqué les motifs de leur opposition, et sans que ces motifs aient été dûment examinés et discutés.

14. Pour ce qui regarde en particulier les institutions organiques, non-seulement la question préalable, s'il y a lieu à s'en occuper dans les circonstances données, mais aussi les bases et les dispositions essentielles des plans présentés à cet effet seront arrêtées en Assemblée générale et à l'unanimité des voix. Si la décision est favorable aux projets, les délibérations sur le détail de son exécution seront du ressort du conseil permanent, lequel décidera, à la pluralité des voix, toutes les questions y relatives, et pourra, s'il le juge convenable, nommer parmi les membres une commission chargée de concilier les opinions différentes, en satisfaisant autant que possible aux intérêts et aux vues de chaque gouvernement.

15. Dans les affaires où il s'agit de droits individuels (*jura singulorum*), et qui ne regardent pas les États confédérés comme membres de l'Union, mais en leur qualité d'États indépendants, aucune résolution obligatoire ne saurait être prise sans le libre assentiment de ceux qui y sont spécialement intéressés. Il en est de même dans les cas où des prestations ou contributions particulières non comprises dans les obligations communes à tous seraient exigées d'un État de la Confédération.

16. Lorsque les possessions d'une des maisons souveraines de l'Allemagne passent par succession à une autre de ces maisons, il appartient au corps de la Confédération

de décider, si le nouveau possesseur doit jouir des voix attachées auxdites possessions dans l'Assemblée générale, attendu que dans le Conseil permanent aucun membre de la Confédération ne peut avoir qu'une seule voix.

17. La Diète est appelée à conserver intact l'esprit de l'acte fédéral, en prononçant conformément au but de l'union sur les doutes que l'une ou l'autre des dispositions de cet acte pourrait faire naître, et en lui assurant sa juste application dans tous les cas où il serait nécessaire de l'interpréter.

18. Le maintien inviolable de la paix dans le sein de la Confération étant un des principaux objets de cette union, chaque fois que la tranquillité intérieure du corps germanique sera menacée ou troublée d'une manière quelconque la Diète prendra les résolutious nécessaires pour la conserver ou pour la rétablir, se conformant pour cet effet aux dispositions annoncées dans les articles suivants:

19. Lorsque les voix de fait sont à craindre, ou ont effectivement eu lieu entre des membres de la Confédération, la Diète procédera à des mesures provisoires, pour prévenir ou arrêter toute entreprise tendant à obtenir justice par des moyens violents. Elle veillera avant tout au maintien de l'État de possession.

20. Lorsque la Diète se trouve dans le cas de remplir ce devoir sur la réquisition d'un membre de la Confédération, et que l'État de possession serait douteux, elle est spécialement autorisée à inviter un des gouvernements confédérés, placé dans le voisinage du territoire, à faire examiner sommairement et sans délai par sa cour de justice suprême le fait de la dernière possession légale, et les circonstances qui ont donné lieu à la plainte, sauf à la Diète d'assurer par tous les moyens mis à sa disposition en pareil cas l'exécution de la sentence prononcée par ladite cour, si l'État contre lequel elle est portée ne se rendait pas librement à la sommation qui lui serait adressée à cet effet.

21. Dans tous les différends soumis à la Diète en vertu de l'acte fédéral, la Diète essaiera d'abord la voie de la conciliation, moyennant une commision qui en sera chargée. Si l'affaire ne peut pas s'aplanir par cette voie, la

Diète en provoquera la décision par un jugement austrégal, en observant (tant qu'il ne sera pas autrement con-
venu) les règles prescrites sur les juridictions austrégales
par l'arrêté du 16 juin 1817, ainsi que les instructions
particulières qu'elle recevra conjointement avec le présent
acte.

22. Lorsque, conformément au susdit arrêté, la cour
suprême d'un État confédéré a été choisie pour servir de
cour austrégale, c'est à elle seule qu'appartient la direction du procès et la décision de l'affaire dans ses points
principaux et accessoires, sans que ni la Diète ni le gouvernement du pays puissent y concourir. Toutefois ce dernier, s'il est requis par la partie plaignante, doit prendre
les mesures nécessaires pour accélérer le jugement.

23. A défaut d'autres règles de décision, le tribunal
austrégal prononcera d'après les autorités juridiques subsidiairement dans les causes de cette nature par les anciens
tribunaux de l'Empire, en tant qu'elles se trouveront applicables aux rapports actuels des États confédérés.

24. L'institution du jugement austrégal pour la Confédération ne déroge point aux juridictions austrégales établies par des pactes de famille ou par d'autres conventions
antérieures, et il sera toujours libre aux gouvernements
confédérés de convenir à leur gré soit pour un cas spécial, soit pour toutes les contestations qui pourraient survenir entre eux, d'austrègues ou de compromis particuliers.

25. Le maintien de l'ordre et de la tranquillité dans
l'intérieur des États confédérés appartient aux gouvernements seuls; cependant l'intérêt commun de la Confédération et l'obligation de ses membres de se prêter secours
mutuellement admettent comme exception à ce principe la
coopération générale, dans le cas d'une résistance formelle éprouvée par un gouvernement, dans celui d'une
révolte ouverte, et dans celui des mouvements dangereux
menaçant à la fois plus d'un État de la Confédération.

26. Lorsque dans un État confédéré la tranquillité publique est compromise par des actes de résistance formelle aux autorités établies, et qu'il y a lieu de craindre
que le mouvement séditieux ne se communique aux États

voisins, ou lorsqu'une révolte a effectivement éclaté, et
que le gouvernement, après avoir épuisé tous les moyens
que lui offre sa propre législation, invoque lui-même l'assistance de la Confédération, la Diète est tenue à faire
porter les secours les plus prompts pour le rétablissement
de l'ordre légal. Si, dans ce dernier cas, le gouvernement
en question est notoirement hors d'état de réprimer la révolte, et en même temps empêché par les circonstances de
réclamer les secours de la Confédération, la Diète n'en
prendra pas moins, sans y être expressément appelée, les
mesures qu'elle jugera convenables. Dans aucun cas, ces
mesures ne pourront s'étendre que jusqu'au terme que le
gouvernement auquel l'assistance a été prêtée croira devoir indiquer lui-même pour les faire cesser.

27. Le gouvernement qui aura reçu un pareil secours
est tenu d'informer la Diète des causes qui ont donné lieu
aux troubles ainsi que des mesures adoptées pour rétablir
et raffermir l'ordre légal.

28. Lorsque la tranquillité publique est menacée dans
plusieurs États confédérés par des associations et des ma-
chinations dangereuses, contre lesquelles les mesures communes peuvent seules offrir une barrière suffisante, la
Diète mettra en délibération et arrêtera ces mesures, après
s'être concertée avec les gouvernements le plus immédiatement exposés au danger.

29. Si le cas du déni ou de suppression de justice a
lieu dans un État confédéré, et si la partie lésée ne peut
obtenir le redressement de ses griefs par les voies ordinaires et légales, la Diète est dans l'obligation de recevoir les
plaintes qui lui seront adressées à cet égard, de les examiner dans le sens de la constitution et de la législation du
pays auquel elles se rapportent, et d'engager le gouvernement qui les a provoquées à y remédier dans les formes
judiciaires.

30. S'il arrive qu'il ne puisse être fait droit aux réclamations élevées par des particuliers, parce que l'obligation
d'y satisfaire est douteuse ou contestée entre plusieurs
États confédérés, la Diète, sur la demande des parties intéressées, essaiera d'abord un arrangement à l'amiable, et
si cet arrangement ne réussit pas, et que dans un terme à

fixer les États que l'affaire concerne ne puissent s'entendre sur un compromis, elle fera décider la question par un jugement austrégal.

31. La Diète a le droit et l'obligation de veiller à l'exécution de l'acte fédéral et des autres lois fondamentales, des arrêtés qu'elle aura pris en vertu de sa compétence, des sentences rendues par les cours austrégales, des décisions arbitrales portées à la suite de son intervention, et des arrangements de gré à gré effectués sous sa médiation, ainsi qu'au maintien des garanties spéciales dont la Confédération s'est chargée. Si les autres moyens constitutionnels ne suffisent pas pour cet effet, elle aura recours aux mesures d'exécution proprement dites, en observant strictement la marche et les formes prescrites à cet égard dans le règlement d'exécution rédigé séparément du présent acte.

32. Chaque gouvernement de la Confédération ayant l'obligation de tenir la main à l'exécution des lois et résolutions communes, et la Diète n'étant pas autorisée à intervenir dans les affaires intérieures des États confédérés, les mesures d'exécution ne peuvent être dirigées que contre les gouvernements eux-mêmes. Il y a exception à cette règle lorsqu'un gouvernement, en cas d'insuffisance de ses propres moyens, a réclamé le secours de la Confédération, ou lorsque la Diète, dans les conjonctures prévues par l'article 26, a concouru au rétablissement de l'ordre public sans en avoir été requise. Dans le premier cas cependant il sera toujours procédé de concert avec le gouvernement auquel le secours est prêté, et il en sera de même dans le second cas aussitôt que le gouvernement en question aura recouvré son autorité.

33. Les mesures d'exécution seront arrêtées et réalisées au nom de la Confédération. A cet effet, la Diète ayant égard aux circonstances locales et aux relations particulières chargera un ou plusieurs gouvernements non intéressés dans l'affaire de tout ce qui a rapport à ces mesures. Elle déterminera en même temps les forces militaires à employer et la durée de leur emploi, calculées d'après l'objet de l'exécution.

34. Le gouvernement qui reçoit une pareille commis-

sion dont il est obligé de se charger comme d'un *devoir fédéral*, nommera à cet effet un commissaire civil qui conduira directement les mesures d'exécution, en se conformant à l'instruction spéciale rédigée ensuite des dispositions de la Diète, par le gouvernement dont il tient ses pouvoirs. Si la commission a été donnée à plusieurs gouvernements, la Diète désignera celui qui doit nommer le commissaire civil. Le gouvernement investi de la commission instruira la Diète du résultat de l'exécution, et lui en annoncera le terme aussitôt que l'objet aura été complètement rempli.

35. La Confédération germanique a le droit, comme puissance collective, de déclarer la guerre, de faire la paix, de contracter des alliances et de négocier des traités de toute espèce. Toutefois, d'après le but de son institution, tel qu'il est énoncé dans l'art. 2 de l'acte fédéral, elle n'exerce les droits que pour sa propre défense pour l'intégrité et la sûreté de son territoire, et pour l'inviolabilité de chacun de ses membres.

36. Les Etats confédérés ayant pris, par l'art. 11 du Pacte fédéral, l'engagement de défendre contre toute attaque l'Allemagne dans son ensemble, et chacun de leurs co-Etats en particulier, et de se garantir réciproquement l'intégrité de leurs possessions comprises dans l'Union, aucun Etat confédéré ne peut être lésé par une puissance étrangère, sans que la lésion porte en même temps et au même degré sur la totalité de la Confédération. D'un autre côté, les Etats confédérés s'engagent à ne donner lieu à aucune provocation de la part des puissances étrangères, et à n'en exercer aucune envers elles. Dans le cas où un État étranger porterait plainte à la Diète d'une lésion qu'il aurait éprouvée de la part d'un membre de la Confédération, la Diète, après avoir vérifié le fait, prendra les mesures nécessaires pour que réparation prompte et satisfaisante soit donnée par celui qui a causé la plainte, et pour que toute complication hostile soit écartée à temps.

37. Lorsque des différends surviennent entre une puissance étrangère et un Etat de la Confédération, et que le dernier réclame l'intervention de la Diète, celle-ci examinera à fond l'origine de la dispute et l'Etat réel de la ques-

tion. S'il résulte de cet examen que le droit n'est pas du côté de l'Etat confédéré, la Diète fera valoir les représentations les plus sérieuses pour l'engager à se désister de la contestation, lui refusera son intervention et avisera, en cas de besoin, aux moyens convenables pour le maintien de la paix. Si l'examen préalable prouve le contraire, la Diète emploiera ses bons offices de la manière la plus efficace, et les étendra aussi loin qu'il sera nécessaire pour assurer à la partie réclamante satisfaction et sûreté complètes.

38. Lorsque l'avis d'un membre de la Confédération ou d'autres données authentiques, portent à croire que l'un ou l'autre des Etats confédérés ou la Confédération entière sont menacés d'une attaque hostile, la Diète examinera sans aucun retard si le danger est réel, et prononcera sur cette question le plus tôt possible. Si le danger est reconnu, la résolution qui se déclarera, sera immédiatement suivie de l'arrêté relatif aux mesures des défenses auxquelles, dans ce cas, on aura recours sur-le-champ.

La résolution, ainsi que l'arrêté qui l'accompagne, sont du ressort du conseil permanent, procédant à la pluralité des suffrages.

39. Lorsque le territoire de la Confédération est envahi par une puissance étrangère, l'Etat de guerre est établi par le fait de l'invasion ; et quelle que soit la décision ultérieure de la Diète, des mesures de défense proportionnées au danger doivent être adoptées sans retard.

40. Si la Confédération se voit obligée de déclarer formellement la guerre, cette déclaration ne peut émaner que de l'assemblée générale, procédant, selon la règle établie à la majorité des deux tiers des suffrages.

41. La résolution prononcée en conseil permanent, sur la réalité du danger d'une attaque hostile, rend tous les Etats confédérés solidaires des mesures de défense que la Diète aura jugées nécessaires. De même, la déclaration de guerre, prononcée en assemblée générale, constitue tous les Etats confédérés parties actives dans la guerre commune.

42. Si la question préalable relative à l'existence du danger, est décidée négativement par la majorité des voix, ceux des Etats confédérés qui ne partagent pas l'avis de la

majorité, conservent le droit de concerter entre eux des mesures de défense communes.

43. Lorsque le danger et la défense ne regardent que tel ou tel Etat confédéré, et que l'une ou l'autre des parties litigentes en appelle à la médiation de la Diète, celle-ci, si elle juge la proposition compatible avec l'état des choses et avec sa propre attitude, et si l'autre partie y consent, se chargera de la médiation : bien entendu qu'il n'en résultera aucun préjudice à la poursuite des mesures générales pour la sûreté du territoire, et moins encore aucun retard dans l'exécution de celles qui se trouveraient déjà arrêtées.

44. Lorsque la guerre est déclarée, il est libre à tout Etat confédéré de fournir à la défense commune une force plus considérable que celle de son contingent légal, sans toutefois que cette augmentation l'autorise à former des prétentions quelconque à la charge de la Confédération.

45. Si, dans une guerre entre des puissances étrangères, ou par d'autres évènements il y a raison de craindre une infraction à la neutralité du territoire de la Confédération, la Diète arrêtera sans délai, en conseil permanent, les mesures extraordinaires qu'elle jugera propres au maintien de cette neutralité.

46. Lorsqu'un État confédéré ayant des possessions hors des limites de la Confédération, entreprend une guerre en sa qualité de puissance européenne, la Confédération, dont une pareille guerre n'affecte ni les rapports, ni les obligations, y reste absolument étrangère.

47. Dans le cas qu'un tel État se trouverait menacé ou attaqué dans les possessions non comprises dans la Confédération, celle-ci n'est obligée de prendre des mesures de défense, ou une part active à la guerre qu'après que la Diète aurait reconnu en conseil permanent, et à la pluralité des voix, l'existence d'un danger pour le territoire de la Confédération. Dans ce dernier cas, toutes les dispositions des articles précédents trouveraient également leur application.

48. La disposition de l'acte fédéral d'après laquelle, lorsque la guerre est déclarée par la Confédération, aucun de ses membres ne peut entamer des négociations avec l'ennemi ni signer la paix ou un armistice, est indistincte-

ment obligatoire pour tous les États confédérés, qu'ils possèdent ou non des pays hors du territoire de la Confédération.

49. Lorsqu'il s'agit de négociation pour conclure la paix ou un armistice, la Diète en confiera la direction spéciale à un comité qu'elle établira pour cet objet. Elle nommera de même des plénipotentiaires pour conduire les négociations d'après les instructions dont ils seront munis. L'acceptation et la confirmation d'un traité de paix ne peuvent être prononcées qu'en assemblée générale.

50. Par rapport aux affaires étrangères en général, la Diète a l'obligation :

1° De veiller comme organe de la Confédération au maintien de la paix et des relations d'amitié des États étrangers.

2. De recevoir les envoyés des puissances étrangères accrédités près de la Confédération, et d'en nommer s'il est jugé nécessaire, pour représenter la Confédération auprès des puissances étrangères.

3° De conduire, lorsqu'il y a lieu, des négociations, et de conclure les traités pour la Confédération.

4° D'interposer les bons offices auprès des gouvernements étrangers pour les membres de la Confédération qui les réclameraient, et de les employer de même auprès des États confédérés, dans des affaires où des gouvernements étrangers demanderaient son intervention.

51. La Diète est également chargée de pourvoir aux institutions organiques qui se rapportent au système militaire de la Confédération, ainsi qu'aux établissements de défense qu'exige la sûreté de son territoire.

52. Comme pour atteindre le but de la Confédération, et pour assurer l'administration de ses affaires, les États qui la composent doivent fournir des contingents pécuniers, il est dans les attributions de la Diète ;

1° De fixer le montant des dépenses constitutionnelles ordinaires autant que cela peut avoir lieu en général ;

2° D'indiquer les dépenses extraordinaires qu'exigeront les besoins de la Confédération, d'après les arrêtés de la Diète, basés sur les lois fondamentales, et de déterminer les contingents nécessaires pour couvrir ces dépenses ;

3° De régler la proportion matriculaire d'après laquelle chacun des États confédérés doit contribuer aux dépenses communes ;

4° Diriger la perception, l'emploi et la comptabilité des contingents.

53. Quoique l'acte fédéral en garantissant l'indépendance des États confédérés, ait écarté en principe général toute interposition du pouvoir fédératif dans l'organisation et l'administration intérieure de ces États, les membres de la Confédération sont cependant convenus dans la seconde partie de l'acte fédéral de quelques dispositions particulières se rapportant, soit à la garantie de certains droits confirmés par ledit acte, soit à des avantages communs aux sujets de tous les gouvernements allemands. La Diète est tenue de faire exécuter les engagements contractés en vertu de ses dispositions, lorsqu'il est suffisamment constaté par les déclarations des parties intéressées, qu'ils sont restés sans exécution. Toutefois, l'application aux cas particuliers des lois et ordonnances générales arrêtées en conformité desdits engagments, sera réservée au gouvernement seul.

54. Comme d'après l'art. 13 de l'acte fédéral, et les déclarations postérieures qui ont eu lieu à ce sujet, il doit y avoir des assemblées d'États dans tous les pays de la Confédération, la Diète veillera à ce que cette stipulation ne reste sans effet dans aucun État confédéré.

55. Il appartient aux princes souverains de la Confédération de régler cette affaire de législation antérieure dans l'intérêt de leurs pays respectifs, en ayant égard aux anciens droits des assemblées d'États, ainsi qu'aux relations actuellement existant.

56. Les constitutions des assemblées d'États actuellement en vigueur, ne pourront être changées que dans des voies constitutionnelles.

57. La Confédération germanique étant, à l'exception des villes libres, formée par des princes souverains, le principe fondamental de cette union exige que tous les pouvoirs de la souveraineté restent réunis dans le chef suprême du gouvernement, et que la coopération des États ne puisse les restreindre dans l'exercice de ces pouvoirs que dans les

cas spécialement déterminés par les constitutions du pays.

58. Aucune constitution particulière ne peut ni arrêter ni restreindre les princes souverains confédérés dans l'exercice des devoirs que leur impose l'union fédérative.

59. Dans les pays où la publicité des délibérations est reconnue par la constitution, il doit être pourvu par un règlement d'ordre à ce que ni dans les discussions mêmes, ni lors de leur publication, les bornes légales de la liberté des opinions ne soient outrepassées au détriment de la tranquillité publique du pays ou de l'Allemagne tout entière.

60. Lorsqu'un membre de la Confédération sollicite la garantie générale pour la constitution des assemblées d'États établis dans son pays, la Diète est autorisée à s'en charger. Elle acquiert par là le droit de maintenir cette constitution, lorsque l'une ou l'autre des parties intéressées en réclame la garantie, et d'applanir les différends qui pourraient s'élever sur son interprétation ou son exécution, soit par voie de médiation, soit par décision arbitrale, à moins que ladite constitution n'ait elle-même pourvu à d'autres moyens de concilier les différends de cette nature.

61. Hors le cas de la garantie spéciale et le maintien des principes ci-dessus énoncés relativement à l'article 13 de l'acte fédéral, la Diète n'est point autorisée à intervenir dans les affaires relatives aux assemblées d'État, ni dans des discussions qui pourraient avoir lieu entre ces Assemblées et leurs souverains, tant que ces discussions ne dépasseront pas les limites au delà desquelles elles se confondraient avec les cas désignés par l'art. 26, dont dès lors les dispositions, ainsi que celles de l'art. 27, leur seraient applicables.

Ce qui est établi par l'article présent, ne sera pas censé déroger à l'art. 46 de l'acte du Congrès de Vienne de 1815, relatif à la Constitution de la ville libre de Francfort.

62. Les dispositions précédentes, relatives à l'art. 13 de l'acte fédéral, s'appliquent aux villes libres, membres de la confédération, autant que leurs constitutions et relations particulières le permettent.

63. La Diète est appelée à surveiller l'accomplissement exact et entier des stipulations renfermées dans l'art. 14

de l'acte fédéral, relativement aux anciens États de l'empire médiatisés , et à la ci-devant noblesse de l'Allemagne. Les souverains dans les pays desquels les possessions des princes , comtes et seigneurs médiatisés , se trouvent incorporées , sont tenus , envers la Confédération , du maintien invariable des rapports de droit public , fondés sur lesdites stipulations ; et quoique les contestations particulières qui pourront s'élever sur l'application des ordonnances rendues, ou des conventions passées en conformité de l'art. 14 de l'acte fédéral , doivent être soumises à la décision des autorités compétentes des États dans lesquels sont situées les possessions des médiatisés ; ceux-ci n'en conserveront pas moins la faculté toutes les fois qu'ils n'obtiendraient pas justice par les voies légales et constitutionnelles , ou que , moyennant des interprétations arbitraires; il serait porté atteinte aux droits qui leur sont assurés par l'acte fédéral , de se pourvoir en recours auprès de la Diète, laquelle , le cas échéant , sera obligée de recevoir la plainte, et d'y faire droit si elle se trouve fondée.

64. Lorsque les membres de la Confédération proposeront à la Diète des mesures de bien public , dont l'accomplissement ne pourrait avoir lieu que par le concert de tous les États confédérés , et que la Diète reconnaîtra en principe l'utilité des mesures proposées et la possibilité de leur exécution , elle s'occupera avec soin des moyens de les réaliser , et fera toutes les démarches nécessaires pour obtenir en leur faveur le consentement libre et unanime des gouvernements de la Confédération.

65. La Diète continuera à s'occuper des objets qui, par les stipulations des art. 16 , 18 et 19 de l'acte fédéral , sont soumis à sa délibération , afin de parvenir , d'un commun accord , à des règlements aussi uniformes que les admettra la nature de ces objets.

Le présent acte sera porté à la Diète , moyennant une proposition présidiale , comme résultat d'un engagement invariable entre les gouvernements confédérés , pour ensuite, de leurs délibérations unanimes , y être convertie , par une résolution formelle, en loi fondamentale de la confédération , laquelle loi aura la même force et valeur que l'acte fédéral de 1815, et sera strictement observée et exécutée comme telle pour la Diète. (*Suivent les signatures.*)

ACTE CONSTITUTIONNEL
DU ROYAUME DE BAVIÈRE.

Nous, MAXIMILIEN-JOSEPH, par la grâce de Dieu, roi de Bavière, etc., déclarons qne les articles suivans forment la Constitution du royaume de Bavière.

TITRE Ier.

PRINCIPES GÉNÉRAUX.

Art. Ier Toutes les provinces, anciennes et nouvelles, du royaume de Bavière forment un État souverain et monarchique, d'après les déterminations contenues dans cet acte constitutionnel.

2. Il y aura pour tout le royaume une Assemblée des états-généraux, divisée en deux chambres.

TITRE II.

DU ROI, DE LA SUCCESSION ET DE LA RÉGENCE.

1. Le roi est le chef suprême de l'État; il réunit en sa personne tous les droits du suprême pouvoir, et les exerce d'après les déterminations qu'il a lui-même fixées par cet acte constitutionnel. Sa personne est sacrée et inviolable.

2. La couronne est héréditaire dans la ligne masculine, selon l'ordre de primogéniture de la famille royale, et par collatéraux mâles de branche en branche.

3. Le droit de succession ne peut appartenir qu'aux enfants légitimes, et issus d'un mariage consenti par le roi.

4. Les princes sont majeurs à dix-huit ans révolus.

5. La régence a lieu pendant la minorité du roi, ou dans le cas que le roi, en s'absentant, n'ait pourvu lui-même à l'administration du royaume.

6. Le monarque a le droit de choisir lui-même le régent du roi mineur; s'il ne l'a pas fait, la régence appartient au plus proche collatéral majeur.

7. Lorsque le roi sera empêché d'exercer ses fonctions pour plus d'un an, et il n'y aura pas pourvu, les états-généraux en seront informés, et la régence constitutionnelle sera établie de leur consentement.

8. Dans le cas où il n'y aura point de collatéral mâle, la régence appartient à la reine douairière. A défaut de reine, la régence passe au fonctionnaire de la couronne qui aura été désigné par le dernier roi; et, à défaut de désignation, au premier de ces fonctionnaires, s'il n'y a aucun obstacle légal.

9. Dans tous les cas, la reine douairière a le droit de surveiller l'éducation de ses enfants, sous l'inspection du régent.

10. La régence s'exercera toujours au nom du roi mineur, incapable ou absent; la monnaie portera son nom, ses armes et ses titres. Le régent signera, *administrateur du royaume de Bavière.*

11. Le régent, au moment de son entrée en fonctions, doit assembler les états-généraux, et prêter devant eux, et en présence des ministres et conseillers d'État, le serment suivant: « Je jure de gouverner l'État conformé- « ment à la Constitution et aux lois du royaume et les « droits de la couronne et de remettre fidèlement au roi le « pouvoir dont l'exercice m'est confié avec l'aide de Dieu, « et de son saint Évangile ».

12. Le régent exerce tous les droits du suprême pouvoir qui ne sont pas formellement exceptés par la constitution.

13. Il ne nomme que provisoirement à tous les offices, exceptés ceux de justice; il ne peut ni accorder des fiefs ni introduire de nouveaux offices.

14. Le régent est obligé, dans toutes les affaires imtantes, de prendre l'avis de la totalité des ministres qui forment le conseil de régence.

15. Le régent habitera le Palais-Royal, et ses appointements sont fixés à deux cent mille florins.

16. La régence cesse de droit avec la minorité du roi, ou avec la cause qui le rend incapable de gouverner.

17. Aussitôt que le roi aura prêté serment, l'administration de la régence sera close et l'avènement du roi proclamé.

TITRE III.

DU DOMAINE DE L'ÉTAT.

1. L'étendue totale du royaume de Bavière formera un tout unique, indivisible et inaliénable, composé de l'universalité des terres, seigneuries, domaines, droit de régale et les appartenances. De même, toutes les nouvelles acquisitions en vertu de titres privés dans les lignes collatérales, et que l'héritier n'en a point disposé pendant sa vie, seront incorporés à la masse totale.

2. Sont considérés comme inaliénables :

1° Les archives et registres ; 2° les établissements et édifices publics avec leurs dépendances ; 3° les armes et munitions de guerre nécessaires à la défense de l'État ; 4° toutes les appartenances et mobilier de la couronne et des maisons de plaisance du roi ; 5° le trésor particulier ; 6° toutes les collections appartenant aux arts et aux sciences ; 7° le trésor de l'État ; 8° enfin, tout ce qui a été acquis des deniers de l'État.

3. L'universalité des domaines de l'État est et demeure à jamais inaliénable.

4. Il ne peut être accordé à aucun citoyen un affranchissement des charges publiques.

5. Les fiefs actuellement concédés sont exceptés de ces dispositions.

6. Le roi pourra faire des échanges de domaines et autres opérations commandées par les principes d'une bonne administration, à condition que les revenus du domaine ne soient point diminués.

TITRE IV.

DES DROITS ET DES DEVOIRS GÉNÉRAUX.

1. L'indigénat est une condition nécessaire pour exercer la plénitude des droits civils et politiques en Bavière.

2. La perte de l'indigénat entraîne la perte des droits politiques.

3. Le domicile est une condition nécessaire pour pouvoir exercer les droits de citoyen.

4. Les indigènes ou les naturalisés peuvent seuls obtenir les places de dignitaires de la couronne, dans l'armée et dans les administrations publiques.

5. Toutes les corvées illimitées préexistantes, doivent être changées en services limités ; ceux-ci même pourront toujours être rachetés.

6. L'État garantit à chaque habitant la sûreté de sa personne, de ses propriétés, de ses droits. personne ne peut être soustrait à son juge ordinaire, et arrêté ni poursuivi que d'après les formes prescrites par la loi ; personne ne peut être exproprié à titre d'utilité publique, sans l'autorisation du conseil d'État, et sans le paiement préalable d'une indemnité.

7. La liberté de conscience est assurée à chaque habitant. Le culte domestique, dans quelque religion que ce soit, ne saurait être interdit. La propriété des fondations pieuses est garantie. Le pouvoir ecclésiastique ne pourra jamais être entravé dans la sphère de ses attributions religieuses ; cependant, il ne pourra publier aucune ordonnance ou loi sans la permission du gouvernement.

8. Les fondations destinées au culte, à l'instruction et à la bienfaisance, sont protégées par l'État, et ne peuvent être aliénées sans le consentement des états-généraux.

9. La liberté de la presse sera limitée par une loi.

10. Tous les citoyens, sans distinction, concourent à la composition des cadres de l'armée, et à la prestation des impôts.

11. Tout Bavarois ayant satisfait aux lois, peut s'établir dans un autre État allemand et y accepter du service.

V.

DES DROITS SPÉCIAUX ET DES PRIVILÉGES.

1. Les dignités de la couronne peuvent être données en viager, ou considérées comme fiefs héréditaires, par ordre de primogéniture. Les titulaires de ces dignités sont, de droit, membres de la première chambre des états-généraux.

2. Sont garanties, aux princes et aux comtés, ci-devant État de l'empire germanique, les prérogatives et droits spécifiés dans l'édit particulier qui les concerne.

3. La noblesse conservera ses droits antérieurs.

4. Le reste de la noblesse du royaume conserve, comme tous les propriétaires territoriaux, les droits que la loi organique leur assigne; elle jouira en outre de l'exemption des tribunaux de district, au civil et au criminel.

5. Les ecclésiastiques jouiront également du privilége d'une juridiction spéciale. L'exemption relative à la conscription leur est applicable, ainsi qu'aux fils des conseillers des colléges ministériels et de tous les fonctionnaires d'un rang plus élevé.

6. L'avancement et les pensions suivront constamment la loi qui les concerne.

TITRE VI.

DE L'ASSEMBLÉE DES ÉTATS-GÉNÉRAUX.

1. L'Assemblée des États consiste en deux Chambres, celle des sénateurs du royaume et celle des députés.

2. La chambre des sénateurs du royaume est composée, 1° des princes majeurs de la famille royale; 2° des dignitaires et officiers de la couronne; 3° de deux archevêques; 4° des chefs des anciennes familles de princes et comtes qui étaient États de l'empire germanique. Ils seront sénateurs du royaume, par succession héréditaire; 5° d'un évêque nommé par le roi, et de chaque président actuel du Consistoire protestant; 6° des personnes que le roi, soit à cause de leur naissance ou de leur fortune, soit en

considération des services distingués qu'ils auraient rendus à l'État, nommera spécialement pour être membres de ce Conseil, par voie héréditaire ou leur vie durant.

3. Ceux qui sont privés des droits civils et qui ne paient pas un impôt foncier de 300 florins ne peuvent jouir du droit héréditaire sus-indiqué.

4. Le nombre des sénateurs viagers ne peut dépasser le tiers des sénateurs héréditaires.

5. Les sénateurs héréditaires ont entrée dans la Chambre à l'époque de leur majorité. Les princes n'auront voix décisive qu'à vingt et un ans, et les autres sénateurs à vingt-cinq ans commencés.

6. La Chambre des sénateurs ne peut s'ouvrir que lorsqu'il y aura au moins la moitié de ses membres présents.

7. La deuxième Chambre des États se compose des propriétaires fonciers qui exercent dans leurs terres une juridiction seigneuriale et qui n'ont pas droit de séance et de vote dans la première Chambre; des députés des universités; d'ecclésiastiques des églises catholiques et protestantes; de députés des villes et des bourgs, ou des propriétaires qui ne sont pas compris parmi ceux désignés ci-dessus.

8. Le nombre des membres se règle en général sur celui des familles du royaume, dans la proportion d'un député sur sept mille familles.

9. Sur ce nombre ainsi déterminé, la classe des propriétaires nobles fournira un huitième; celle des ecclésiastiques, tant catholiques que protestants, également un huitième, la classe des villes et bourgs un quart; la classe des autres propriétaires qui n'ont point de justice seigneuriale moitié du nombre des députés, et chacune des trois universités, un membre.

10. Un édit spécial distribuera le nombre des députés dans chaque district ou arrondissement du royaume.

11. Chaque classe élit séparément le nombre de députés qui lui est assigné par la loi. Les députés seront élus pour six ans; et si l'un d'eux meurt pendant cette période, il sera remplacé par celui qui aura eu, après lui, un plus grand nombre de voix.

12. Les députés doivent avoir par eux-mêmes le droit

de citoyen, sans égards à leur rapport comme serviteurs de l'État ; ils doivent posséder dans le district et payer l'impôt foncier établi par la loi ; ils doivent avoir trente ans révolus et n'avoir jamais subi un procès criminel ou correctionnel sans y avoir été complètement acquittés.

13. Tous les six ans il se fera une nouvelle élection des députés, ainsi que dans le cas de dissolution de la Chambre par le roi, et les députés sortant pourront être réélus.

14. Lorsque, pendant la législature, un député perd, soit les propriétés, les droits seigneuriaux, le bénéfice ecclésiastique ou la branche d'industrie qui le rendait éligible, soit les qualités indiquées dans l'art. 12, et sans lesquelles il ne peut rester député, après une délibération de la Chambre et après avoir été entendu dans sa défense, il doit être exclu de la Chambre.

15. La Chambre ne peut se constituer si elle ne réunit au moins les deux tiers des membres présents.

16. La session de la Chambre des sénateurs s'ouvre et se ferme en même temps que celles de la Chambre des députés.

17. Les membres des deux chambres ne peuvent se faire remplacer par des fondés de pouvoir.

18. La proposition de l'impôt se fait d'abord dans la Chambre des députés, et elle est ensuite renvoyée à la Chambre des sénateurs. Toute autre matière peut être indistinctement proposée à l'une ou à l'autre chambre, selon les ordres du roi.

19. Aucun des objets soumis à la délibération des deux chambres ne peut être discuté exclusivement dans l'une d'elles, et la décision d'une seule chambre n'a jamais l'effet d'un consentement des états-généraux.

TITRE VII.

DES FONCTIONS DE L'ASSEMBLÉE ET DES ÉTATS-GÉNÉRAUX.

1. Les deux chambres ne pourront délibérer que sur les objets appartenant à la sphère de leur action et spécifiés dans les articles suivants :

2. Sans la délibération et l'assentiment des États du

royaume, on ne pourra rendre aucune loi générale qui concerne la liberté des personnes ou la propriété des sujets de l'État, ni y apporter aucun changement, ni la révoquer et en donner une explication authentique.

3. Le roi demande le consentement des États pour asseóir tous les impôts directs, ainsi que les nouvelles taxes indirectes, et pour augmenter ou changer celles qui existent.

4. Immédiatement après l'ouverture de la session, il sera mis sous les yeux des états-généraux un budget ou un aperçu de tous les besoins et de toutes les recettes de l'État. Cet aperçu sera examiné par un comité, et ensuite les états-généraux délibéreront sur les impôts à lever.

5. Les impôts directs nécessaires pour couvrir les dépenses ordinaires, fixes ou prévues d'avance, y compris les fonds de réserve, seront votés chaque fois pour *six années*. Afin d'éviter une stagnation dans l'économie politique, les impôts continueront à être payés, pendant l'année financière dans laquelle la première assemblée des états-généraux aura été convoquée, sur le même pied où ils ont été payés pendant l'année précédente.

6. Un an avant le terme pour lequel les dépenses fixes auront été convenues, par conséquent dans six années d'ici, le roi fait soumettre aux états-généraux le budget nouveau pour les six années suivantes.

7. Dans le cas où le roi serait empêché par des circonstances extérieures et extraordinaires de convoquer les états-généraux dans la dernière année de ce terme du vote ordinaire, il a le droit de continuer à lever pendant six ans les impôts dernièrement votés.

8. Dans le cas où un besoin extraordinaire et imprévu rendrait insuffisant le revenu existant de l'État, le roi demandera aux états-généraux leur consentement à des contributions extraordinaires.

9. Les états-généraux ne pourront mettre aucune condition au vote de l'impôt.

10. Les États seront à chaque session exactement informés de l'emploi des revenus de l'État.

11. La totalité de la dette publique est mise sous la garantie des états-généraux. Leur consentement est néces-

saire pour augmenter la dette publique, soit en capital, soit en rentes.

12. Une augmentation de la dette publique ne doit avoir lieu que dans le cas de nécessité urgente, pour ne pas surcharger le peuple d'impôts et pour couvrir les dépenses véritablement utiles.

13. Le plan de l'amortissement de la dette est soumis aux états-généraux et ne saurait être changé sans leur consentement, ni les fonds détournés à d'autres usages.

14. Chaque chambre nommera un commissaire qui assistera la commission royale d'arrondissement, prendra connaissance de ses actes, et veillera à ce qu'elle suive les règles établies.

15. Dans le cas de dangers menaçans du dehors, lorsqu'il pourra être indispensable de lever des capitaux, et lorsque les circonstances extérieures rendront la convocation des États-généraux impossible, les deux commissaires auront le droit de donner, au nom des États, leur consentement provisoire à ces emprunts, sauf à soumettre l'affaire aux États, avant d'inscrire la dette sur les registres de l'État.

16. La situation de la caisse d'amortissement sera exactement portée à la connaissance des États-généraux à chaque session.

17. On ne peut changer la destination des fondations publiques, sans le consentement des États.

18. On ne peut concéder des domaines ou des rentes sur l'État, sans le consentement des États.

19. Les États-généraux ont le droit de soumettre au roi leurs vœux et leurs propositions, dans une forme convenable, par rapport à tous les objets compris dans la sphère de leur action.

20. Chaque député a le droit individuel de soumettre à la chambre ses vœux et ses propositions relatives à ces objets. La chambre décide à la majorité des voix si la proposition doit être prise en considération, et dans le cas affirmatif, le renvoie à l'examen d'un comité. Les résolutions d'une chambre doivent toujours être communiquées à l'autre, et ne pourront être présentées au roi que lorsque l'autre chambre y a consenti.

21. Chaque citoyen et chaque commune peut adresser à l'Assemblée des États-généraux, ou à chaque chambre des remontrances sur la violation des droits constitutionnels. La chambre les fait examiner par le comité chargé de ce travail, et les prend en considération si le comité les y trouve propres. La chambre, si elle trouve les remontrances fondées, communique sa résolution à l'autre chambre; et lorsque celle-ci y consent, la résolution jointe des deux chambres est présentée au roi.

22. Le roi convoquera les États-généraux, au moins une fois tous les trois ans. Le roi ouvre la session en personne ou par un commissaire spécial. Les sessions ne doivent pas régulièrement durer au-delà de deux mois. Les Etats sont obligés de délibérer avant tout, sur les objets proposés par le roi.

23. Le roi a le droit à tout moment, de prolonger ou d'ajourner la session et de dissoudre l'Assemblée. Dans ce dernier cas, une nouvelle élection de la chambre des députés se fera au plus tard dans les trois mois.

24. Les ministres d'État pourront assister aux séances des deux chambres, même dans le cas où ils n'en seraient pas membres.

25. Chaque membre des États-généraux fait le serment suivant : « Je jure devant Dieu et sur son Evangile, fidélité » au roi, obéissance à la loi, et le maintien de la constitution; » je n'aurai en vue, dans l'Assemblée des Etats que le bien » général du royaume, sans aucun égard à des classes ou » ordres particuliers, conformément à ma conviction in- » time. »

26. Aucun membre des États-généraux ne peut être arrêté pendant la durée des sessions sans le consentement de la chambre à laquelle il appartient, le cas de flagrant délit excepté.

27. Aucun membre n'est responsable de l'opinion qu'il aura émise à la séance si ce n'est devant la chambre elle-même, et conformément au règlement des séances.

28. Un objet sur lequel les deux Chambres n'ont pu s'entendre, ne peut être mis en délibération de nouveau pendant la session.

29. La résolution royale sur les propositions des États ne sera communiquée qu'à la fin de la session.

30. Le roi seul sanctionne les lois et les promulgue sous sa signature et avec cette formule : « Ouï, notre conseil-« d'Etat, et avec le conseil et consentement de nos amés et « féaux les États-généraux du royaume. »

31. Pendant un ajournement, après la clôture, ou après la dissolution, les Chambres ne peuvent plus prendre aucune délibération légale.

TITRE VIII.

DE L'ADMINISTRATION DE LA JUSTICE.

Art. 1er. La justice émane du roi ; elle est administrée en son nom par les tribunaux dans une série d'instances déterminées par la loi.

2. Tous les tribunaux sont obligés de joindre à leurs sentences les motifs.

3. Les tribunaux sont indépendants dans les limites de leurs fonctions, et aucun juge ne peut être révoqué ou destitué qu'en vertu d'un jugement.

4. Le roi, dans les affaires criminelles, peut faire grâce de la peine infligée ; mais il ne peut jamais arrêter un procès ni une instruction commencée.

5. Le fisc royal, dans les questions de droits des particuliers, plaidera devant les tribunaux ordinaires.

6. La confiscation des biens est abolie.

7. Il y aura un même code civil et pénal pour tout le royaume.

TITRE IX.

DE L'ORGANISATION MILITAIRE.

Art. 1er. Tout Bavarois est obligé de coopérer à la défense de la patrie, conformément aux lois. Les ecclésiastiques sont exceptés.

2. Aucune force militaire ne peut agir que sur la réquisition de l'autorité civile compétente.

3. Les militaires, dans les affaires de service, ainsi que

dans les cas d'un crime ou d'un délit, sont justiciables des tribunaux militaires, dans les affaires civiles et mixtes, par les tribunaux ordinaires.

TITRE X.

DE LA GARANTIE DE LA CONSTITUTION.

Art. 1er. Le roi, à son avènement, prête devant une assemblée solennelle, composée des ministres, des conseillers d'État et d'une députation des deux Chambres (si elles sont réunies), le serment suivant :

« Je jure devant Dieu, et sur son saint Évangile, de « gouverner selon la constitution et les lois du royaume. » Un acte sera dressé de cette prestation de serment et déposé aux archives du royaume ; une copie authentique en sera remise aux États-généraux.

2. Le régent prête le serment prescrit par le tit. II, art. 11. Tous les princes majeurs de la famille royale prêtent aussi serment de maintenir la constitution.

3. Tous les citoyens, au moment de fixer leur domicile dans le royaume et lors de la prestation de foi et hommage, comme les fonctionnaires publics, jurent fidélité au roi, obéissance au lois, et le maintien de la constitution.

4. Les ministres d'État du roi et tous les fonctionnaires publics sont responsables du maintien de la constitution.

5. Les États-généraux ont le droit de faire au roi des remontrances sur la violation de la constitution par le ministère ou par toute autre autorité ; le roi y portera aussitôt remède, ou, si le cas lui paraît douteux, il fera examiner et décider l'affaire, selon sa nature, par le conseil d'État, ou par le tribunal suprême.

6. Si les États-généraux se croient obligés, par leur devoir, de présenter une accusation formelle contre un grand fonctionnaire de l'État, à cause d'une violation de la charte commise avec préméditation, les chefs d'accusation doivent être indiqués avec précision, et examinés dans chaque Chambre par un comité spécial. Si les deux Chambres s'entendent sur l'accusation, elles la présenteront au roi avec les pièces à l'appui. Le roi renvoie la décision au su-

prême tribunal, dans le sein duquel il sera formé, sur la demande de l'accusé, une cour servant de seconde instance. Le roi fera connaître le jugement définitif aux États.

7. Il ne peut être fait ni changement, ni diminution, ni addition à cette constitution sans le consentement des États ; le roi seul a le droit d'en faire la proposition, et les États ne peuvent en délibérer que sur la proposition royale. Pour prendre une décision sur une affaire aussi importante, il faut au moins la présence des trois quarts des membres de chaque Chambre, et une majorité des deux tiers.

PACTE FÉDÉRAL DE LA SUISSE.

Art. 1ᵉʳ. Les vingt-deux cantons souverains de la Suisse, savoir : Zurich, Berne, Lucerne, Uri, Schwitz, Unterwalden, Glaris, Zug, Fribourg, Soleure, Bâle, Schaffhouse, Appenzell des deux Rhodes, Saint-Gall, Grisons, Argovie, Thurgovie, Tessin, Vaud, Valais, Neuchâtel et Genève, se réunissent, par le présent pacte fédéral, pour le maintien de leur liberté et de leur indépendance contre toute attaque de la part de l'étranger, ainsi que pour la conservation de l'ordre et de la tranquillité dans l'intérieur. Ils se garantissent réciproquement leurs constitutions telles qu'elles auront été statuées par l'autorité suprême de chaque canton, en conformité et avec les principes du pacte fédéral. Ils se garantissent de même réciproquement leur territoire.

2. Pour assurer l'effet de cette garantie, et pour soutenir efficacement la neutralité de la Suisse, un contingent de troupe sera formé des hommes habiles au service militaire dans chaque canton, dans la proportion de deux soldats sur cent âmes. Suit la quantité du contingent de chaque canton.

Cette échelle est adoptée provisoirement; on en fera la révision à la première Diète ordinaire, en prenant pour base le principe de proportion indiqué ci-dessus.

3. Les contingents en argent pour les frais de guerre et autres dépenses générales de la Confédération seront payés par les cantons dans la proportion suivante, etc. (elle doit être proportionnée à l'impôt). Cette échelle de proportion devra également être revue et corrigée par la prochaine Diète ordinaire, qui aura égard autant que possible aux

réclamations formées par quelques cantons. Une révision semblable aura lieu dans la suite, ainsi que pour le contingent des troupes, tous les vingt ans.

Pour subvenir aux dépenses de guerre, il sera de plus formé une caisse militaire, dont les fonds doivent s'élever jusqu'au double du contingent en argent.

Cette caisse doit être exclusivement employée au paiement des frais de guerre, lorsque la Confédération fait une levée de troupes ; le cas échéant, la moitié des dépenses sera payée au moyen de la perception d'un contingent d'argent selon l'échelle de proportion ; et l'autre moitié sera prise dans la caisse de guerre.

Pour former cette caisse, il sera établi un droit d'entrée sur les marchandises qui ne sont pas des objets de première nécessité.

Les cantons frontières perçoivent ces droits et en rendent compte chaque année à la Diète.

La Diète fixe le tarif et règle le mode de comptabilité ; elle fait les dispositions nécessaires pour la conservation des fonds de la caisse de guerre.

4. Chaque canton, menacé au dehors ou dans son intérieur, a le droit d'avertir ses co-États de se tenir prêts à lui fournir l'assistance fédérale. Des troubles venant à éclater dans l'intérieur d'un canton, le gouvernement peut appeler d'autres cantons à son secours, en ayant soin toutefois d'en informer aussitôt le canton directeur.

Si le danger continue, la Diète, sur la demande du gouvernement prendra les déterminations ultérieures.

Dans le cas d'un danger subit provenant du dehors, le canton menacé peut acquérir le secours d'autres cantons ; mais il en donnera connaissance immédiatement au canton directeur. Il appartient à celui-ci de convoquer la Diète, laquelle fait alors toutes les dispositions que la sûreté de la Suisse exige.

Le canton ou les cantons requis ont l'obligation de prêter secours au canton requérant.

Dans le cas de danger extérieur, les frais sont supportés par la Confédération ; ils sont à la charge du canton requérant, s'il s'agit de réprimer des troubles intérieurs, à moins que, dans des circonstances particulières, il n'en soit autrement déterminé par la Diète.

5. Toutes les prétentions et contestations qui s'élèveraient entre des cantons sur des objets non compris dans la garantie du pacte de l'union, seront soumis au droit confédéral ; la manière de procéder et la forme de droit, sont réglées de la manière suivante :

Chacune des parties choisit entre les magistrats d'autres cantons deux arbitres, ou, si elles en sont d'accord, un seul arbitre.

Si le différend existe entre plus de deux cantons, chaque partie choisira le nombre d'arbitre déterminé.

Ces arbitres réunis cherchent à terminer le différend à l'amiable et par la voie de conciliation. S'ils ne peuvent y parvenir, les arbitres choisiront un sur-arbitre entre les magistrats d'un canton impartial dans l'affaire, et d'où l'on n'aurait déjà pris l'un des arbitres.

Si les arbitres ne peuvent absolument s'accorder sur le choix d'un sur-arbitre, et que l'un des cantons vienne à s'en plaindre, le sur-arbitre est nommé par la Diète ; mais dans ce cas les cantons qui sont en différend n'ont pas droit de voter. Le sur-arbitre et les arbitres essaient encore d'accorder le différend, ou bien si les parties s'en remettent à eux, ils décident par compromis. Aucun des deux cas ci-dessus n'échéant, ils prononcent définitivement sur la contestation selon droit.

Il ne peut être interjeté appel de cette sentence, et la Diète, en cas de besoin, la fait exécuter.

La question des frais, savoir : les déboursés des arbitres et du sur-arbitre, doit être décidée en même temps que la question principale.

Les arbitres et sur-arbitres nommés d'après les dispositions ci-dessus, seront déliés par leur gouvernement, pour le différend dont il s'agit, du serment qu'ils ont prêté à leur canton.

Dans les différends quelconques qui viendraient à s'élever entre les cantons, ceux-ci s'abstiendront de toutes voies de fait, à plus forte raison de l'emploi des armes, et se conformeront en tout à la décision rendue.

6. Les cantons ne peuvent former entre eux de liaisons

préjudiciables au pacte fédéral, ni aux droits des autres cantons.

7. La Confédération consacre le principe que comme, après la reconnaissance des vingt-deux cantons, il n'existe plus en Suisse de pays sujets ; de même aussi la jouissance des droits politiques ne peut jamais, dans un canton, être un privilége exclusif en faveur d'une classe de citoyens.

8. La Diète dirige, d'après les dispositions du pacte fédéral, les affaires générales de la Confédération. Elle est composée des députés des vingt-deux cantons qui votent d'après les instructions de leurs gouvernements. Chaque canton a une voix. Elle se rassemble dans le chef-lieu du canton directeur en session ordinaire toutes les années, le premier lundi de juillet; en session extraordinaire, lorsque le directoire la convoque, ou sur la demande de cinq cantons.

Le bourgmestre ou l'avoyer en charge du canton directeur la préside.

La Diète déclare la guerre et conclut la paix. Elle seule fait des alliances avec les puissances étrangères, mais pour ces décisions importantes les trois quarts de voix sont nécessaires. Dans toutes les autres affaires qui sont remises à la Diète par le pacte fédéral, la majorité absolue décide :

Les traités de commerce sont conclus par la Diète.

Les cantons peuvent traiter en particulier avec des gouvernements étrangers pour des capitulations militaires, ainsi que pour des objets économiques et de police ; mais ces conventions ne doivent blesser en rien ni le pacte fédéral, ni les droits constitutionnels des autres cantons. A cet effet, elles seront portées à la connaissance de la Diète.

Les envoyés diplomatiques de la Confédération, lorsque de telles missions sont jugées nécessaires, sont nommés et révoqués par la Diète.

La Diète prend toutes les mesures nécessaires pour la sûreté intérieure et extérieure de la Suisse ; elle règle l'organisation des troupes du contingent, les appelle en activité, détermine leur emploi ; nomme le général, l'état-major général et le colonel de la Confédération ; elle ordonne, d'intelligence avec les gouvernements cantonaux, l'inspection nécessaire sur la formation, l'armement et l'équipement du contingent militaire.

9. Dans des circonstances extraordinaires, la Diète, lorsqu'elle ne reste pas en permanence, peut déléguer des pouvoirs particuliers au canton directeur. Elle peut également, pour des objets d'une haute importance, adjoindre à l'autorité spécialement chargée de la gestion des affaires fédérales des représentants de la Confédération. Dans l'un et l'autre cas, deux tiers des voix sont nécessaires.

Les représentants fédéraux sont nommés par les cantons, lesquels alternent entre eux pour cette nomination dans les six classes suivantes :

Les deux cantons directeurs qui ne sont pas en charge nomment tour à tour le premier président.

Uri, Schwitz, Unterwalden, le second.

Glaris, Zug, Appenzell, Schaffhouse, le troisième.

Fribourg, Bâle, Soleure, Valais, le quatrième.

Grisons, Saint-Gall, Argovie, Neuchâtel, le cinquième.

Vaud, Thurgovie, Tessin, Genève, le sixième.

La Diète donne aux représentants de la Confédération les instructions nécessaires, et détermine la durée de leurs fonctions. Dans tous les cas, ces derniers doivent expirer à une nouvelle réunion de la Diète Les représentants sont indemnisés par la caisse centrale.

10. Lorsque la Diète n'est pas réunie, la direction des affaires générales est confiée à un canton directeur, avec les mêmes attributions que celles qu'il exerçait avant l'année 1798.

Le directoire alterne de deux ans en deux ans entre les cantons de Zurich, Berne et Lucerne; ce tour de rôle a commencé le 1ᵉʳ janvier 1815.

Il y aura auprès du canton directeur une chancellerie confédérale composée d'un chancelier et d'un secrétaire d'état, lesquels sont nommés par la Diète.

11. Le libre achat des denrées, des produits du sol et des marchandises, la libre sortie et le passage d'un canton à l'autre de ces objets, et du bétail, sont garantis, sauf les mesures de police nécessaires pour prévenir le monopole usuraire et l'accaparement. Ces mesures de police doiven

être les mêmes pour les ressortissants du canton comme pour les autres Suisses.

Les péages, droits de route et de pontenage actuellement existants et approuvés par la Diète sont conservés. On ne pourra, sans l'approbation de la Diète, ni en établir de nouveaux, ni hausser ceux qui subsistent, ni prolonger leur durée s'ils ont été accordés pour un temps déterminé.

Les droits de traite foraine d'un canton à l'autre sont abolis.

12. L'existence des couvents et chapitres et la conservation de leurs propriétés, en tant qu'elle dépend des gouvernements des cantons, sont garanties. Ces biens sont sujets aux impôts et contributions publiques, comme toute autre propriété particulière.

13. La dette nationale helvétique, fixée le 1er novembre 1804 au capital de trois millions cent dix-huit mille trois cent trente-six francs, demeure reconnue.

14. Tous les concordats et conventions conclus entre les cantons depuis 1803, lesquels ne sont pas contraires aux principes du présent pacte fédéral, restent dans leur état actuel, jusqu'à ce qu'ils aient été formellement révoqués. Quant aux décrets rendus par la Diète durant le même temps, on les réunira dans une collection pour les présenter, en 1816, à la révision de la Diète, qui décidera lesquels continueront à rester en force.

15. Le présent pacte fédéral ainsi que les constitutions cantonales seront déposés dans l'archive de la Confédération.

Suit la déclaration d'acceptation des vingt-deux cantons. (7 août 1815).

CONSTITUTION

DU CANTON DE VAUD.

TITRE PREMIER.

DIVISION DU TERRITOIRE, ET ÉTAT POLITIQUE DES CITOYENS.

Art. 1er. La ville libre de Lausanne est le chef-lieu du canton de Vaud.

2. Son territoire est divisé en soixante cercles et dix-neuf districts.

3. Les électeurs se réunissent, quand il y a lieu, pour les élections, en assemblées électorales de commune et de cercle.

Pour exercer les droits de citoyens dans ces assemblées il faut : 1° être bourgeois de l'une des communes du canton, ou attaché à l'une des corporations qui sont reconnues dans le canton et considérées comme des bourgeoisies; 2° être domicilié depuis un an dans la commune ou cercle : 3° être âgé de 25 ans.

Pour exercer les droits de citoyen dans une assemblée électorale de commune ou de cercle, il faut, de plus, entre les citoyens qui paient l'impôt foncier dans le canton, être du nombre des trois-quarts les plus imposés. Le père de trois fils inscrits et servant dans la milice, et qui réunira d'ailleurs les conditions de la bourgeoisie et de domicile, sera admis dans les assemblées électorales de commune et de cercle.

4. Les domestiques qui sont aux gages et au pain de leurs maîtres, ne seront ni électeurs, ni éligibles. Pareillement ne seront pas admis dans ces assemblées et ces conseils : 1° ceux qui sont à l'assistance d'une bourse publique, eux, leurs femmes ou leurs enfants, jusqu'à leur restitution ; 2° ceux qui sont sous le poids d'une contrainte par corps; 3° ceux qui ont failli, et qui ne présenteront une quittance entière de leurs créanciers ; 4° les interdits ; 5° ceux qui ont été condamnés à une peine infamante.

5. Ceux qui jouissent des droits politiques dans un autre canton ne pourront les exercer dans le canton de Vaud.

TITRE II.

POUVOIRS PUBLICS.

6. Dans chaque commune de 500 âmes il y aura un conseil général de commune; pour y être admis, il faut : 1° être bourgeois de l'une des communes du canton ou attaché à une corporation reconnue comme bourgeoisie ; 2° être domicilié dans la commune depuis un an ; 3° être âgé de trente ans ; 4° être chef de famille. Toutefois si dans le nombre de citoyens qui réunissent ces diverses conditions, il y en a plus d'un tiers qui ne soient pas bourgeois de la commune, on éliminera les moins imposés de ceux non bourgeois, afin que le conseil soit composé par les deux tiers au moins de bourgeois.

7. Dans la commune de plus de 500 âmes, il y a un conseil communal, qui est composé de vingt-cinq membres au moins et de cent au plus; ils y restent dix-huit ans, sont renouvelés par tiers, et sont toujours rééligibles.

8. Le conseil général de commune et le conseil communal sont présidés par le syndic de la municipalité. Ils examinent les comptes de la municipalité et arrêtent ses comptes; délibèrent sur les projets, d'aliénation et d'acquisition d'immeubles, sur les emprunts ou procès et sur la réception de la bourgeoisie ; la loi peut leur donner encore d'autres attributions.

9. La municipalité d'une commune est composée d'un syndic et de deux membres au moins et de seize au plus.

Ces officiers municipaux sont élus pour douze ans, renouvelés par tiers, et toujours rééligibles.

La loi détermine les attributions de chaque municipalité concernant : 1° la police locale ; 2° l'administration des biens de la commune et de la caisse des pauvres, et les détails d'administration générale. Les syndics sont chargés de l'exécution des lois dans leur commune.

10. Il y a un juge de paix pour chaque cercle ; le même juge de paix peut être préposé à deux cercles, pourvu qu'il demeure dans l'un ou dans l'autre ; il est chargé de l'exécution des lois et de la surveillance des administrations inférieures. Il concilie les différends des citoyens, il procède aux enquêtes préliminaires des délits, et juge les affaires civiles de police avec des assesseurs.

11. Le juge de paix préside l'assemblée électorale de son cercle. S'il est préposé à deux cercles, l'assesseur désigné par le conseil d'État préside l'assemblée de l'autre cercle.

12. Il y a des lieutenants du conseil d'État déterminés. Le même lieutenant peut être préposé à plusieurs districts ; mais il doit être domicilié dans l'un d'eux, il est chargé de l'exécution des lois et de la surveillance des autorités inférieures.

13. Un grand conseil, composé de cent quatre-vingts membres, nommés pour douze ans, renouvelé par tiers, et toujours rééligibles, exerce le pouvoir souverain ; il s'assemble le premier lundi de mai, dans la ville de Lausanne.

Sa session ordinaire est d'un mois au plus, à moins que le conseil d'État n'en prolonge la durée. Le grand conseil : 1° accepte ou rejette les projets de loi, de décret ou d'impôt qui lui sont présentés par le conseil d'État ; les indemnités des fonctionnaires publics et l'aliénation des domaines du canton, sont l'objet d'un décret ; 2° il se fait rendre compte de l'exécution des lois et décrets ; 3° il reçoit et arrête le compte des finances ; 4° il délibère sur les demandes de Diètes extraordinaires, nomme les députés à la Diète et leur donne des instructions ; 5° il vote au nom du canton. Ses séances sont publiques.

14. Un conseil d'État, composé de treize membres du grand conseil, lesquels continuent à en faire partie, et sont

toujours rééligibles , a l'initiave des projets de loi ; de décret et d'impôt.

Le conseil d'État : 1° est chargé de l'exécution des lois et décrets et prend les arrêts nécessaires ; 2° il surveille toutes les autorités inférieures, et leur donne les directions nécessaires , sauf l'indépendance des jugements ; 3° autorise l'aliénation et l'acquisition d'immeubles par les communes ; 4° il peut suspendre les municipalités qui s'écartent de leur devoir, et pourvoit provisoirement à leurs fonctions, sauf à en référer au grand conseil dans la première session ordinaire ; 5° il nomme et révoque ses agents : 6° il rend compte au grand conseil de toutes les parties de l'administration, et il se retire lorsqu'on délibère sur sa question et sur ses comptes ; 7° il dispose de la force armée pour le maintien de l'ordre public ; 8° il peut prolonger la durée des sessions ordinaires du grand conseil, et en convoquer d'extraordinaires.

15. Il y a dix-neuf tribunaux de première instance, dont l'organisation et la compétence sont déterminées par la loi.

16. Un tribunal d'appel , composé de treize membres nommés pour douze ans , renouyclés par quart et toujours rééligibles, prononce en dernier ressort. La loi statue sur les jugements en matière criminelle.

17. Un tribunal composé d'un membre du Conseil d'État , président , et de quatre membres du tribunal d'appel , prononce sur le contentieux de l'administration.

TITRE III.

MODE D'ÉLECTION ET CONDITIONS D'ÉLIGIBILITÉ.

18. Le Conseil communal est nommé par l'Assemblée électorale de la commune. Pour être nommé à ce Conseil, il faut être membre de l'Assemblée électorale de la commune et avoir trente ans révolus.

19. Les membres de la municipalité sont nommés, dans les communes de cinq cents âmes , par l'Assemblée électorale de la commune, entre les membres de cette Assemblée , et dans celle d'une population plus forte, par le Con-

seil communal, entre les membres du Conseil dont ils continuent à faire partie.

Toutefois, les trois quarts des places, soit dans le Conseil communal, soit dans les municipalités, doivent nécessairement être occupées par des bourgeois de la commune.

20. Les places au grand Conseil sont données de la manière suivante :

Les assemblées électorales de cercle seront convoquées quinze jours d'avance. L'annonce précédera la convocation de sept jours.

L'Assemblée électorale de cercle nomme dans son arrondissement un député direct au grand Conseil.

La ville de Lausanne, à raison de sa population, en nomme quatre.

Le juge de paix ne peut être nommé dans le cercle où il préside l'Assemblée.

Pour pouvoir être élu député direct au grand Conseil par l'Assemblée électorale du cercle, il faut, 1° être membre de cette Assemblée ; 2° être âgé de trente ans ; 3° être propriétaire de deux mille cinq cents francs en immeubles, sis dans le canton, ou de cinq mille en créances hypothécaires sur des immeubles sis dans le canton.

Cette condition de propriété sera réduite à mille cinq cents francs en immeubles sis dans le canton, ou à trois mille francs en créances hypothécaires pour les six cercles dans lesquels il se trouvera le moins de propriétaires en immeubles de deux mille francs et au-dessus.

21. De plus, chaque assemblée électorale nomme quatre candidats au grand Conseil, pris hors du cercle. Pour être nommé candidat par les Assemblées électorales de cercle, il faut, 1° être membre de l'Assemblée électorale d'un cercle du canton ; 2° être propriétaire de dix mille francs en immeubles, sis dans le canton, ou de vingt-quatre mille francs de créances hypothécaires dans le canton.

Cette condition de propriété sera réduite à sept mille francs en immeubles, sis dans le canton, ou quatorze mille francs en créances hypothécaires dans le canton pour les candidats pris dans les six cercles mentionnés à l'article 20.

Entre les candidats, le grand Conseil nomme, au scrutin

secret et à la majorité absolue des voix, soixante-trois membres du grand Conseil.

22. Enfin, une commission électorale, composée des membres du Conseil d'État, de ceux du tribunal d'appel et de quarante membres du grand Conseil désignés par le sort, élit, 1° trente-six membres du grand Conseil, pris entre tous les citoyens âgés de quarante ans, et propriétaires de dix mille francs en immeubles, ou de vingt mille francs en créances hypothécaires dans le canton; 2° dix-huit membres du grand Conseil, pris entre tous les citoyens âgés de vingt-cinq ans, et qui ne sont soumis à aucune condition de propriété.

Les cinquante-quatre membres nommés par la commission électorale, doivent d'ailleurs être, 1° bourgeois dans l'une des communes du canton, ou attachés à l'une des corporations reconnues dans le canton, et considérées comme bourgeoisies; 2° être domicilé depuis un an dans le canton.

23. La valeur des immeubles dont il est parlé dans les trois articles précédents, ainsi que partout ailleurs dans le présent acte constitutionnel, est fixé par le cadastre, après déduction de la moitié des sommes pour lesquelles lesdits immeubles sont grevés d'hypothèques, sauf l'hypothèque de la femme sur les biens de son mari, et celle du donateur universel sur les biens par lui donnés, lesquelles ne sont pas décrites.

L'usufruit du mari sur les biens de sa femme, et celui du fils à lui donner en dot sur les biens de son père, sont assimilés à la propriété.

Dans le cas où celui qui est appelé à faire la preuve de la condition de propriété serait tout à la fois propriétaire d'immeubles et de créances, il pourrra réunir des créances aux imeubles, mais dans une proportion toujours double de celles des immeubles.

24. Les places qui deviennent vacantes dans le grand Conseil, dans l'intervalle entre les époques de renouvellement, seront remplies de la manière suivante :

S'il s'agit d'un député direct, l'Assemblée électorale du cercle est convoquée dans les deux mois de la vacance, pour procéder à la nomination; s'il s'agit d'un membre nommé par le grand Conseil ou par la commission électorale , il est remplacé à la première assemblée du grand Conseil.

Les membres nommés de cette manière, le sont pour le même temps que ceux qui remplacent devaient encore être membres du grand Conseil.

25. Les cercles indemnisent chacun leur député direct. Les fonctions des autres membres du grand conseil sont gratuites.

26. Les membres du Conseil d'État sont nommés par le grand conseil pour douze ans, renouvelés par quart.

27. Le grand Conseil nomme entre les membres du Conseil d'État deux présidents qui portent le titre de landamman.

Les landammans restent quatre ans en charge ; ils alternent d'année en année, et ne sont pas immédiatement rééligibles.

A la première élection, un des landammans est nommé seulement pour deux ans.

Le landamman qui n'est pas en charge est vice-président du Conseil d'État. Celui en charge est président du grand Conseil.

Les landammans reçoivent un traitement particulier.

28. Les membres des tribunaux de première instance sont nommés par le Conseil d'État, sur deux listes triples présentées , l'une par le tribunal d'appel, qui pourra ; à son choix, faire sa nomination , soit dans cette liste, soit ailleurs. On ne peut choisir les membres des tribunaux de première instance qu'entre les citoyens propriétaires de trois mille francs en immeubles, ou de six mille francs en créances hypothécaires dans le canton.

29. Les membres du tribunal d'appel sont nommés par le grand Conseil entre les citoyens âgés de trente ans , et qui ont été ou membres d'une autorité supérieure , administrative ou judiciaire , ou membre, pendant cinq ans , d'un tribunal de première instance, ou juge de paix , ou avocats au tribunal d'appel, ou gradués docteurs ; ou licenciés en droit, même à l'étranger.

Le président du tribunal d'appel est nommé par le grand Conseil, pour trois ans , entre les membres du tribunal. Il est toujours rééligible.

TITRE IV.

DISPOSITIONS GÉNÉRALES.

31. Tout Suisse habitant du canton est soldat.

32. Il n'y a dans le canton de Vaud aucun privilége de naissance de personne ou de familles.

33. Les communes ne peuvent refuser l'acquisition du droit de bourgeoisie; les contestations qui pouraient s'élever à ce sujet sont du ressort du Conseil d'État; une loi réglera la matière.

34. Le droit de grace est admis; il est exercé par décret.

35. Toutes les lois, décrets, résolutions, règlements et arrêtés actuellement existants, restent en vigueur, jusqu'à ce qu'il y soit légalement dérogé.

Ainsi fait et résolu au grand Conseil, le 4 août 1814.

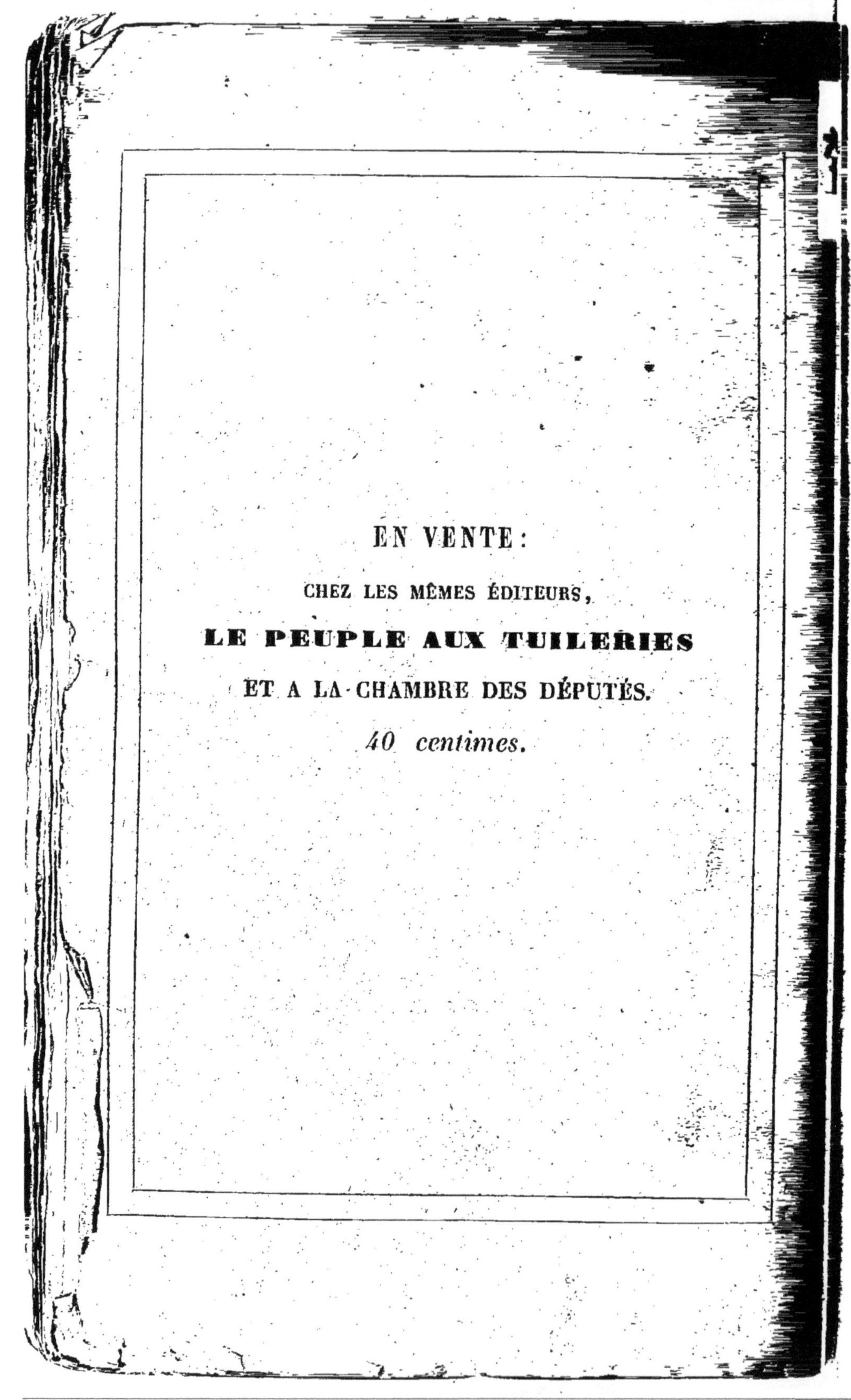

www.ingramcontent.com/pod-product-compliance
Ingram Content Group UK Ltd.
Pitfield, Milton Keynes, MK11 3LW, UK
UKHW020134130726
13696UKWH00001B/357